ANDREAS BECK

Blaulicht-Syndrom

ANDREAS BECK

Blaulicht-Syndrom

BIOGRAFIE

GMEINER

Quellenverzeichnis:

zu 3.9 Tod im Weinberg/Mordfall Anja A .: Südwestpresse vom 25.03.2017 (Kerstin Rech)
zu 3.17 Schwarze Schafe/Hammermörder : Stuttgarter Zeitung vom 20.10.2015 (Kerstin Rech)

Besuchen Sie uns im Internet:
www.gmeiner-verlag.de

© 2022 – Gmeiner-Verlag GmbH
Im Ehnried 5, 88605 Meßkirch
Telefon 07575 / 2095 - 0
info@gmeiner-verlag.de
Alle Rechte vorbehalten
1. Auflage 2021

Korrektorat: Manuel Stöckler
Herstellung: Julia Franze
Umschlaggestaltung: Katrin Lahmer
unter Verwendung eines Fotos von: © Andreas Beck
CPI books GmbH, Leck
Printed in Germany
ISBN 978-3-8392-2949-1

Wahre Geschichten und Erlebnisse
eines Freund und Helfers

aus 40 Jahren Polizeidienst zum
Staunen, Schmunzeln, Mitfühlen
und Erschaudern.

Inhaltsverzeichnis

Vorbemerkung 9

Kapitel 1 Wie alles begann ... 11
1.1 Der Köder wurde ausgelegt 16
1.2 Einberufung Biberach 21
1.3 Die Leiden eines Fahrschülers 26
1.4 Wechsel zur Bereitschaftspolizei Göppingen 31

Kapitel 2 Versetzung zur Einsatzhundertschaft Stuttgart 36
2.1 Dumm ... dümmer ... Ich 38
2.2 Unfalltod eines Kollegen 41
2.3 Schutzengel 1 – was für ein krasser Zufall 43

Kapitel 3 Einzeldiensterfahrungen 48
3.1 Blaulichtsyndrom 56
3.2 Wie man einen Einbrecher mit einer Taschenlampe zur Strecke bringt 60
3.3 Einsatz für »Kommissar Rex« 63
3.4 Schutzengel 2 – dem Tode so nah 67
3.5 Ramona 75
3.6 Wie Schnaken Fensterscheiben zerstören können 78
3.7 Androhung Schusswaffengebrauch 81
3.8 Bomben-Stimmung 89
3.9 Tod im Weinberg – Mordfall Anja A. 95
3.10 Dienstunfälle 104
3.11 Missverständnisse 114
3.12 Naturalienstreife 125

3.13 Missbrauch von Sonderrechten – ein außergewöhnlicher Fall 129
3.14 Wie viel darf ich eigentlich trinken? 133
3.15 »Wetten dass ... ? 136
3.16 Catch me if you can ... 140
3.17 Schwarze Schafe 151
3.18 Einstieg zum Ausstieg 163

Kapitel 4 Ausbildung zum Fahrlehrer aller Klassen 170
4.1 Verkehrspädagogische Akademie 177

Kapitel 5 Polizeischule Böblingen 182
5.1 Rita 187
5.2 Bleienten können tauchen – nicht schwimmen 197
5.3 Elefantenmann 202
5.4 Everybody was Kung-Fu fighting ... 207
5.5 Alles klar ... Herr Kommissar? 212
5.6 Messiesyndrom 217
5.7 Wo gehobelt wird da fallen Späne ... 224

Kapitel 6 Wechsel nach Stuttgart zur Verkehrserziehung 233
6.1 Anekdoten aus der Jugendverkehrsschule 237
6.2 Kindergarten-Cop 246
6.3 Zebra-Polizist 254
6.4 Hinter Gittern 257
6.5 »Ich schwöre ...« als Zeuge vor Gericht 262
6.6 Verkehrsrowdys – die haben's echt verdient ... 267
6.7 Ich habe fertig... 277

Über den Autor 281

Vorbemerkung

Die Zeit ist reif ...
Ich bin jetzt 61 Jahre alt und seit ein paar Monaten im Ruhestand ... ganz offiziell.
Über vier Jahrzehnte habe ich dem Land Baden-Württemberg als Freund und Helfer gedient und wurde jetzt zum Polizeihauptkommissar a. D.
Meinen Dienstausweis musste ich gegen einen Ruhestandsausweis eintauschen. Der sieht dem Original zwar ziemlich ähnlich, ist aber mit einem fetten »R« sowie der Bezeichnung »Ruhestandsausweis« versehen. Ich schäme mich, ihn vorzuzeigen, stempelt er mich doch zu einem »alten Sack« ab. Den Pensionär glaubt mir sowieso keiner, da ich deutlich jünger aussehe.

Was fange ich nun mit meiner neu gewonnenen Freizeit an?
Manche meiner Altersgenossen verbringen sehr viel ihrer Freizeit mit Arztbesuchen. Kaum raus aus dem Job und schwuppdiwupp ... schon hat jeder Zweite sein ausgeprägtes Zipperlein an der Backe. Plötzlich schmerzen die Gelenke, Depressionen keimen auf, das Körpergewicht nimmt auf unerklärliche Weise zu und man denkt schon mal über die »blauen Wunderpillen« nach.
Andere wiederum suchen sich einen Minijob z. B. als Waschanlagen-Dampfstrahlerbetätiger, Pizzalieferant oder Heizungsableser und schon sind sie wieder in einer Verpflichtung drin, aus der sie jahrelang ausbrechen wollten.
Mit dem neuen Lebensabschnitt versucht jeder irgendwie anders umzugehen. Einfach ist es nicht, 40 Jahre oder mehr Berufsleben prägen uns Menschen.

Und was habe ich mir vorgenommen?
Ich möchte schreiben, das wollte ich schon zu Beginn meiner Karriere. Immer wieder saß ich nachts im Streifendienst an der manuellen Olympia Schreibmaschine und habe im Dienst Erlebtes im »zwei Finger Suchsystem« zu Papier gebracht. Dieses Manuskript lag die ganze Zeit über in einem alten Karton auf meinem Schrank und fiel mir beim Ausräumen meines Büros wieder in die Hände.
»Blaulichtsyndrom« stand als Titel darüber.
Leider waren es nur wenige Seiten, aber für mich war es Motivation genug, das Werk fertigzustellen.
Und ich habe wirklich vieles erlebt, über das es sich lohnt zu berichten.

Getreu dem Motto »Polizei – der Beruf so interessant wie das Leben« möchte ich Sie nun an spannenden, gefährlichen und höchst amüsanten, wahren Geschichten aus vier Jahrzehnten Polizeialltag teilhaben lassen. Manches ist einfach unglaublich ...

Die Zeit ist reif ... lass es raus.

Kapitel 1
Wie alles begann ...

Eigentlich hatte ich mir mein Leben irgendwie anders vorgestellt ...
Im Januar 1979 gab es diesen Zeitungsartikel »Die Polizei wirbt um Nachwuchs«, der meine Aufmerksamkeit erregte.
Zu diesem Zeitpunkt befand ich mich in einer chaotischen Selbstfindungsphase. Ich war 19 Jahre jung und hatte den Kopf voller Flausen. Mein Interesse beschränkte sich auf Autos, Motorräder und das weibliche Geschlecht.
Irgendwie hatte ich eine Gehirnblockade, die mich daran hinderte, etwas Sinnvolles anzufangen.
Und dabei hatten mich meine Eltern doch aufs Gymnasium geschickt, weil sie für ihren Bub nur das Beste wollten. An meinem Intellekt lag es jedenfalls nicht ... meine Noten waren anfänglich vielversprechend.
Dieser Zustand hielt jedoch nicht lange an, da mir mein Gehirn signalisierte, dass der Input ohne Nutzen war und es mit etwas anderem gefüttert werden wollte. In der Unterstufe hatte ich ja noch Interesse an Zahlen, Bio und Physik. Aber als dann die lästige Paukerei von englischen und französischen Vokabeln hinzukam wusste ich, dass ich nicht zum Fremdsprachenkorrespondenten geboren war.
Geglänzt habe ich immer im Sportunterricht. Eine Grundsportlichkeit wurde mir in die Wiege gelegt und ich fand großen Gefallen daran, mich mit anderen zu messen. Schnell erkannten auch meine Lehrer und Klassenkameraden meine außergewöhnlichen Fähigkeiten vor allem im Weitwurf und Schwimmen.
Als 15-jähriger Schlacks (1,93 m Körpergröße, 75 kg Gewicht) wurde ich schulbester Werfer (80 g Schlagball) und erzielte Weiten

von über 70 m. So freute ich mich schon immer diebisch auf den Tag der Notenabnahme. Leider stahl mir mein damaliger Sportlehrer die Show und ließ mich nicht werfen.

»Du nicht« ... sagte er ... »sonst finden wir Deine Bälle nicht mehr. Du bekommst von mir auch so eine Eins«.

Der Schulhof war nämlich nur ca. 50 m lang und meine Bälle landeten immer in einem Gebüsch oberhalb einer hohen Mauer. Vermutlich liegen sie heute noch dort ...

Im Winter war ich gefürchtet. Damals gab es noch Schnee auch in der City und Schneeballschlachten auf dem Schulhof. Meine Schneebälle glichen Geschossen und wenn sie trafen – dann gute Nacht.

Wir machten uns keinerlei Gedanken was da hätte passieren können.

Schwimmen konnte ich wie ein Fisch ... 50 m kraulen in 27,0 Sekunden ... keiner war schneller.

Ich war der Hecht im Karpfenteich. Und das Ganze ohne Training.

Leider wurde ich sportlich von meinen Eltern nicht gefördert da sie der Meinung waren, mit einer »Eins« in Sport könne man im Leben nichts anfangen.

Und so hangelte ich mich mit mäßigen Noten von Klassenstufe zu Klassenstufe und konnte eine »Fünf« immer mit meiner Sport »Eins« ausgleichen.

Trotzdem bin ich zweimal »durchgerasselt« und habe nach der Mittleren Reife das Handtuch geworfen.

Und da stand ich nun ... als plötzlicher Schulabgänger... ohne Ideen und Jobaussichten. Irgendwie kam ich mir wie ein Versager vor.

Rettung erschien in Form einer Ausbildungsstelle als Kfz. – Mechaniker bei BMW. In die Wege geleitet von meinem Vater, der immer seine tollen Autos bei dieser BMW Niederlassung kaufte.

Aber die anfängliche Euphorie verflog schnell als ich erkennen musste, dass ich von diesem mickrigen Lehrlingsgehalt nicht leben konnte. Als Stift im 1. Lehrjahr verdiente ich doch tatsächlich rekordverdächtige 50 DM (in Worten: fünfzig) pro Monat. Und für diesen Hungerlohn musste ich 45 Wochenstunden buckeln, Werkstatt putzen und für die Meister und Gesellen Vesper holen. Na ja, dachte ich mir, Lehrjahre sind keine Herrenjahre und so zog ich die Sache knapp 2 Jahre durch.

Zwischendurch gab es dann auch mal nette Episoden aus der Berufsfachschule Metall in Esslingen.

Dort lernte ich viele Fähigkeiten/Fertigkeiten, die mir in meinem weiteren Leben von Nutzen waren, wie z. B. schweißen, schmieden, sägen, bohren, drehen und die Bedienung von verschiedenen Maschinen.

Ich kann mich noch gut daran erinnern was wir dort für Blödsinn gemacht haben und muss heute noch darüber schmunzeln. Da war zum Beispiel die Schmiede ...

Herrscher über die Feuer war ein raubauziger, cholerisch veranlagter und bösartiger alter Mann, dem auch mal gerne die Hand ausrutschte und dann in Deinem Gesicht landete. Vor dem hatten wir großen Respekt. Nichtsdestotrotz ließen wir uns immer wieder neue »Späße« einfallen.

Was echt klasse ankam (zumindest bei den Azubis), und den Alten zum Toben brachte, war die Sache mit dem Funkenregen. Hierzu musste man ein Werkstück (Eisenstab) ins Schmiedefeuer legen und so lange warten, bis das Eisen schmolz und erste Feuerfunken zu sehen waren. Dann ergriff man das Werkstück mit der Zange, legte es auf einen Amboss und drosch mit einem großen Hammer auf die funkelnde Stelle.

Was dann passierte brachte die ganze Schmiede zum Grölen und verursachte so manche Brandwunde sowie Brandlöcher in der Kleidung. Das Eisenstück hatte sich nämlich bis zu seinem Schmelzpunkt (ca. 1400 Grad) erhitzt und spritzte großflächig beim drauf dreschen mit dem Hammer, mehr flüssig als fest, auseinander. Hierbei entstand ein Funkenregen, wie in Pyrotechniker nicht besser hinbekämen.

Aber wehe wenn der Schmied in der Nähe war – aber meistens war er außerhalb seiner Schmiede und hat sich vermutlich alkoholisiert, da er das Elend mit den bösen Azubis nicht länger ertragen konnte.

Eine kleine Episode aus der Berufsschule möchte ich noch kundtun.

Fast alle Auszubildenden eines Metall bearbeitenden Berufes kennen das berühmt-berüchtigte »U-Stahl feilen«. Es ist und war der Schrecken aller Azubis und ein Jeder erhielt einen »Bollen Stahl«, gefühlt zwei kg schwer, in Form eines »U«.

Nun musste dieses »U« in einen Schraubstock eingespannt und mittels einer Metallfeile exakt und gleichmäßig bis zu einer Markierung abgefeilt werden und zwar so lange, bis der Werkstattleiter zufrieden war – und er war nie zufrieden.

Wenn man dann nach Stunden das Material mit blutigen Händen bis zur Markierung abgefeilt hatte und auf ein Ende hoffte, zog dieser Sadist noch einmal zwei zusätzliche Linien. Und kaum waren diese abgefeilt und der U-Stahl deutlich kleiner und unbrauchbar geworden, zauberte er – schwuppdiwupp – einen neuen aus seiner Tasche.

In dieser Zeit kamen mir das erste Mal Mordgedanken …

Aber Not macht ja bekanntlich erfinderisch. Da wir die meiste Zeit in der Werkstatt unbeobachtet waren, ersann ich mir eine List. Ich konnte schon immer gut mit einer Säge umgehen und Eisensägen gab es hier zuhauf. Also schnappte ich mir eine davon, spannte das U-Stahl-Stück hochkant im Schraubstock ein und sägte kurzerhand das zu feilende Material ab. Der Zeitaufwand hierfür betrug etwa ein Zwanzigstel von dem des Feilens. Dann noch kurz die Ränder entgraten und schon war ich fertig.

Während ich mir noch Gedanken über die Sinnlosigkeit von 20 Stunden U-Stahl feilen machte, wurden meine Azubi-Kollegen auf mich aufmerksam. Zunächst verblüffte ich den einen oder anderen mit meiner Schnelligkeit des »Feilens«, aber dann offenbarte ich mich und es wurde eine Geschäftsidee daraus. Ich bekam massenweise Aufträge zum Absägen des verhassten Stahls und verließ die Werkstatt am Abend mit einem prall gefüllten Geldbeutel und dem Gefühl, etwas Gutes getan zu haben.

Die Zeit verging wie im Flug und irgendwann machte sich bei mir Lustlosigkeit breit. War es wirklich der Job den ich 45 Jahre lang ausüben wollte? Nur noch Autos für andere Instandsetzen und ständig total verdreckte Hände haben die man selbst mit den schärfsten Mitteln nicht mehr richtig sauber bekam? Ganz zu schweigen von den vielen kleinen Verletzungen die man sich beim Öffnen von Schrauben zuzog. Und dann noch diese verkackte Hebebühne die unzählige Beulen an meiner Denkerstirn hinterließ, da sie nur bis zu einer Höhe von 1,85 m reichte und ich stolze 1,95 m groß war.

Dass ich heute Geheimratsecken habe hängt sicherlich damit zusammen.

1.1 Der Köder wurde ausgelegt

Der Artikel in den Stuttgarter Nachrichten kam zum richtigen Zeitpunkt:

Noch 200 Ausbildungsplätze frei

Die Polizei wirbt um Nachwuchs

Interessenten mit mittlerem Bildungsabschluß gesucht

Zu einem Informationstag am 16. Januar bei der baden-württembergischen Bereitschaftspolizei lädt die Stuttgarter Polizei alle jungen Männer mit mittleren Bildungsabschluß ein, die Interesse am Polizeiberuf haben. Wie der Einstellungsberater der Stuttgarter Polizei, Wolfgang Lutz, am Dienstag mitteilte, sind bei der Bereitschaftspolizei noch 200 Ausbildungsplätze frei, für die im März die Einstellungen vollzogen werden sollen.

Insgesamt sollen 840 angehende Polizeibeamte eingestellt werden. 160 Plätze sind für Bewerber mit Hauptschulabschluß und Berufsausbildung reserviert. Die Lehrgänge für diesen Interessentenkreis sind schon seit längerer Zeit belegt. Anmeldungen von Bewerbern mit mittleren Bildungsabschluß für den Informationstag, die im März eingestellt werden möchten, nehmen die Einstellungsberater Wolfgang Lutz und Volker Schweizer bei der Stuttgarter Polizei (Telefon 89 90 - 61 44) noch bis Montag, 15. Januar, entgegen.

Die Interessenten fahren am 16. Januar gegen 9.30 Uhr von Stuttgart mit einem Polizeibus nach Göppingen. Dort ist ein umfangreiches Besichtigungsprogramm vorgesehen. Außerdem werden Informationen über verschiedene Dienstzweige bei der Polizei vermittelt.

Außerdem ist die Stuttgarter Polizei mit einem eigenen Informationsstand in der Halle 14 bei der Ausstellung „CMT 79" (Caravan, Motor und Touristik) vom 20. bis 29. Januar auf dem Killesberg vertreten. Interessenten am Polizeiberuf können sich auch dort beraten lassen.

Im vergangenen Jahr haben die Einstellungsberater knapp 200 junge Leute für den Polizeiberuf geworben. 83 von ihnen haben eine Prüfung bei der Bereitschaftspolizei in Göppingen bestanden und wurden für den Polizeiberuf als geeignet angesehen. Während Bewerbungen zur Polizei fast ausschließlich aus Stuttgart und den benachbarten Landkreisen kommen, hatten die Einstellungsberater der Stuttgarter Polizei in den zurückliegenden Jahren auch schon Anfragen von Deutschstämmigen aus Australien, Kalifornien und Arizona zu bearbeiten.

Immer wieder zeigen auch Mädchen Interesse am Polizeiberuf. Sie wollen meistens zur weiblichen Kriminalpolizei, brauchen dafür aber einen Sozialberuf als Grundlage. Gegenwärtig sind alle Stellen besetzt. sic

Er las sich so, als wäre er genau auf mich zugeschnitten worden. Die suchen Dich ... das Land braucht Dich ... Du musst ihnen helfen. Solche und auch noch andere Gedanken schossen mir sofort durch den Kopf. Und als dann noch mein damals bester Freund Uwe mit demselben Artikel bei mir auftauchte, stand mein Entschluss fest. Du wirst Sheriff werden, ein Hüter für Recht und Ordnung, eine Respektsperson, ein Kommissar, der Verbrechen aufklärt und den Schwachen hilft und, und, und ...

So meine naiven Vorstellungen – die Realität sah dann natürlich ganz anders aus.

Ab diesem Zeitpunkt wurde es erstmals etwas unangenehm für mich. Da waren zunächst meine Eltern. Voll Euphorie und mit stolz stolzgeschwellter Brust tat ich ihnen meinen Entschluss kund. Von wegen Zustimmung – ihre enttäuschten Gesichter sehe ich heute noch vor mir. Ihr Sohn – ein Schulversager, ein Abiturverweigerer, ein Lehrstellenabbrecher, ein Tagedieb, ein Taugenichts – die Begeisterung stand ihnen förmlich ins Gesicht geschrieben. Heute kann ich Eltern verstehen, die sich wegen ihres Nachwuchses die Haare raufen. Aber irgendwie habe ich es dann doch geschafft, sie zu überzeugen. Mein Vater hat mir dann sogar noch dabei geholfen, die Bewerbung zu schreiben.

Dann kam der Tag an dem ich geködert wurde.

Nach telefonischer Kontaktaufnahme mit einem Einstellungsberater vom Polizeipräsidium Stuttgart (damals noch Landespolizeidirektion Stuttgart II) durfte ich zum persönlichen Gespräch antanzen.

Wolfgang L., ein wortgewandter Polizeihauptkommissar, saß mir in Uniform gegenüber und tischte mir ein »Lügenmärchen« nach dem anderen auf. Mit blumigen Worten verstand er es, mich zu begeistern, indem er mir nur die positiven Seiten des Berufs aufzählte und mir einreden wollte, was für eine tolle Karriere mir doch bevorstehen würde – von wegen.

Und dann nannte er noch die Ausbildungsorte für Polizeibeamte in Baden-Württemberg. Es waren Göppingen, Biberach an der Riss, Bruchsal und Lahr. Selbstverständlich würde ich heimatnah ausgebildet werden in Göppingen, das wäre doch klar. Und wieder hatte ich ihn bei einer Lüge ertappt ...

Mit einer Einladung zum Eignungstest bei der Bereitschaftspolizei Göppingen ging ich nach Hause.

Bald darauf fuhr ich zusammen mit anderen Interessierten im Polizeibus nach Göppingen. Es beschlich mich ein ungutes Gefühl, als ich diese alte Wehrmachtskaserne erblickte. War ich hier richtig? Stacheldraht, bewaffnete Wachposten und Einlasskontrollen?

Meine kindlichen Vorstellungen von der Polizei aus Filmen wie »Tatort« oder »Der Kommissar« platzten wie Seifenblasen. Aber meine Bedenken wurden schnell zerstreut, da der Bus schnurstracks die Kantine ansteuerte und erst mal lecker Frühstück serviert wurde. Nach dem Frühstück machten wir eine »Sightseeingtour« durch die Kaserne. Wir wurden überall dorthin geführt, wofür sich Jungs begeistern können.

Besonders die Vorführungen vom SEK (Spezialeinsatzkommando) blieben mir in Erinnerung und verfehlten nicht ihre Wirkung. Da landete doch tatsächlich ein Hubschrauber auf der Wiese vor uns und das SEK vollzog eine gestellte Festnahme eines Straftäters. Und dann war da noch dieser ca. 100 m hohe Schornstein, von welchem sich mehrere Personen gleichzeitig abseilten. Ab diesem Zeitpunkt war es um mich geschehen ...

Die nächste Station war dann der sogenannte »Ärztliche Dienst«. Wir wurden vermessen, gewogen und auf Herz und Nieren gecheckt. Der untersuchende Arzt machte auf mich keinen besonders vertrauenerweckenden Eindruck. Wir mussten uns entkleiden und wurden mittels EKG (Eierkontrollgriff) auch auf das Vorhandensein geschlechtsspezifischer Merkmale überprüft.

Musste wohl so sein ...

Später erfuhr ich dann seinen Spitznamen – »Der Mann ohne Hals«, da es so aussah, als wäre sein Kopf direkt auf den Schultern angewachsen. Auch heute noch nach mehr als 40 Jahren, können ältere Kollegen schmunzelnd diesen Spitznamen zuordnen.

Natürlich durfte auch die Überprüfung der sportlichen Fähigkeiten nicht fehlen. Ausdauerlauf, Sprinterqualitäten, Schwimmen und Steinstoßen stellten mich vor keinerlei Probleme.

Und auch den abschließenden Intelligenztest u. a. mit Diktat und Rechenaufgaben machte ich mit links.

Wochen später erhielt ich dann die Zusage. Ich sollte mich am 01.03.1979 in Biberach/Riss einfinden. Biberach? Wo liegt das denn? Der Einstellungsberater hatte doch Göppingen gesagt.

Ein Blick auf die Landkarte (nix Navi) brachte Klarheit. Eine Kleinstadt im Oberschwäbischen zwischen Ulm und Ravensburg, ca. 120 km von meinem Wohnort entfernt ... klasse ... vielen Dank.

Doch bevor es losging, musste ich ja noch meine Lehrstelle kündigen.

Das konnte ich leider nicht telefonisch erledigen, da ich ja noch Klamotten und andere Gegenstände in meinem Spind hatte. Und auf meinen Vater konnte ich auch nicht zählen. Er sagte: »Junge, es gibt Situationen im Leben die muss man alleine regeln. Wenn Du etwas erreichen willst dann musst Du Mut zeigen und zu Deinem Wort stehen.« Und er hatte Recht damit.

Aber einfach war es nicht. Der Inhaber der BMW Niederlassung war nicht gerade erfreut über meinen Entschluss. Der Halsabschneider forderte mich doch tatsächlich auf das bis dahin gezahlte

Lehrlingsgehalt zurückzuerstatten, was ich natürlich nicht tat. Schließlich hatte er ja fast 2 Jahre lang von mir profitiert.

Nun stand einem Berufswechsel nichts mehr im Wege.

1.2 Einberufung Biberach

Zumindest die Kaserne war deutlich moderner. 3. Bereitschaftspolizeiabteilung Baden-Württemberg/Biberach stand am Eingang. Sie war auf einer Anhöhe oberhalb der Stadt und wirkte nicht bedrohlich auf mich. Stacheldraht, Schlagbaum und schwer bewaffnete Uniformträger gab es aber trotzdem. Und mein Auto musste ich an hinterster Stelle des Parkplatzes abstellen und die gefühlten 800 m zu Fuß mit schwerem Gepäck zurücklegen. Dann wurde mir ein Zimmer in einem Wohngebäude zugewiesen. Drei Schlafplätze auf ca. 15 qm, nicht gerade viel Platz, ohne Waschbecken und Toilette. Es war in der 12. Hundertschaft und ich wunderte mich über die Namensgebung ... Hundertschaft ... hörte sich streng militärisch an.

Es sollte nicht die einzige Verwunderung bleiben.

Was es da alles für »Führer« gab: Hundertschaftsführer, Zugführer, Zugtruppführer, Gruppenführer und für jeden einen Stellvertreter ... lustige Namen waren das für mich ... zumindest am Anfang.

Aber manche dieser Leute verstanden einfach keinen Spaß und hatten offensichtlich große Freude daran, andere zu schikanieren. Und wenn man dann mal »aufmuckte« hieß es lapidar: »Sie können sich ja einen anderen Job suchen, wenn es Ihnen hier nicht passt«. Wo war ich hier gelandet?

Dann kam der Tag der Vereidigung. Ein feierlicher Akt in der Sporthalle zusammen mit einigen Familienangehörigen. Ich war aufgeregt und sollte schwören unter Erhebung der rechten Hand.

Ein Schwur war etwas Sakrales, etwas Heiliges und Dauerhaftes für mich und man durfte nicht dagegen verstoßen. Es sei denn, man legt während des Schwurs die linke Hand auf den Rücken und kreuzt den Zeigefinger mit dem Mittelfinger. Dann gilt der Schwur als nicht abgelegt. So meine Erinnerung an kindliche Rituale aus der Grundschulzeit. Natürlich lag meine linke Hand nicht auf dem Rücken ...

Der Wortlaut des Schwurs lautete: »Ich schwöre, dass ich mein Amt nach bestem Wissen und Können führen, das Grundgesetz für die Bundesrepublik Deutschland, die Landesverfassung und das Recht achten und verteidigen und Gerechtigkeit gegen jedermann üben werde. So wahr mir Gott helfe.«

Hierüber gab es auch eine Niederschrift die von mir unterzeichnet werden musste. Sie liegt mir heute noch vor.

Die ersten 6 Wochen haderte ich schwer mit meiner Entscheidung. Da wir die Woche über in der Unterkunft nächtigen mussten, hatte ich Heimweh. Und der Umgangston in der Grundausbildung war rau. Man merkte sofort, dass es sich hier um eine reine Männerdomäne handelte. Frauen bei der Polizei in Baden-Württemberg gab es erst etwa 10 Jahre später.

Unseren Dienst in der Kaserne mussten wir in Uniform verrichten. Hierzu erhielt jeder eine Grundausstattung aus der Kleiderkammer. Bei der Einkleidung wurde auf die körperlichen Merkmale jedes Einzelnen nicht sonderlich Rücksicht genommen. Wenn mal ein Oberteil nicht so richtig saß stand ein Mitarbeiter der Kleiderkammer hinter einem, raffte im Schulterbereich den Stoff etwas zusammen und rief seinem Kollegen zu: »Passt«.

Ansonsten lief alles so ab wie in einem Schulbetrieb. Da gab es jede Menge Rechtsfächer wie z. B. Strafrecht, Verkehrsrecht, Strafprozessrecht und Polizeirecht. Auch die anderen Unterrichtsfächer wie Staatsbürgerkunde, Polizeidienstkunde, Landeskunde, Waffenkunde und Schießlehre, allgemeine Ausbildung und Ausbildung geschlossener Einheiten sowie Sport hörten sich zunächst interessant an.

Ferner wurden wir unterrichtet in öffentlichem Dienstrecht, Einsatzlehre, Erste Hilfe, Psychologie, Lebenskunde, Berufsethik, Schießausbildung und Selbstverteidigung.

Doch da war wieder dieses Veto aus meinem Hirn ...

Es gab Tage, da saßen wir 9 Unterrichtsstunden im Klassenzimmer und mussten Theorie büffeln.

Und nach dem Unterricht musste das Ganze ja auf der Stube nachbereitet werden. Etwas Abwechselung brachte immer die praktische Ausbildung, welche ebenfalls in der Kaserne stattfand. Besonders die Schießausbildung, Selbstverteidigung und Sport fanden meine uneingeschränkte Zustimmung.

Die Ausbildung geschlossener Einheiten war verhasst bei den Polizeianwärtern. Hier ging es in erster Linie um Befehl und Gehorsam, marschieren und stramm stehen.

Besonders die Ausbildung mit der »Gummifotz« war der reinste Horror für mich. Was ist eine Gummifotz? Dieser Begriff bringt ältere Kollegen immer noch zum Schmunzeln. Woher er stammt weiß heute jedoch keiner mehr so genau. Es handelte sich hierbei um eine Gasmaske (Vollgesichtsmaske aus Gummi). Diese gehörte zur Grundausstattung eines jeden Polizeibeamten.

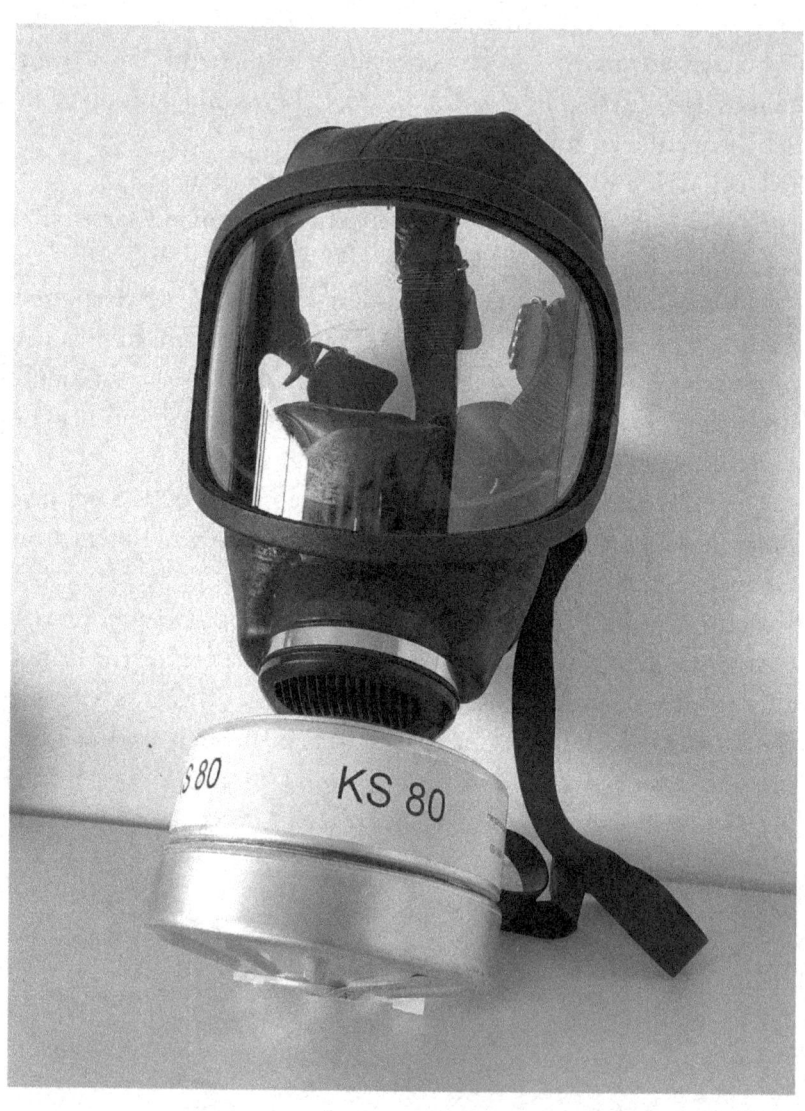

Das Atmen mit aufgesetzter Maske fiel einem schwer, besonders wenn der mitgelieferte Filter vorne aufgeschraubt war. Dann sollte man sich nach Möglichkeit nicht anstrengen, da sonst die Gefahr bestand, dass man nicht genügend Sauerstoff abbekam und kollabierte. Nichtsdestotrotz gab es sadistische Gruppenführer, die genau das einforderten, indem sie die gesamte Truppe im Laufschritt durch die Unterkunft hetzten.

Da waren sie wieder ... meine Mordgedanken.

1.3 Die Leiden eines Fahrschülers

Irgendwann mussten wir auch den Polizeiführerschein für Pkw machen.
Es gab in der Kaserne eine richtige Fahrschule mit Fahrlehrern, Lehrsaal und Fahrschulfahrzeugen mit Doppelpedalen. Ich hatte den kleinen Vorteil, dass ich bereits im Besitz eines Führerscheins der damaligen Klasse 3 (Pkw) und Klasse 1 (Motorrad) war. Trotzdem musste ich die komplette Ausbildung in Theorie und Praxis einschließlich der Prüfungen mitmachen. Man wollte eben auf Nummer sichergehen, dass alle Polizeischüler auf dem gleichen Stand waren.
Bei der Wahl meines Fahrlehrers hatte ich leider kein Glück. Diesem Mann fehlte offensichtlich das »Humor ist, wenn man trotzdem lacht« Gen. Er war eine Spaßbremse, meistens schlecht gelaunt, cholerisch veranlagt und ungeduldig – genau die Eigenschaften, die ein Fahrlehrer n i c h t braucht.
Außer mir wurden ihm noch zwei weitere Fahrschüler zugeteilt, die nicht im Besitz eines Führerscheins waren – die Armen bekamen es voll ab. Besonders die Übung »Anfahren am Berg« blieb mir in negativer Erinnerung.
Nach fünf Wochen Fahrschulzeit stand dann die Prüfung an. Die Durchfallquote in der Praxis war ziemlich hoch, da der polizeiinterne Prüfer hohe Anforderungen an die Prüflinge stellte. Er meinte, dass ein Polizeibeamter fahrerisch mehr können müsse als ein anderer Fahranfänger.
Für mich ging es gut aus und meine Fahrfähigkeiten brachten mir Vorteile. Wochen später wurde ich auserkoren und durfte als einer von dreien den Lkw-Führerschein Klasse 2 machen.
In der Unterkunft gab es ca. zehn ausgebildete Fahrlehrer. Die Chance stand also 1:10, dass ich den Lkw Führerschein bei einem

anderen Fahrlehrer machen durfte. Aber das Schicksal ist ein fieser Verräter und bescherte mir kein Glück. Noch einmal fünf Wochen mit diesem »Unsympath«. Sein fettes Grinsen sehe ich heute noch vor mir. Jetzt war ich in der ungünstigen Position eines reinen Fahranfängers und musste seine Launen und fragwürdigen Unterrichtsmethoden ertragen.

Zwischenzeitlich war es Winter geworden und die interne Bezeichnung »Klein-Sibirien« für den Standort Biberach bekam für mich eine ganz neue Bedeutung.

Unser Schulungsfahrzeug für die Ausbildung war ein 911er. Immer, wenn ich in meinem Freundeskreis kundtat, dass ich meine Fahrschule auf einem 911er gemacht habe, sorgte ich für erstaunte, ungläubige Gesichter. Aber es war leider kein Porsche 911 sondern ein 9 t schwerer Lkw Mercedes-Benz mit 110 PS. Dieses Fahrzeug hatte schon viele Jahre hinter sich, ähnelte einem Militärfahrzeug und hatte null Komma null Komfort. Unter anderem verfügte es über ein n i c h t synchronisiertes Schaltgetriebe mit einem Schalthebel von der gefühlten Länge eines Walking Stocks, dessen Bedienung einen vor große Herausforderungen stellte. Meist konnten die Gänge gar nicht oder nur krachend eingelegt werden, was den Fahrlehrer erzürnte.

Das Fahrzeug hatte auch keine Servolenkung, dafür aber ein Lenkrad das gefühlt so groß war wie das Steuerruder der Titanic. Trotzdem stießen wir immer wieder an die Grenze des Machbaren, vor allem wenn es um Lenk-/ oder Rangierübungen mit diesem 9 Tonnen schweren Lkw ging.

Aber das skurrilste war die Personenbeförderung.

Unser Lkw hatte 3 Sitzplätze im Führerhaus. Eigentlich hätten Fahrer, Fahrlehrer und noch ein weiterer Fahrschüler dort untergebracht werden können. Wir waren jedoch insgesamt zu viert (3 Fahrschüler, 1 Fahrlehrer) und er, der Unsympath, duldete außer sich und dem Fahrer keine weitere Person im Führerhaus. Das hatte zur Folge, dass immer zwei auf der Pritsche (Ladefläche mit nach hinten offener Plane) des Lkws mitfahren mussten. Dort befanden sich längs zur Fahrtrichtung installierte Sitzbänke aus Hartholz, ohne jegliche Sicherungsmöglichkeit, die offensichtlich für einen kurzen Truppentransport von A nach B konzipiert waren. Aber sicher nicht für den stundenlangen Transport von zwei Fahrschülern bei winterlichen Bedingungen und Temperaturen von bis zu minus 15 Grad.

Und wir starteten morgens um 07.30 Uhr und kamen erst so gegen 12.00 Uhr wieder zurück in die Unterkunft. Wer Pech hatte und als Erster oder Letzter fuhr musste bis zu 2 Stunden in dieser sibirischen Kälte auf der Lkw Pritsche ausharren – was für ein hirnloser Schwachsinn.

Und dann kam seine Lieblingsübung – anfahren am Berg. Es war schon eine ziemliche Herausforderung mit diesem »untermotorisierten Schlaglochsuchgerät« seinen Vorstellungen gerecht zu werden. Obwohl man locker im 2. Gang hätte losfahren können, mussten wir das im 1. Gang, einem sogenannten Kriechgang, tun. Dieser reichte jedoch nur bis ca. Schrittgeschwindigkeit und ein anschließender Schaltvorgang in den 2. Gang dauerte eine gefühlte Ewigkeit. Da das Getriebe nicht synchronisiert war, musste man das nämlich mit Zwischengas und Zwischenkuppeln vornehmen, wobei das Fahrzeug aufgrund der Steigung immer wieder zum Stillstand kam. Und wenn es dann beim 25. Versuch endlich gelang, meckerte er trotzdem noch darüber, dass das Getriebe beim Einlegen des Ganges gekracht hätte und wir uns doch mehr Mühe geben sollten.

Wir schwitzten trotz minus Temperaturen Blut und Wasser. Voll Schrecken erinnerten wir uns an seine Ausraster bei der Pkw-Ausbildung.

Für mich hatte er sich etwas besonders Gemeines einfallen lassen. Er ließ mich in einer Monster-Steigung anhalten und verlangte meine geliebte Armbanduhr, ein Geschenk meiner Eltern zu meinem 18. Geburtstag. Unter Protest händigte ich sie ihm aus und er verließ damit das Fahrzeug. Im Außenspiegel konnte ich erkennen, dass er sich im Bereich des rechten Hinterrades nieder kniete. Was er dort machte, erschloss sich mir nicht. Nachdem er wieder im Führerhaus Platz genommen hatte sagte er zu mir: »Deine Armbanduhr liegt direkt hinter dem rechten Hinterrad. Wenn es Dir nicht gelingt ohne zurückzurollen anzufahren, dann ist sie futsch«.

»Du gemeines Schwein« dachte ich und zitterte am ganzen Leib als sich das Fahrzeug, ohne einen Zentimeter zurückzurollen in Bewegung setzte.

»Du bist gar nicht so ungeschickt wie die anderen immer sagen« witzelte er. Dann griff er in seine Hosentasche, lachte hämisch und händigte mir meine Uhr wieder aus. Das und ähnliche Vorfälle meinte ich mit fragwürdigen Unterrichtsmethoden.

Die Prüfung in Theorie und Praxis absolvierte ich fehlerfrei und hatte somit meine vierte bestandene Führerscheinprüfung in der Tasche.

Und es sollten noch viele folgen ...

1.4 Wechsel zur Bereitschaftspolizei Göppingen

Das erste Jahr der Ausbildung in Biberach blieb mir in unschöner Erinnerung.
Umso erfreuter war ich über das Angebot, am 01.03.1980 zur Bereitschaftspolizei nach Göppingen wechseln zu können um dort meine Ausbildung abzuschließen. Es wurden nämlich Polizeianwärter mit dienstlichem Lkw Führerschein gesucht.
Beim Fernmeldezug der Bereitschaftspolizeidirektion fühlte ich mich besser aufgehoben, aber nicht besser untergebracht. Das Zimmer in dieser alten Kaserne war zwar etwas größer, aber es standen dort drei Doppelstockbetten drin d. h. ein sechs Bett Zimmer – auch ohne Waschbecken und WC. Vier von den fünf Kollegen, mit denen ich das Zimmer teilte, waren umgänglich und sympathisch. Nur einer war mir suspekt und keiner wurde schlau aus ihm. Er hieß Michael J. und es kursierten Gerüchte über ihn die ich zunächst nicht glauben wollte. Doch einmal hatte ich ein sehr unangenehmes Erlebnis mit ihm das mir zu denken gab.
In unserer Bude waren außer den sechs Betten auch sechs Umkleideschränke. Und wenn sechs junge Männer auf engsten Raum zusammengepfercht sind, wird auch mal Blödsinn gemacht und »rumgebubelt«. Aber so »richtig zur Sache« ging es bei uns nie – der Spaß stand immer im Vordergrund.
Nicht so bei Michael J… …
Er beteiligte sich nie an Späßen oder Blödsinn und reagierte äußert aggressiv wenn er, auch nur versehentlich, mit einbezogen wurde. Damals stand er an seinem geöffneten Schrank und ich trat von hinten an ihn heran, ergriff ihn an den Oberarmen und tat so, als wolle ich ihn in seinen Schrank schieben – wie gesagt –

es war nur angedeutet und es handelte sich um einen erkennbaren Spaß. Plötzlich riss er sich los, drehte sich zu mir um und rammte mir sein Knie mit voller Wucht in den Unterleib, sodass ich vor Schmerzen zu Boden ging. Hätte er in diesem Moment ein Messer gehabt, so hätte er mich vermutlich abgeschlachtet.

Dieser Typ war ein durchgeknallter Psychopath und Sadist und ich hielt mich von nun an von ihm fern.

Wer hatte diesen »Vollpfosten« bloß eingestellt?

Wie recht ich doch mit meiner Einschätzung hatte wurde mir erst einige Jahre später bewusst. Im Streifendienst beim Polizeirevier Stuttgart-Untertürkheim, hatten alle Polizeibeamten Zugriff auf das Bundeskriminalblatt. Dort wurden spektakuläre Kriminalfälle aus ganz Deutschland an Polizeibeamte publiziert und auch Fahndungsersuchen veröffentlicht. Beim Lesen desselben stieß ich auf eine widerliche Anzeige. Im Großraum Esslingen wurde eine männliche Person festgenommen, welche als »Busenstecher« bezeichnet wurde. Dieser Täter hatte sich in mehreren Fällen Frauen genähert und ihnen mit einer spitzen Nadel in die Brust gestochen – was für ein kranker, perverser Typ ... hat ihn wahrscheinlich erregt.

Die Vorgehensweise dieses Täters war so einmalig in Deutschland, dass sie im BKA-Blatt veröffentlicht wurde. Als ich das Bild des Täters sah und seinen Namen las, zuckte ich zusammen. Ich erkannte ihn sofort wieder, den Psychopathen.

Es handelte sich zweifelsfrei um den ehemaligen Polizeibeamten Michael J.

Natürlich wurde er sofort aus dem Dienst entfernt und auch vor Gericht gestellt. Wie das Verfahren gegen ihn ausging, entzog sich meiner Kenntnis.

Kaum war der Wechsel nach Göppingen vollzogen, fand ich

mich auch schon in der dortigen Fahrschule wieder. Ich war zum GruKw-Führer auserkoren, ein Mannschaftstransportwagen mit bis zu 14 Fahrgastplätzen. Man sprach auch von der kleinen Personenbeförderung.
Die Ausbildung verlief unspektakulär und auch der Fahrlehrer war sympathisch. Prüfung in Theorie und Praxis wie gehabt. Mit Stolz blickte ich auf meine 5. bestandene Führerscheinprüfung zurück.

Dann kam der Vorfall mit der gebrochenen Rippe.
In der Unterkunft gab es einen original nachgebauten Boxring.

Dort trainierte unter anderem der Deutsche Polizei Vize-Meister im Schwergewicht. Er war eine Kampfmaschine mit ca. 110 kg Muskelmasse, durchtrainiert und fast zwei Meter groß. Im Klassenverband wurde darüber diskutiert, dass es wohl niemand in der gesamten Unterkunft wagen würde, gegen ihn anzutreten. Ich sah meine Chance, mich wichtig zu machen, da ich Grundkenntnisse über das Boxen hatte und schon etwas Ringerfahrung mitbrachte. Nicht ahnend, dass ich ein Opfer meiner großen Klappe werden würde, tat ich meine Bereitschaft zum Show-Kampf kund. Für eine Börse von 100.- DM würde ich den Typ vernichtend schlagen und aus dem Ring prügeln – so meine naive Vorstellung. Doch es kam ganz anders ...

Was war ich damals für ein Depp. Der Klassenverband war damit einverstanden und es wurde ein Termin mit dem Boxer vereinbart. Am Tag des Kampfes fühlte ich mich elend und hatte Durchfall. Vermutlich war es das letzte Aufbäumen meines Körpers gegen diesen »Hirnfurz«. Als ich in den Ring stieg wollte ich natürlich mein Bestes geben. Der erste Schlag in meinen Magen nach wenigen Sekunden ließ mich wie ein Klappmesser zusammensinken. Der zweite Schlag in die kurze Rippe tat höllisch weh und machte mich wütend. Wie wild versuchte ich ihn irgendwo zu treffen, was jedoch nicht gelang und mich noch wütender machte.

Kurz darauf erwische mich ein Kinnhaken und schickte mich auf die Bretter. Ich kann mich noch gut daran erinnern wie alles in Zeitlupe ablief und ich den Aufprall auf dem Ringboden überhaupt nicht verspürte. Daraufhin war ich ziemlich benommen und achtete nicht auf meine Deckung. Die Strafe folgte auf den Fuß und ein sehr harter Schlag traf mich an derselben Stelle in der kurzen Rippe.

Ich spürte sofort, dass irgendetwas kaputt gegangen war und gab auf. Der ganze Kampf hatte nur ca. fünf Minuten gedauert. Wie ein geprügelter Hund kroch ich aus dem Ring.

In dieser Nacht hatte ich Höllenschmerzen und konnte mich kaum rühren. Am nächsten Tag ging ich zum ärztlichen Dienst und traf dort auf den »Mann ohne Hals«. Er schickte mich zum Röntgen und seine Diagnose bestätigte meine Vermutung – eine Rippe war gebrochen. Natürlich konnte ich über die Herkunft der

Verletzung keine wahren Angaben machen und erfand irgendeine Märchengeschichte die man mir glaubte.
Die Regeneration dauerte ca. acht Wochen und war sehr schmerzhaft. Die Rippe musste ja von alleine wieder zusammen wachsen, da man den Brustkorb weder eingipsen noch bandagieren konnte. Am schlimmsten war es, wenn man husten oder niesen musste. Aber auch ganz natürliche Bewegungsvorgänge waren nur unter starken Schmerzen möglich.
Übrigens habe ich meine Börse in Höhe von 100.- DM nie zu Gesicht bekommen. Plötzlich konnte sich keiner mehr daran erinnern und überdies hätte es ja auch keinen Vertrag gegeben.

Und was hatte ich aus der Sache gelernt?
»Nimm Dein Maul nicht so voll und leg Dich nicht mit Stärkeren an.«
Diese Einsicht kam leider ein bisschen zu spät für mich.

Kapitel 2
Versetzung zur Einsatzhundertschaft Stuttgart

Am 01.09.1980 hatte ich meine Ausbildung in Göppingen erfolgreich beendet und durfte ab sofort den Titel »Polizeioberwachtmeister« führen. Nun freute ich mich auf den sogenannten »Einzeldienst« bei der Landespolizeidirektion Stuttgart II, welche für den Stadtbezirk Stuttgart zuständig war.

Damals konnte man noch Versetzungswünsche äußern. Doch die meisten meiner Kollegen wurden auch gegen ihren Willen nach Stuttgart versetzt, da dort der größte Bedarf bestand. Anschließend wurden sie für mindestens fünf Jahre verpflichtet zu bleiben.

Endlich richtige Polizeiarbeit in einem Polizeirevier und nie wieder Bereitschaftspolizei oder geschlossene Einheit ... dachte ich in meiner Naivität.

Umso enttäuschter war ich, als ich stattdessen für ein halbes Jahr zur Einsatzhundertschaft Stuttgart versetzt wurde. Und da waren sie wieder ... Hundertschaftsführer, Zugführer, Gruppenführer ... keinen Deut besser als die Führer bei der Bereitschaftspolizei. Es dauerte lange bis ich mich in diesem hierarchischen Gefüge untergeordnet hatte, zumal der dortige Hundertschaftsführer bei seinen Untergebenen gefürchtet war und alle vor ihm »kuschten«. Ihren Ärger und Frust ließen sie dann natürlich an der Truppe aus.

Aber ich hatte dort einen recht lockeren Job. Mit meinen Führerscheinen wurde ich gleich zum Fahrer eines GruKw (Gruppenkraftwagen) bestimmt und war Angehöriger der 2. Gruppe im 2. Zug.

Meine Gruppe bestand aus insgesamt neun Personen und verfügte ebenfalls über einen Gruppenführer samt Stellvertreter.

In erster Linie war die Einsatzhundertschaft für größere Polizeieinsätze in Stuttgart sowie im ganzen Land Baden-Württemberg vorgesehen, meist auch an Wochenenden. Und es gab verdammt viele Einsätze. Auch damals gab es schon Hochrisiko Fußballspiele und jede Menge Demonstrationen, nicht nur friedlicher Art.

Oft war es so, dass die GruKw-Fahrer nicht direkt am Einsatzgeschehen beteiligt waren. Die abgestellten Fahrzeuge mussten ja schließlich auch bewacht werden.

Wenn mal keine Großeinsätze anstanden hatten wir normalen Tagesdienst von 07.30 bis 16.00 Uhr.

Dann schwärmten wir in Gruppenstärke mit unseren GruKw aus und machten die Innenstadt unsicher.

Meistens hatten wir von der Dienststelle Vorgaben was unsere Aufgaben betraf. Es gab aber auch Tage, da waren wir ziemlich frei in unseren Entscheidungen und konnten innerhalb der Gruppe darüber abstimmen.

Dass hierbei auch oft Unsinn raus kam kann man sich gut vorstellen.

Ich kann mich noch gut an eine schwachsinnige Wette erinnern ...

2.1 Dumm ... dümmer ... Ich

Im Areal der Landespolizeidirektion Stuttgart II (ehemaliges Robert-Bosch-Krankenhaus) gab es diesen Durchlass, eine Art Unterführung an der Rückseite des Dienstgebäudes. Nachdem man den Schlagbaum bei der Zufahrt passiert hatte, ging es ca. 80m einen schmalen Fahrweg leicht bergauf. Dieser Fahrweg mündete am Ende einer scharfen Linkskurve in diesen Durchlass. Hierdurch gelangte man hinter das Dienstgebäude.

Er war nur knapp 3 m breit und ca. 10 m lang. Eigentlich müsste man ihn in Schrittgeschwindigkeit befahren, da sich in seiner Mitte eine Türe befand und Kollegen diese auch benutzten.

Unser stellvertretender Gruppenführer behauptete doch tatsächlich, dass der GruKw Fahrer einer anderen Gruppe diesen

Durchlass mit 20 km/h passiert habe. Er würde mit mir wetten, dass ich das nicht hinbekommen würde.

Da kannte er mich aber schlecht und ich ging auf diese Wette ein. Unser Fahrzeug hatte eine Breite von ca. 2,0 m, wobei die beiden Außenspiegel nicht eingerechnet waren. Somit ergab sich eine Gesamtbreite von ca. 2,50 m. Jedes Mal, wenn wir von unseren Streifenfahrten in die Unterkunft zurückkehrten, versuchte ich den Durchlass mit immer höherer Geschwindigkeit zu passieren.

Die 20 km/h Marke war schnell geknackt. Aber anstatt es nun dabei zu belassen, wurde ich von meinen Kameraden angespornt neue Rekorde aufzustellen. Und ich Depp ließ mich darauf ein ...

Nun wurden erstmalig von allen Mitfahrenden sämtliche vorhandene Sicherheitsgurte angelegt und schrille Schreie, wie man sie von einer Fahrt mit der Achterbahn her kannte, übertönten sogar das Motorengeräusch des VW LT 35. Irgendwann machte es aber bei mir – klick – und mein damals kleines, unterentwickeltes Polizistenhirn meldete mir »Lebensgefahr«.

Bis zu einer Geschwindigkeit von 30 km/h hatte ich mich vorgearbeitet und die Gefahr eines schweren Unfalls mit Verletzten war allgegenwärtig. Mit dieser Geschwindigkeit im Kurvenbereich hätte das Fahrzeug auch umkippen oder mit dem Dach gegen die Wand des Torbogens prallen können.

Die Seitenneigung war schon bedrohlich.

Was hätte da alles passieren können ... nicht auszumalen, wenn mal ein Kollege aus dieser Türe im Durchlass getreten wäre. Ich hätte ihn wohl getötet.

Die Vernunft übernahm Gott sei Dank wieder die Kontrolle über mich und ließ mich umdenken.

Ich hatte schließlich Verantwortung über mitfahrende Kollegen, und der wurde ich mir auch bewusst.

Es gab nie wieder einen ähnlich gelagerten Vorfall und heute kann ich mein Verhalten von damals nicht nachvollziehen. Wenn man jung ist tickt man eben anders. Der Gefahrensinn ist noch unterentwickelt und man hat eine ganz andere Wahrnehmung von Gefahren und Risiken.

Heute bin ich froh darüber, dass in jungen Jahren alles gut gegangen ist.

Aber im Großen und Ganzen nahmen wir unseren Job ernst, fuhren Streife, zeigten Präsenz und »erfüllten hoheitliche Aufgaben« (steht so geschrieben im § 35 der Straßenverkehrsordnung …).

Wir wuchsen zusammen, freundeten uns an und konnten uns aufeinander verlassen.

Irgendwie war es wie in einer großen Familie und fast alle fühlten sich wohl.

Doch dann wurden wir das erste Mal mit dem Tod konfrontiert.

2.2 Unfalltod eines Kollegen

Während einer dieser Streifenfahrten kam es zu einem schlimmen Vorfall, dessen Ablauf uns später so berichtet wurde:
Der Gruppenführer einer anderen Gruppe war mit einem normalen Streifenwagen samt Fahrer zu seiner Gruppe unterwegs, welche sich in der Innenstadt aufhielt. Auf dem Weg dorthin fiel ihnen ein vorausfahrender Pkw auf, dessen TÜV offensichtlich abgelaufen war. Daraufhin entschlossen sie sich das Fahrzeug anzuhalten um eine Kontrolle durchzuführen.

Kontrollort war der rechte Fahrstreifen einer dreispurigen Bundesstraße (B 14 innerorts) Fahrtrichtung Stuttgart Bad Cannstatt. Zum damaligen Zeitpunkt durfte dort noch mit einer zulässigen Höchstgeschwindigkeit von 80 km/h gefahren werden.

Dem Gruppenführer unterlief ein folgenschwerer Fehler. Nachdem sie die Fahrzeugführerin veranlasst hatten anzuhalten, setzten sie sich mit dem Streifenwagen davor. Dann trat er von der Fahrerseite an das zu kontrollierende Fahrzeug heran und befand sich mitten auf der Fahrbahn, zwischen dem rechten und mittleren Fahrstreifen. Offensichtlich war er gerade ins Gespräch mit der Lenkerin vertieft, als sich auf dem rechten Fahrstreifen zwei Lkw hintereinander näherten.

Der vorausfahrende Lkw-Lenker erkannte das vor ihm befindliche Hindernis auf dem rechten Fahrstreifen und wollte auf den mittleren Fahrstreifen ausweichen. Aufgrund hohen Verkehrsaufkommens war ihm dies erst unmittelbar vor dem Hindernis möglich. Der hinterher fahrende Lkw-Lenker hatte bis dahin keinen Sichtkontakt zum Hindernis und konnte diese gefährliche Situation noch nicht erkennen.

In dem Moment, als der vorausfahrende Lkw auf den mittleren Fahrstreifen wechselte, war das Hindernis für den Hinterherfahrenden plötzlich direkt vor ihm. Es gelang ihm zwar noch eine kleine Ausweichbewegung nach links, aber er erwischte den auf der Fahrbahn stehenden Kollegen frontal und mit hoher Geschwindigkeit. Der Aufprall war so heftig, dass der junge Polizeibeamte noch an der Unfallstelle verstarb.

Es war ein kleiner, aber tödlicher und vermeidbarer Fehler gewesen. Warum hatte er diesen Kontrollort gewählt – eine dreispurige, vielbefahrene Bundesstraße? Nur ca. 200 m weiter hätte es die Möglichkeit gegeben die B 14 nach rechts in ein Wohngebiet zu verlassen. Und warum war er auf die Fahrbahn getreten und hatte die Fahrerin von der Fahrerseite aus angesprochen? Ein Gespräch mit ihr wäre auch über die Beifahrerseite, vom Gehweg aus möglich gewesen.

Nach diesem Vorfall änderte ich mein allgemeines Verhalten. Dass dieser Job sehr gefährlich sein konnte wurde für mich zur traurigen Gewissheit. Ab sofort legte ich deutlich mehr Wert auf Eigensicherung. Ich erkannte wie endlich das Leben war und wie schnell es vorbei sein konnte.

Und dann wurde ich das zweite Mal mit dem Tod konfrontiert.

2.3 Schutzengel 1 – was für ein krasser Zufall

Glauben Sie an Schutzengel?

Es gab in meinem Leben insgesamt drei Situationen, bei denen ich hätte zu Tode kommen können und es nur einem glücklichen Umstand zu verdanken war, dass es nicht eingetreten ist. Einmal privat und zweimal während des Dienstes. Seit dieser Zeit glaube ich an Schutzengel.

Alles begann mit dieser bescheuerten Walddurchsuchung.

Die gesamte Hundertschaft machte eine Großübung in einem Waldstück zwischen Stuttgart-Vaihingen und Böblingen. Ziel war es, die Abläufe bei der Suche nach Vermissten im Wald zu planen und einzuüben. Es erschloss sich uns aber nicht, warum der Hundertschaftsführer hierzu die Mitführung von Gewehren angeordnet hatte. Munition hierfür wurde jedoch nicht mitgeführt.

In einer großen Kolonne starteten wir von Stuttgart aus in Richtung Böblingen. Es waren bestimmt fünfzehn Fahrzeuge, darunter neun Mannschaftstransporter (GruKw). Die gesamte Hundertschaft war dorthin unterwegs und es war schon beeindruckend, wenn wir im geschlossenen Verband mit Blaulicht und Martinshorn bei roter Ampel über Kreuzungen rauschten.

Wenig später hatten wir unseren Zielort erreicht. Die Fahrt dorthin führte über einen schmalen, asphaltierten Waldweg. Und dort nahm das Schicksal seinen Lauf ...

Von den neun Mannschaftstransportern war unser Fahrzeug das fünfte. Es handelte sich um identische Fahrzeuge Marke VW, Typ LT 35.

Auf diesem schmalen Waldweg gab es auch ein paar herabhängende Äste von Tannen. Die Grukw fuhren hintereinander und einer dieser Äste streifte unter anderem das sich auf dem Dach befindliche rechte Blaulicht eines jeden Fahrzeugs, ohne dass dieses Schaden nahm. In dem Moment, als wir die besagte Stelle erreichten, wurde auch unser Blaulicht gestreift, jedoch wurde die Kappe von dem herabhängenden Ast abgerissen. Sie fiel auf die Fahrbahn und wurde von den nachfolgenden Fahrzeugen überrollt. Ich ärgerte mich darüber, da unser Fahrzeug das Einzige war, das beschädigt wurde.

Dieser Vorfall rettete mir später vermutlich das Leben.

Die Walddurchsuchung selbst verlief wie geplant und auch die Rückfahrt nach Stuttgart zur Dienststelle ergab keine Probleme. Anschließend wurde der Einsatz in Zugstärke nachbereitet.

Hierzu befanden wir (ca. 30 Mann) uns in einem Lehrsaal und saßen in Gruppen zusammen. Das Vorhandensein aller Ausrüstungsgegenstände wurde überprüft und anschließend mussten die mitgeführten Gewehre gereinigt werden. Hierzu stellten wir immer zwei Tische zusammen und jede Gruppe erhielt zwei Gewehre. Während wir damit beschäftigt waren, die Waffen zu demontieren, wurde ich von meinem Gruppenführer abberufen.

»Du musst eine Unfallmeldung schreiben wegen dem Blaulicht« sagte er und nahm mich mit zu einer Schreibmaschine in seinem Dienstzimmer. Da ich noch keine Erfahrung mit Unfallmeldungen hatte, half er mir bei der Formulierung.

Wenig später hörten wir diesen lauten Knall ... und dann wurde es ganz still.

Was war das gewesen? Wurde eine Tür vom Wind zugeknallt? Kam es von einem Überschallflugzeug?

Nein, es war ein Schuss aus einer Pistole gewesen.

Wir hörten plötzlich Schreie ... Hilferufe ... und stürmten nach draußen auf den Flur. Der Tumult kam aus Richtung Lehrsaal. Kollegen strömten aus dem Lehrsaal und rannten schreiend in verschiedene Richtungen davon.

Dann erschien ein blutüberströmter Kollege, Franz H., aus der ersten Gruppe. Er hatte eine spritzende Wunde am Oberarm und schrie vor Schmerzen. Andere versammelten sich um ihn und versuchten die Blutung zu stillen. Doch es kam noch viel schlimmer ... Irgendjemand schrie plötzlich hysterisch: »Da liegt noch einer ... der bewegt sich nicht mehr«.

Es war Armin H. aus meiner Gruppe. Er lag im Lehrsaal auf dem Boden und war nicht mehr ansprechbar. In seiner Schläfe befand sich ein kreisrundes Einschussloch ...

Dann ging alles ganz schnell.

Innerhalb weniger Minuten waren Sanitäter und Notärzte vor Ort und kümmerten sich um die Verletzten. Diese wurden dann mit zwei Rettungswagen zum Katharinenhospital Stuttgart verbracht.

Wir waren alle schockiert und realisierten die Situation nur zögerlich. Was war passiert?

Über den Hergang dieser Bluttat (ein schrecklicher Unfall) wurde viel spekuliert, aber zunächst nichts Offizielles mitgeteilt.

Viel wichtiger war für uns, wie es unseren Kollegen ging. Franz H. hatte einen Oberarmdurchschuss mit Schlagaderverletzung erlitten. Er wurde sofort notoperiert und war außer Lebensgefahr.

Für Armin H. kam jedoch jede Hilfe zu spät. Ein Projektil war über die Schläfe in sein Gehirn eingedrungen. Er verstarb noch im Krankenhaus ...

Die Beerdigung fand kurz darauf in seinem Heimatort statt. Wir, die Angehörigen des zweiten Zuges, bildeten einen Ehrenzug am Grab. Ich habe noch nie jemanden so bitterlich weinen sehen wie

die Schwester und Mutter unseres beliebten Kollegen. Auch ich habe geweint ...
Selbst heute noch nach über 40 Jahren, berührt mich das Schicksal meines damaligen Kameraden und Freundes. Mir wurde erst viel später bewusst, dass auch ich dem Tode sehr nahe war. Hätte dieser herabhängende Ast nicht die Kappe vom Blaulicht abgerissen, wäre ich nicht vom Gruppenführer herausgelöst worden. Dann wäre ich neben Armin H. und den anderen der Gruppe am Tisch gestanden, um die Gewehre zu reinigen. Und dann hätte der tödliche Schuss auch mich treffen können ...

Es hat sehr lange gedauert, bis ich diesen Vorfall verarbeitet hatte.
In den nächsten Wochen war die Stimmung bedrückend. Zum Unfallhergang hielt sich die Dienststelle bedeckt, sie sprachen nur von einem schrecklichen Unglücksfall. Aber von den Kollegen, die mit im Lehrsaal gewesen waren, sickerte einiges durch. Und außerdem fehlte seit dieser Zeit ein Kollege ... der Unglücksschütze.
Demnach war es so, dass einige nach dem reinigen der Gewehre auch ihre zugeteilten Dienstpistolen reinigen wollten. Da diese jedoch mit scharfer Munition bestückt waren, wurden sie unter Aufsicht in einer dafür vorgesehenen Ladeecke (große Holzkiste mit Sand gefüllt), entladen und anschließend am Tisch im Lehrsaal demontiert. Der Unfall musste also beim Zusammenbauen der Pistole eines Einzelnen passiert sein. Es wurde auch ein Name genannt, den ich hier nicht preisgeben möchte, aber genau dieser Kollege war ab diesem Zeitpunkt nie mehr anwesend. Offensichtlich hatte er einen verhängnisvollen Bedienungsfehler gemacht.
Üblicherweise wurde eine Waffe nach der Reinigung zuerst zusammengebaut und dann begab man sich zur Ladeecke. Dort wurde das gefüllte Magazin in die Pistole eingeführt und der Ver-

schluss nach hinten gezogen, wobei die Mündung in Richtung Sandkiste zeigte. Dadurch wurde eine Patrone in den Lauf befördert und die Waffe war jetzt geladen und vorgespannt. Zum entspannen musste man dann nur noch den Entspannhebel betätigen und dann war die Pistole zwar geladen, aber nicht mehr vorgespannt.

Es wurde spekuliert, dass der Unglücksschütze seine Dienstpistole am Tisch wieder zusammengebaut hatte, aber dann nicht zur Ladeecke ging, sondern den Ladevorgang im Lehrsaal durchführte. Vermutlich hat er dann seine Waffe nicht über den Entspannhebel entspannt, sondern versehentlich über den Abzug. Dies war mit der alten Polizei-Pistole möglich und dann löste sich ein Schuss, ohne dass der Abzug stark betätigt werden musste.

Unglücklicherweise hatte er die Mündung der Waffe hierbei nach vorne gerichtet und das abgefeuerte Projektil traf zunächst Franz H. in den Oberarm und anschließend Armin H. in die Schläfe.

Kapitel 3
Einzeldiensterfahrungen

Ich war so dankbar und froh, dass das halbe Jahr bei der Einsatzhundertschaft Stuttgart zu Ende ging.
Jetzt endlich begann mein Leben als »richtiger Polizist«.
Ich wurde einem kleinen Polizeirevier zugeteilt ... Stuttgart-Untertürkheim. Der Revierbereich war überschaubar und noch sehr ländlich. Fünf kleinere Stadtteile waren darin beinhaltet, von denen zwei als »Oase der Ruhe« bezeichnet werden konnten. Ich war zufrieden und glücklich, dass man mich nicht auf ein Innenstadtrevier geschickt hatte.
Nur die Dienstzeiten schmeckten mir nicht.
Da die Polizei rund um die Uhr tätig war, mussten 24 Std. am Tag/Nacht abgedeckt werden.
Hierzu gab es ein vier Schichten Modell. Ein Schichtumlauf begann immer mit dem Spätdienst von 13 – 20 Uhr. Am nächsten Morgen folgte dann der Frühdienst von 06 - 13 Uhr und am selben Tag auch noch der Nachtdienst von 20 - 06 Uhr. Dies waren 24 Stunden Dienst innerhalb von zwei Tagen. Wenn man dann nach dem Nachtdienst nach Hause kam, fiel man wie halb tot ins Bett. Den Rest des Tages hatte man dann frei, wobei die Regenerationsphase nach einer durchgemachten Nacht deutlich länger andauerte, d. h. dass man nicht richtig fit war.
Der Folgetag war dann der sogenannte dienstfreie Tag und schon am darauf folgenden Tag begann wieder der Spätdienst um 13 Uhr. Grob gesagt hatte man also zwei Tage Dienst und zwei Tage frei. Dies ging das ganze Jahr so, natürlich auch an den Wochenenden und Feiertagen. Jede vierte Nacht war Nachtdienst ... 10 Stunden

am Stück ... das »schlauchte« enorm. Rein rechnerisch kamen da ca. 80 durchgemachte Nächte pro Jahr zusammen.

Und auch die Wochenenden waren zerstückelt. Von vier aufeinander folgenden Wochenenden gab es nur ein einziges wirklich freies (Samstag und Sonntag), wobei man da ja auch erst am Samstag früh nach dem Nachtdienst nach Hause kam und zumindest den Vormittag im Bett verbrachte.

An den verbleibenden drei anderen hatte man entweder am Samstag oder am Sonntag oder Samstag und Sonntag Dienst. Dies war besonders in Beziehungen und auch bei der Pflege von Freundschaften von negativer Bedeutung.

Zwischenzeitlich gibt es ein anderes, verträglicheres Schichtdienstmodell bei der Polizei, da der vier Schichten Dienst auch gesundheitliche Risiken barg. »Die Nacht ist zum Schlafen da« und heute müssen Polizisten im Schichtdienst nur noch jede fünfte Nacht arbeiten.

Da stand ich nun vor dem Polizeirevier Untertürkheim.

Ein altes, heruntergekommenes, baufälliges Gebäude. Ein Schandfleck mitten im Ortskern. Hatte ich mir irgendwie anders vorgestellt.

Parkplätze gab es nur sehr wenige und so musste ich mein Auto an der Straße abstellen. Doch diese Straße hatte so ihre Tücken …

Im Erdgeschoss befand sich die Wache. Da saß der Wachhabende am Telefon und Funkgerät und musste sich um den Publikumsverkehr kümmern. Weiter hinten befanden sich dann noch ein Vernehmungszimmer (ca. 6 qm großes Durchgangszimmer), ein Schreibzimmer und ein Besprechungszimmer.

Und es gab zwei Arrestzellen. Eine befand sich vorne bei der Wache und glich einem Gewölbekeller. Die andere war eine offensichtlich umgebaute Toilette mit einem vergitterten, winzigen Fenster. Der Raum war ca. 3 m lang und 1,5 m breit. Wer dort eingesperrt wurde durfte nicht unter Klaustrophobie leiden ...
In die oberen Stockwerke führte eine sehr schmale Wendeltreppe. Im 1. OG befanden sich die Räumlichkeiten der Revierleitung sowie des Bezirksdienstes.

Ein Raum durfte nicht betreten werden. An der Türe stand: »Betreten verboten, Lebensgefahr«. Es handelte sich um einen Waschraum mit einer Dusche. Dort gab es ein Sicherheitsrisiko, da die Gefahr bestand, dass man beim Duschen durch das verfaulte Gebälk des Bodens brach und unten in der Arrestzelle landete.

Ganz oben im Dachgeschoss befanden sich dann noch Umkleideräume sowie das Arbeitszimmer unserer Schreibkraft.

Eigentlich war die Unterbringung der Polizei in solch einem Gebäude untragbar. Da das Objekt jedoch auf der Prioritätenliste des Landes Baden-Württemberg bezüglich Bauvorhaben ganz oben stand, war es alles eine Frage der Zeit, bis sich etwas ändern sollte.

Und das dauerte ... und dauerte ... und dauerte.

Zwischenzeitlich musste eine Schutzmaßnahme ergriffen werden. Vom Baurechtsamt wurde nämlich festgestellt, dass das gesamte Gebäude einsturzgefährdet war. Eines Tages erschienen mehrere Herren vom Amt und begutachteten mit finsteren Mienen das Haus. Die Außenwand desselben hatte große Risse bekommen und sich schon bedrohlich nach außen gewölbt. Und dann ging alles ganz schnell.

Ein Bautrupp erschien und verpasste dem Gebäude kurzerhand ein Stützkorsett. Dieses bestand aus zwei massiven Stahlträgern (ca.

6 m lang) und mehreren dicken Eisenstangen. Das Haus wurde nun durchbohrt und die Stahlträger, an zwei gegenüberliegenden Seiten, mittels durchgesteckten Eisenstangen befestigt. Sah richtig skurril aus und wurde vom Publikumsverkehr kopfschüttelnd wahrgenommen. Diese Maßnahme sollte für die nächsten Jahre ausreichend sein ...

Der Streifendienst selbst machte mir großen Spaß und brachte viele spannende, gefährliche und höchst amüsante Ereignisse hervor. Mein erstes unangenehmes Erlebnis war mein abgeschlepptes Auto, welches an der Straße direkt vor dem Polizeirevier geparkt war. Kaum hatte ich meinen 2. Spätdienst begonnen, wurde ich auserkoren. Ein größerer Polizeieinsatz stand an, aber nicht in Stuttgart, sondern in Freiburg im Breisgau. Und genau dafür wurde ich bestimmt.

In Freiburg war es zu gewalttätigen Demonstrationen mit der Hausbesetzerszene gekommen bezüglich der Räumung eines Gebäudekomplexes, dem sogenannten Schwarzwaldhof. Aufgrund dessen wurden Polizeikräfte aus dem ganzen Land dorthin beordert. Und es sollte ein langer und unschöner Einsatz werden. Polizeikräfte wurden aus der Dunkelheit heraus mit Pflastersteinen beworfen und zum Teil auch schwer verletzt.

Ich kann mich noch gut an die Order des Einsatzleiters erinnern, dass man auf keinen Fall Verpflegung von außerhalb annehmen durfte. Es gab (und gibt) ja durchaus sehr polizeifreundliche Bürger, die den Beamten im Einsatz wohlgesonnen sind und diese mit Getränken oder Süßigkeiten versorgen. Aber bei diesem Einsatz in Freiburg waren Berliner (Krapfen) aufgetaucht, welche nicht mit Marmelade, sondern mit Kot gefüllt waren ... sehr unappetitliche Vorstellung.

So verbrachten wir viele Stunden in Freiburg, bis sich die Lage etwas entspannt hatte. Die Rückfahrt nach Stuttgart war erst für den Vormittag des nächsten Tages vorgesehen.

Kaum zurück wunderte ich mich, dass ich mein Auto nicht mehr fand. Ich hatte es doch direkt vor dem Gebäude abgestellt und da stand nun ein anderes Fahrzeug. Ein Blick in die Abschleppliste des Reviers brachte Klarheit. Mein Auto wurde standortverändert, da es im Halteverbot geparkt war. Man durfte zwar in dieser

Straße parken, aber nicht in der Zeit von 06.00 bis 08.00 Uhr. Alle Fahrzeuge, die dann dort abgestellt waren, wurden abgeschleppt. Dieser Umstand und auch die Vorgehensweise war mir leider nicht bekannt gewesen.

Der Leiter des Reviers hatte ein Einsehen und regelte die Angelegenheit »auf dem kleinen Dienstweg«.

Schließlich konnte man mir ja kein Verschulden vorwerfen ...

Die Wochen und Monate vergingen wie im Flug und nach einem halben Jahr Einzeldiensterfahrung musste ich für ein halbes Jahr zur Landes-Polizeischule nach Freiburg. Die Laufbahnprüfung für den mittleren Dienst der Schutzpolizei stand an.

Damals fuhr ich noch dieses wunderschöne BMW Coupe 3.0 CS. Schnittig und elegant, 180 PS stark, feuerrot mit weißen BBS Felgen ... mein ganzer Stolz. Ich kann mich noch gut daran erinnern, wie ich damals unabsichtlich diesen Stau auf der Autobahn A 8 verursacht habe.

Es war an einem Freitagnachmittag im Winter, zwischen Karlsruhe und Stuttgart, und es fing an zu schneien. Ich befand mich auf der Rückfahrt von Freiburg und der Schnee blieb, Gott sei Dank, nicht auf der Fahrbahn liegen. Noch nicht ... aber dann kam diese Steigung.

Nachdem ich ungefähr zwei Drittel davon bewältigt hatte, zeigte der Winter seine hässliche Seite und die fetten Schneeflocken verbündeten sich gegen mich und bildeten eine verdammt rutschige, geschlossene Schneedecke auf der Fahrbahn. Plötzlich ging gar nichts mehr. Meine Sommerreifen, Marke »Arschi Glatti« hatten keinerlei Grip am Berg und drehten haltlos durch. Bedingt durch den Heckantrieb meines Fahrzeugs schlingerte ich nun in Schrittgeschwindigkeit über alle drei Fahrstreifen und verhinderte dadurch, dass ein großer, italienischer Sattelzug rechts an mir vorbeifahren konnte. Dieser hatte offensichtlich mehr Grip und kam mit deut-

lich höherer Geschwindigkeit herangefahren. Vermutlich hätte er die Steigung locker geschafft. Aber er musste ja wegen mir verzögern und dann kam es wie es kommen musste …
Sein Grip war plötzlich auch weg und er kam ebenfalls ins schlingern und stellte sich quer. Ich sehe ihn heute noch vor mir, wie er laut schimpfend und wild gestikulierend meiner habhaft werden wollte um mich zu schlachten … wie froh war ich, dass mein Auto immer noch in Schrittgeschwindigkeit weiter fuhr und die Steigung bewältigte. Im Rückspiegel erkannte ich noch, dass alle Fahrzeuge hinter mir zum Stillstand gekommen waren. Die Ursache hierfür war mir wohl bekannt …

Aber ab jetzt hatte ich die Autobahn ganz für mich alleine.

Die Laufbahnprüfung für den mittleren Dienst der Schutzpolizei stellte mich vor keine großen Probleme. Mit dem kleinstmöglichen Aufwand erzielte ich das höchstmögliche Ergebnis: bestanden.

Nun war es aber genug mit der »Büffelei« und ich freute mich wieder auf die Kollegen und den Streifendienst im Polizeirevier Untertürkheim.

In diesem halben Jahr der Abwesenheit hatte sich nicht viel verändert … alles blieb beim Alten.

3.1 Blaulichtsyndrom

Wenn wir mit dem Streifenwagen auf Tour waren und unseren Revierbereich abgrasten, war ich meistens der Fahrer. Ich konnte ganz gut mit den verschiedenen Fahrzeugen umgehen und auch Einsatzfahrten mit Blaulicht und Martinshorn machten den anderen (und mir) große Freude, wenn ich fuhr. Sie fühlten sich sicher und gut aufgehoben.

Aber es gab auch Kollegen, die hatten es nicht so mit dem Autofahren, fuhren aber trotzdem gerne.

Und bei denen wurde es dann richtig gefährlich, wenn »die Hütte brannte«.

Mit Schrecken erinnere ich mich an den Tag, als ich mit Armin N. auf Streife war und er das Fahrzeug, einen grün/weißen VW Passat, lenkte. Wir hörten über Funk mit, dass nach einem beigefarbenen Opel gefahndet wurde, dessen Lenker auf der Bundesstraße 10 mehrere Verkehrsverstöße begangen hatte und offensichtlich keinen Führerschein besaß. Dieser Opel, welcher von einer Streife des Polizeireviers Esslingen verfolgt wurde, hätte jetzt die B 10 bei Stuttgart-Hedelfingen verlassen und befände sich in der Nähe unseres Revierbereichs.

Kaum war der Funkspruch verklungen, wurde Armin N. vom Jagdfieber gepackt. Mit Sondersignalen und einer affenartigen Geschwindigkeit fuhr er in Richtung der genannten Örtlichkeit, wobei ich mich sehr unwohl fühlte. Dies war der übertrieben schnellen Fahrweise geschuldet.

Auf der Anfahrt fiel mir im Gegenverkehr ein Lkw auf, in dessen Windschatten sich ein Pkw befand. Dieser wollte offensichtlich von uns nicht entdeckt werden, fuhr sehr dicht auf und nach rechts versetzt. Als die beiden Fahrzeuge auf unserer Höhe waren,

blickte ich zur Seite und rief Armin zu: »Das ist er ... der beige Opel«. Doch anstatt zu wenden und dem Fahrzeug zu folgen, fuhr er mit hoher Geschwindigkeit einige hundert Meter weiter und meinte: »Das kann nicht sein, der kann noch nicht so weit sein.«
Da ich mir jedoch sehr sicher war, dass es sich um das Fluchtfahrzeug handelte, wiederholte ich meine Worte energischer. Erst daraufhin bremste er ab und wendete unser Fahrzeug. Der Gesuchte war jedoch längst schon außer Sichtweite und schon über alle Berge. Eigentlich hätte man ab diesem Zeitpunkt die Verfolgungsfahrt abbrechen und eine Funkfahndung auslösen müssen, da die Chancen, das Fahrzeug wiederzufinden, sehr gering waren.
Aber da kannte ich meinen Kollegen schlecht. Nun versuchte er mit noch höherer Geschwindigkeit die verlorene Zeit wieder reinzuholen, obwohl uns ja über die Fluchtrichtung des Opel gar nichts bekannt war. Die vermutete Fluchtrichtung führte über eine geradlinig verlaufende Innerortsstraße zwischen zwei Stadtteilen mit einer zulässigen Höchstgeschwindigkeit von 50 km/h.
Der Tachometer vom Streifenwagen zeigte 140 km/h und mein Gehirn meldete mir »Lebensgefahr«.
»Fahr langsamer« schrie ich ihn an, »der ist doch schon weg«. Leider kamen meine Worte bei ihm nicht an. Offensichtlich war er vom »Blaulichtsyndrom« betroffen welches nun die Kontrolle über sein Gehirn übernahm. Dieses Phänomen ergriff in der Regel junge, männliche Polizeibeamte beim Einschalten der Sondersignale (Blaulicht und Martinshorn) am Funkstreifenwagen. Dann wurde beim Fahrzeuglenker wie von Geisterhand ein »Schalter im Gehirn umgelegt« welcher den gesunden Menschenverstand unterdrückte und das Reptiliengehirn aktivierte.
Nun wurde es kritisch. Die Fahrbahn war für ein kurzes Stück zweispurig und wir nahmen den linken Fahrstreifen. In ca. 200 m Entfernung befand sich eine Lichtzeichenanlage (Ampel) und diese

zeigte Rotlicht. Auf dem rechten Fahrstreifen warteten bereits ca. 5 Fahrzeuge, auf dem linken nur eines.

Wie sich später herausstellte war das einzelne Fahrzeug ein weinroter Audi 80, besetzt mit einem älteren Ehepaar.

Wir schossen mit wehenden Fahnen auf die rote Ampel zu in der Hoffnung, dass sich der weinrote Audi rechtzeitig entfernen würde. Dem war leider nicht so. Das Fahrzeug setzte sich zwar kurz in Bewegung, ruckelte und blieb dann wieder stehen. Offensichtlich hatte der Fahrer den Motor beim Anfahren abgewürgt.

Die Vollbremsung kam viel zu spät. Mit quietschenden, blockierenden Rädern und eingeschalteten Sondersignalen rutschten wir über den Asphalt. Mein Kollege versuchte noch nach rechts zu lenken, aber das Fahrzeug reagierte wegen der blockierenden Räder nicht auf den Lenkeinschlag.

Der Aufprall im Heck des Audi 80 war heftig und auch sehr schmerzhaft.

Da weder mein Kollege noch ich einen Sicherheitsgurt angelegt hatten (war damals noch keine Pflicht), hob es uns aus den Sitzen und unsere Köpfe knallten am Dachhimmel heftig zusammen.

Nun reagierte unser Fahrzeug auf den vorherigen Lenkeinschlag nach rechts und überquerte die rechte Spur sowie den Gehweg. Erst der Kontakt mit einer dortigen Mauer brachte das Fahrzeug zum Stillstand. Durch diesen zweiten Aufprall überdehnte ich mir beide Handgelenke und mein rechtes Knie zerstörte das Handschuhfach.

Was für eine hirnlose, schwachsinnige Aktion das doch gewesen war.

Mir schmerzte der Kopf und ich sah Sternchen. Dann wuchs eine dicke Beule an meiner Stirn. Mein Kollege hatte ähnliche Verletzungen.

Die beiden Insassen im Audi 80 saßen noch angegurtet im Auto – nein sie lagen drin. Durch den Aufprall wurde nämlich die Verankerung beider Vordersitze heraus gerissen und die Sitze kippten mitsamt den Insassen nach hinten weg. Vermutlich verhinderte dies noch schlimmere Verletzungen.

Kaum hatten wir unser Fahrzeug verlassen, wurden wir auch schon von Passanten und anderen Autofahrern angefeindet. »Ihr seid schuld«, »Vollidioten« und ähnliche Nettigkeiten waren da zu hören.

Ein Rettungswagen wurde verständigt. Gott sei Dank waren die Verletzungen nicht so schlimm wie befürchtet und niemand musste stationär ins Krankenhaus.

Es gab eine Unfallaufnahme durch den Unfalldienst und eine Anzeige bei der Staatsanwaltschaft gegen meinen Kollegen, wegen fahrlässiger Körperverletzung im Straßenverkehr. Obwohl auch ich bei dem Aufprall nicht unerheblich verletzt wurde, wurde mir nahegelegt dies zu verschleiern, um dem Kollegen Armin N. nicht zu schaden. Jung und dumm wie ich damals noch war ließ ich mich darauf ein.

Ab diesem Zeitpunkt wollte niemand mehr mit ihm fahren.

Der Unfall blieb mir noch lange in Erinnerung, besonders dann, wenn wir auf Streifenfahrt diese Stelle passierten. Über Wochen war dort immer noch diese ewig lange Blockierspur von unserem Fahrzeug zu sehen. Sie maß 38 Meter.

3.2 Wie man einen Einbrecher mit einer Taschenlampe zur Strecke bringt

Es war in einem Nachtdienst so gegen 04.00 Uhr und da kam dieser Anruf.
»Sofort alle ausrücken« rief der Wachhabende, »Täter am Werk. Einbrecher in einer Gaststätte«.
Plötzlich war Hektik angesagt. Wir waren zwei Streifenwagenbesatzungen (4 Polizisten) und stürmten nach draußen zu den Fahrzeugen. Um die Einbrecher nicht auf uns aufmerksam zu machen, fuhren wir nur mit Blaulicht und ohne Martinshorn dort an.
Anrufer war der Wirt gewesen. Dieser wohnte direkt über der Gaststätte und hatte Vorkehrungen gegen Einbrecher getroffen, indem er Mikrofone installiert hatte. So konnte er in seiner Wohnung darüber Geräusche aus der Gaststätte wahrnehmen. Es handelte sich also um einen echten Einbruch.
Wenige Minuten später waren wir vor Ort und machten eine äußere Absperrung. Zwischenzeitlich waren auch noch drei weitere Streifenwagen von anderen Revieren eingetroffen.
Während ein Kollege und ich draußen auf dem Gehweg standen und jeder zwei Seiten des Gebäudes überwachte, drangen insgesamt acht Polizisten in die Gaststätte im Erdgeschoss ein.
Im Nachhinein betrachtet wäre es taktisch viel klüger gewesen mehr Kollegen draußen zu positionieren. Die acht Einsatzkräfte standen sich nämlich selbst im Weg, machten einen Höllenlärm beim Eindringen und ermöglichten den Tätern so die Flucht aus dem Gebäude.
Plötzlich wurde direkt über mir ein Fenster aufgerissen und eine männliche Person hüpfte vor mir auf den Gehweg. Bevor ich realisiert hatte, dass es sich hierbei um einen der beiden Täter handelte, sprintete dieser wie ein Hase davon und versuchte sich der Fest-

nahme zu entziehen, indem er im Zickzack um die geparkten Autos lief. Es handelte sich um einen jungen Burschen, ca. 18–20 Jahre alt, in Jeans und Turnschuhen und ich nahm sofort die Verfolgung auf.

Da ich jedoch durch meine Ausrüstungsgegenstände (links Taschenlampe, rechts Funkgerät, Dienstmütze unter dem Arm) gehandicapt war, vergrößerte sich der Abstand. Auch meine kläglichen Rufe »Halt, stehen bleiben, Polizei« brachten nicht den gewünschten Erfolg.

Um mithalten zu können musste ich mich also von irgendeinem Gegenstand trennen. Das Funkgerät kam nicht infrage, es war wichtig, um die Kollegen über die Fluchtrichtung zu informieren.

Also die Taschenlampe. Es handelte sich um ein älteres, ziemlich schweres Modell von der ungefähren Größe einer dicken Zigarettenschachtel. Diese Taschenlampe verfügte nicht nur über ein weißes Licht. Mittels zweier Streuscheiben (rot und grün) war sie für den Polizeidienst echt gut geeignet.

Und man konnte sie auch gut als Wurfgeschoss einsetzen. Und genau das tat ich.

Der Täter rannte so ca. sechs bis acht Meter vor mir und rechnete sicher nicht mit meiner List.

Mit einem lauten Aufschrei »P ä n g« schleuderte ich die Taschenlampe nach vorn in Richtung des Flüchtenden. Und ich traf ihn wuchtig ... voll in den Rücken.

»Aua ... ich bin getroffen« schrie er, »Nicht mehr schießen«.

Er blieb augenblicklich stehen, nahm die Hände hoch und gab auf. Als ich ihn überwältigt und geschlossen hatte sagte ich mit einem Schmunzeln im Gesicht: »Ich habe nicht geschossen, es war nur meine Taschenlampe«.

Der zweite Täter wurde übrigens auch nach kurzer Flucht von meinem Kollegen eingeholt und festgenommen.

Die Taschenlampe habe ich wiedergefunden und sie war noch viele Jahre in Gebrauch. Sie war zwar offiziell nicht als »Hilfsmittel der körperlichen Gewalt« zugelassen, aber der Zweck heiligt ja bekanntlich die Mittel.

3.3 Einsatz für »Kommissar Rex«

Schon als kleiner Bub wurde mit nachgesagt, dass ich listig und »ein schlaues Bürschle« wäre. Liebevoll gaben mir meine Eltern den schwäbischen Spitznamen »Professorle« über den ich mich damals als Kind ganz schön geärgert habe.

Aber besonders durchtrieben war es, mit List und Tücke einen Ganoven zur Strecke zu bringen. Darin war ich als Polizist echt gut.

Alles trug sich in einer lauen Sommernacht zu. Mein sehr geschätzter Kollege Markus H. und ich waren im Nachtdienst zusammen auf Streifenfahrt.

In unserem Revierbereich hatten wir auch ein großes Freibad ... das Inselbad. Dieses lag auf einer Halbinsel im Neckar und wurde nachts gerne illegal von Jugendgruppen aufgesucht. Wie an jedem heißen Wochenende im Sommer hatten wir also den Auftrag, das Freibad auf Nachtbader zu überprüfen.

Vorausgegangen waren mehrere Vorfälle, bei denen es auch zu Straftaten gekommen war.

Schon allein das Übersteigen des Zaunes außerhalb der Öffnungszeiten stellte einen Hausfriedensbruch dar. Im Innenbereich kam es dann immer wieder mal zu Sachbeschädigungen, aufgebrochene Kiosk-Häuschen oder ins Schwimmbecken ausgeleerte Mülleimer.

Der krasseste und unappetitlichste Vorfall jedoch fand sich in Form eines »Kackhaufens« auf der Plattform des 10 Meter Sprungturms wieder. Dort war doch tatsächlich ein »Kotleger« aufgetreten und hatte seine Notdurft verrichtet – was gibt es doch für Dreckschweine unter den Menschen.

Die Landeshauptstadt Stuttgart als Eigentümerin des Bades bat um verstärkte Kontrollen durch die Polizei und erstattete gegen jeden Eindringling Strafantrag wegen Hausfriedensbruch.

Ausgestattet mit einem Solar-Scheinwerfer fuhren wir nachts auf dem Parkplatz des Inselbades vor. Um nicht entdeckt zu werden, hatten wir das Licht am Streifenwagen ausgeschaltet. Mittels eines Nachschlüssels verschafften wir uns Zutritt. Unsere Dienstmützen, die weithin sichtbar waren, hatten wir unter den Arm geklemmt.

Das Bad war recht groß, von außen nicht einsehbar und weitläufig. Drei parallel verlaufende Wege führten in den hinteren Bereich zum Sprungbecken. Dort wurden in der Vergangenheit schon mehrmals Personen illegal angetroffen.

Wir entschieden uns für den mittleren der drei Wege und schlichen leise durch die Nacht. Als wir etwa auf Höhe der Mitte des sehr langen Familienbeckens angekommen waren, hörten wir plötzlich Stimmen. Der Solar-Scheinwerfer brachte Licht ins Dunkel. Auf der anderen Seite des Familienbeckens kam uns eine Gruppe junger Leute, ca. 6–8 Personen entgegen. Ich hörte noch wie einer rief: »Bullen« und schon war die »Treibjagd« eröffnet. Sie rannten vor uns davon in Richtung Ausgang, als ob es um ihr Leben ginge.

Wieder waren die Ausrüstungsgegenstände für eine Verfolgung hinderlich, besonders der schwere Solar-Scheinwerfer.

Auch unsere Rufe: »Halt Polizei« verhallten in der Dunkelheit. Mit großem Vorsprung erreichten die Ersten der Gruppe den Zaun am Ausgang. Dieser war zwar ziemlich hoch und mit Stacheldraht versehen, aber es gab dort offensichtlich eine geeignete Stelle zum drüber steigen.

Bevor wir dort hechelnd ankamen, hatten es alle geschafft, das Badgelände zu verlassen. Die letzten beiden hätten wir fast noch erwischt. Daraufhin ersann ich eine List:

»Stehen bleiben, sonst lass ich den Hund los« schrie ich ihnen nach ... jedoch ohne Reaktion.

»Was für einen Hund«, meinte mein Kollege ...»wir haben doch gar keinen«.

Dann kam der zweite Teil meiner List und das Ergebnis war höchst beeindruckend. »Rex fass ...« rief ich mit scharfem Befehlston in Richtung der Flüchtenden.

Es dauerte gefühlt eine zehntel Sekunde und dann kam die Reaktion darauf. Dieser schrille Aufschrei ging mir durch Mark und Bein. Es klang wie ein Mensch in Todesangst.

»Nein, bitte nicht ... rufen Sie den Hund zurück ... wir kommen« hörten wir zwei weinerliche Stimmen aus der Dunkelheit.

Mein vermeintlicher Befehl »Rex Fuß« entspannte die Lage und da sahen wir sie. Es waren zwei junge Mädchen, ca. 16–18 Jahre alt, die mit erhobenen Händen und am ganzen Leib zitternd auf uns zukamen.

»Wo ist der Hund, wo ist der Hund« war ihre erste Frage. »Den hab ich im Auto eingesperrt«, log ich.

Die Mädchen waren sehr kooperativ und auch gesprächig. Sie waren immer noch so eingeschüchtert, dass sie uns unverzüglich die Namen der anderen beteiligten Personen preisgaben.

Irgendwann meldete sich mein Gewissen und die beiden taten mir leid. Was hatte ich mit diesen zwei Worten »Rex fass« angerichtet? Jetzt war es an der Zeit, ihnen die Wahrheit zu sagen. Es fiel ihnen ein Stein vom Herzen, als ich mich dafür entschuldigte, ihnen Angst eingeflößt zu haben.

»Ihr habt uns verarscht« lachten sie erleichtert, »ihr seid so gemein«. Sie versprachen hoch und heilig so etwas nie mehr zu machen.

Um eine Anzeige wegen Hausfriedensbruch kamen sie aber trotzdem nicht herum.

Dafür erhielten sie von der Polizei eine Mitfahrgelegenheit nach Hause – als Wiedergutmachung sozusagen.

3.4 Schutzengel 2 – dem Tode so nah

Heute ist der 08. August 2020.
Genau vor 31 Jahren war eine ganze Armada an Schutzengeln zu mir unterwegs.
Am 08.08.1989 hatte ich Frühdienst und war schon um kurz nach 06.00 Uhr zusammen mit meinem Kollegen Sigi K. auf Streife. Er war mein unmittelbarer Vorgesetzter, ein Jungkommissar und Dienstgruppenführer.

Über Funk erhielten wir Kenntnis darüber, dass es soeben in Stuttgart-Ost zu einer nicht unerheblichen Körperverletzung gekommen war. Offensichtlich war ein Afrikaner ohne Fahrschein mit der Straßenbahn unterwegs und von einem Fahrkartenkontrolleur dabei ertappt worden. Aber er wollte seine Personalien nicht angeben und war auch nicht gewillt, das erhöhte Beförderungsentgelt zu bezahlen. Stattdessen versetzte er dem Kontrolleur einen heftigen Schlag ins Gesicht, aufgrund dessen dieser zwei Zähne einbüßte und zu Boden ging. An der nächsten Haltestelle flüchtete der Täter zu Fuß in Richtung Schlachthof Stuttgart-Ost und versteckte sich dort.

An der daraufhin eingeleiteten Personenfahndung im Bereich Stuttgart-Ost beteiligten wir uns ebenfalls. Hierzu mussten wir unseren Revierbereich kurzfristig verlassen.

Doch die gesuchte Person, von welcher eine detaillierte Beschreibung vorlag, war wie vom Erdboden verschluckt und konnte nicht aufgefunden werden. Nach einer geraumen Zeit wurde die Zielfahndung abgebrochen und in eine »Weiterfahndung im Rahmen der Streife« umgewandelt.

Daraufhin verlegten wir wieder in unseren Revierbereich und fuhren die Wache an um Schreibarbeiten zu erledigen.

Gegen 09.00 Uhr setzten wir unsere Streifenfahrt fort. Wenig später hörten wir folgenden, sinngemäßen Dialog zwischen der Funkleitzentrale (FLZ) und einem Streifenwagen mit:
Streifenwagen:» Uran (FLZ)), ist die Fahndung nach dem Afrikaner von heute Morgen noch aktuell?«
Uran:»Ja, ist noch aktuell. Haben Sie die Person?«
Streifenwagen:»Eine Person auf die die Beschreibung zutrifft läuft auf der Gaisburger Brücke in Richtung Cannstatt.«
Uran:»Dann kontrollieren Sie die Person.«
Streifenwagen:»Wir haben gerade einen Personentransport. Setzen unsere Person ab, fahren dann zurück und kontrollieren anschließend.«
Uran:»Nein, dann für Sie erledigt.«
Uran:»Hier Uran mit einer Anfrage an Kräfte in Stuttgart-Ost. Wer kann Personenkontrolle auf der Gaisburger Brücke durchführen?«

Ich sah meine Chance. Endlich war mal wieder was los, wenn auch nicht in unserem Revierbereich. Endlich mal wieder eine Festnahme durchführen. Kam bei Vorgesetzten immer gut an.
»Komm Sigi, wir sind ganz in der Nähe. Das machen wir«, sagte ich und wollte schon zum Hörer des Funkgerätes greifen um uns anzukündigen. Wir hielten uns am Rande unseres Reviers auf und waren nur ca. 2 km von der genannten Örtlichkeit entfernt. In zwei Minuten wären wir vor Ort gewesen.
Doch Sigi K. zog nicht mit – Gott sei Dank. Diesem Umstand habe ich vermutlich mein Leben zu verdanken.
Er meinte, dass wenn wir jetzt unseren Revierbereich verlassen würden um woanders auszuhelfen, müsste ein Fahrzeug eines anderen Reviers bei uns aushelfen wenn ein Einsatz anstehen würde.

»Wir warten mal noch kurz ab. Wenn sich kein anderes Fahrzeug meldet, dann übernehmen wir den Auftrag,« sagte er. Und dann nahm das Unglück seinen Lauf ...

Zwei Funkstreifen, die ebenfalls in der Nähe waren, meldeten sich für die Personenkontrolle und fuhren dort an. Somit war dieser Auftrag für uns erledigt und wir setzten unsere Streifenfahrt fort.

Schade, dachte ich noch, endlich mal was los und Du bist nicht mit dabei. Kurz darauf wurde über Funk ein Fahrzeug (VW-Bus) für einen Personentransport zur Gaisburger Brücke angefordert. Wenig später kam dann der Notruf eines Kollegen. Er klang surreal und niederschmetternd.

Uns stockte der Atem als er am Funk mit zittriger Stimme von Blut und Tod von Kollegen stammelte und dringend Unterstützung anforderte.

Es bedurfte keiner Sekunde Bedenkzeit und wir zündeten den Turbo. Mit Sondersignal erreichten wir als eines der ersten Fahrzeuge die Gaisburger Brücke.

Was war hier passiert? Als erster Gedanke kam mir ein schwerer Verkehrsunfall in den Sinn. Aber wo waren die Unfallfahrzeuge?

Überall lagen Polizisten auf der Fahrbahn sowie auf dem Gehweg. Ich zählte insgesamt vier und ein fünfter stand mit blutverschmiertem Gesicht am VW-Bus. Ihre ursprünglich gelben Diensthemden waren über und über mit Blut durchtränkt und jeder lag in einer riesigen Blutlache.

Wie konnte ich helfen? Ein Rettungswagen vom DRK war zufällig vorbei gekommen und schon damit beschäftigt einen Kollegen zu reanimieren.

Ein Weiterer lag bei mir in der Nähe. Ich kniete mich zu ihm herab und sprach ihn an, doch er gab keine Antwort. Seine Augen

blickten ins Leere, sein Gesicht war grau-weiß und er lag in einem See von Blut.
Kein Zweifel – er war tot.
Dann lag da noch einer. Aber der hatte keine Uniform an. Es war ein dunkelhäutiger, kräftiger Mann und er lag zwischen Gehweg und Straße auf dem Bauch. Ich konnte erkennen, dass sein T-Shirt im Rückenbereich drei Löcher hatte deren Ränder feucht waren. Es handelte sich um Einschusslöcher.
Auch dieser Mann gab keinerlei Lebenszeichen mehr von sich.
Neben ihm auf der Fahrbahn lag ein Bajonett, ca. 30 cm Klingenlänge, beidseitig geschliffen. Wie sich später herausstellte war das die Tatwaffe.
Da entdeckte ich noch ein weiteres Bajonett. Der Dunkelhäutige trug es am Körper, versteckt hinten am Rücken, im Hosenbund. Der Griff war zu sehen.
Zwischenzeitlich waren zahlreiche Kollegen aus halb Stuttgart, sowie mehrere Rettungswagen und Notärzte vor Ort. Wenig später landete auch noch ein Rettungshubschrauber auf der Bundesstraße 10.
Während der ganzen Aktion wurde die Gaisburger Brücke für den gesamten Fahrzeugverkehr gesperrt.
Innerhalb kürzester Zeit hatten sich unzählige Schaulustige eingefunden die den Rettungseinsatz erschwerten und behinderten. Auch damals gab es schon widerliche Gaffer.
Für zwei Kollegen kam jede Hilfe zu spät. Sie hatten einen zu hohen Blutverlust erlitten und waren noch auf der Gaisburger Brücke verstorben.
Auch der Täter erlag seinen Verletzungen vor Ort.
Zwei weitere Kollegen hatten großes Glück. Obwohl sie je einen lebensbedrohlichen Bauchstich erlitten, konnten sie gerettet werden. Ein fünfter Kollege zog sich durch einen Hieb mit dem Bajonett eine tiefe Schnittwunde im Gesicht zu.

Insgesamt gab es bei diesem Massaker drei Tote, zwei lebensgefährlich Verletzte und einen Schwerverletzten.
Die genauen Hintergründe wie es dazu gekommen war, blieben zunächst auch für Polizeibeamte im Verborgenen. Es wurde viel spekuliert und dann eine Nachrichtensperre verhängt, um die Ermittlungen nicht zu gefährden.
Fakt war nur, dass eine Person mit einem Bajonett bewaffnet insgesamt fünf bewaffnete Polizisten niedermetzeln konnte.
Erst da wurde mir so richtig bewusst, dass auch ich zum Opfer hätte werden können. Wenn es darum ging zuzupacken stand ich immer in vorderster Front. Ich war kräftig, mutig, wehrhaft und hatte so manchen fiesen Trick auf Lager. Vermutlich wäre ich einer der Ersten gewesen die vom Täter ausgeschaltet worden wären. Dieser handelte nämlich hinterhältig und mit großer Heimtücke.
Bevor die Kollegen seine wahren Absichten erkennen konnten, war es schon zu spät.

Was sich da am 08.08.1989 auf der Gaisburger Brücke zugetragen hatte, erfuhren wir erst zu einem späteren Zeitpunkt aus erster Hand.
Dieser Vorfall nahm mich extrem mit. Ich war 30 Jahre alt, verheiratet und hatte eine 3-jährige Tochter.
Ich habe lange gebraucht um es zu verarbeiten. Selbst heute noch, wenn ich anderen die Vorkommnisse schildere, bekomme ich Gänsehaut.
Ca. zwei Monate später ergab sich eine zufällige Begegnung die Klarheit und Wahrheit brachte.
Unsere Dienstgruppe vom Polizeirevier Untertürkheim machte ihren diesjährigen Amtsausflug ins schöne Allgäu, nach Schwangau, 200 km von Stuttgart entfernt. Dort waren wir abends auf der Suche nach einem geeigneten Restaurant und landeten im »Hotel

Rübezahl«. Kaum saßen wir mit acht Personen am Tisch da rief uns jemand zu: »Hey, was macht ihr denn hier«?

Es waren zwei der Kollegen aus Stuttgart, welche den Angriff auf der Gaisburger Brücke überlebt hatten. Diese machten dort einen mehrwöchigen Reha-Aufenthalt und waren in diesem Hotel untergebracht.

Wir platzten alle vor Neugierde und löcherten sie mit unseren Fragen. Sie gaben bereitwillig Auskunft, obwohl sie noch traumatisiert erschienen.

Ihren Erzählungen nach hatte sich der Vorfall folgendermaßen zugetragen:

Nachdem die beiden ersten Streifenwagenbesatzungen an der Gaisburger Brücke auf Höhe des dortigen Gaskessels eingetroffen waren, hätten sie dort einen Afrikaner angetroffen, auf welchen die Personenbeschreibung des Kontrolleurs zutraf. Diese Person trug eine zusammengerollte Zeitung in der Hand, sprach kein Deutsch und händigte auch keine Ausweispapiere aus.

Um die Identität des Mannes festzustellen, sollte er auf eine Polizeidienststelle verbracht werden.

Aufgrund dessen wurde ein geeignetes Transportfahrzeug (VW-Bus) angefordert. Als dieser eintraf und der dunkelhäutige Mann sich weigerte einzusteigen, kam es zum Eklat.

Plötzlich und unvermittelt sei der Mann ausgerastet und habe mit der Zeitung zugestochen und zugeschlagen. Erst als der erste Kollege seinen blutverschmierten Bauch hielt und mit einem Schrei zu Boden sank, hätten die anderen realisiert, dass in der zusammengerollten Zeitung eine todbringende Stichwaffe versteckt war – ein beidseitig geschliffenes Bajonett mit ca. 30 cm Klingenlänge.

Der Täter, welcher offensichtlich im Töten von Menschen Erfahrung hatte, führte bei der Tatausführung die Klinge von unten nach oben. Er stach in den weichen Bauchbereich ein und zog das Bajonett nach oben. Diese drang dann in den Brustkorb ein und führte zu tödlichen Verletzungen (Herzstich und andere lebenswichtige Organe).

Daraufhin entwickelte sich ein Kampf auf Leben und Tod und kurz darauf sank auch ein zweiter Kollege mit einem Bauchstich darnieder. Selbst der Schusswaffengebrauch eines Kollegen konnte den Täter nicht stoppen. Obwohl er zweimal getroffen wurde (Bauchschuss und Handdurchschuss) wütete er wie ein Berserker.

Es gelang ihm noch zwei weitere Kollegen mittels Bauchstich auszuschalten und dem fünften Kollegen eine tiefe Schnittverletzung im Gesicht zuzufügen.

Erst durch den Einsatz der Schusswaffe eines schwerstverletzten Kollegen wurde der Täter kampfunfähig. Er wurde dreimal in den Rücken getroffen, wobei ein Geschoss durch die Wirbelsäule ins Herz ging.

Heute erinnert nur noch eine Gedenktafel an die schlimmen Vorfälle auf der Gaisburger Brücke.

Kurze Zeit später wurde die Munition für Polizeipistolen in ganz Baden-Württemberg ausgetauscht.

Die bisher verwendete Munition hatte zwar eine hohe Durchschlagskraft, aber nur eine sehr geringe, sogenannte »Mannstoppwirkung«.

Aufgrund dessen war es dem Täter auch möglich gewesen seine Tat weiter auszuführen, obwohl er schon angeschossen war.

3.5 Ramona

Es gibt im Leben einfach Situationen, da bleibt einem der Mund offen stehen ...

So geschehen an diesem warmen Sommertag im beschaulichen Örtchen Stuttgart-Uhlbach.

Mein Kollege und ich erhielten von der Wache den Auftrag, einen Vorführbefehl von der Staatsanwaltschaft Stuttgart zu vollstrecken. Es handelte sich um ein Anschreiben an einen männlichen Beschuldigten mit einer Geldforderung in Höhe von 2.200.-DM. Offensichtlich hatte derjenige eine gegen ihn verhängte Geldstrafe nicht bezahlt sowie mehrere Mahnschreiben missachtet.

Nun erhielt das für den Wohnort zuständige Polizeirevier von der Staatsanwaltschaft diesen sogenannten Vorführbefehl. Demzufolge sollte durch uns das geschuldete Geld eingezogen werden. Für den Fall der Nichtbeibringung wurde die sofortige Inhaftierung in eine Justizvollzugsanstalt verfügt.

So machten wir uns also gegen 13.00 Uhr auf den Weg nach Stuttgart-Uhlbach zur angegebenen Adresse. Es handelte sich um ein gepflegtes Reiheneckhaus und der im Vorführbefehl genannte Name stand auf dem Klingelschild.

Ich läutete. Erst einmal ... dann mehrmals. Zunächst tat sich nichts. Dann plötzlich wurde die Haustüre aufgerissen.

Damit hatten wir nicht gerechnet und ich spürte sofort diese Schamesröte in meinem Gesicht.

Vor uns stand eine schlanke, sehr weibliche, attraktive Frau mit schwarzen, langen Haaren, gebräunter Haut und sie hatte außer ihren High Heels nichts an – sie war nackt – splitterfasernackt.

Und sie machte auch keine Anstalten ihre Blöße vor uns zu verdecken, ganz im Gegenteil.

»Glotz nicht so blöd ... wohl noch nie ne nackte Frau gesehen« raunzte sie mich an. Sie spürte meine Verlegenheit und grinste nur. »Ihr wollt bestimmt zu meinem Mann« fragte sie.

Es dauerte eine gefühlte Ewigkeit bis ich meine Contenance wiedergefunden hatte und auch mein jüngerer Kollege war zur Salzsäule erstarrt und verfiel in tiefes Schweigen.

»Wir haben einen Vorführbefehl von der Staatsanwaltschaft gegen Ihren Mann« stammelte ich.

»Der Alte ist nicht da ... gib her den Wisch ich gebe es ihm« und schwuppdiwupp ... hatte sie ihn mir entrissen und verbarg ihn hinter ihrem nackten Oberkörper. Ich traute mich nicht ihr den Vorführbefehl wieder aus den Händen zu entnehmen, da es zwischenzeitlich schon neugierige Beobachter aus der Nachbarschaft gab.

»Ramona ... ist alles okay?« hörten wir eine laute, männliche Stimme aus dem Haus.

»Das ist nicht mein Mann, das ist nur ein Freier. Ich muss jetzt wieder rein, der hat nur für eine Stunde bezahlt und wartet jetzt auf mich« entgegnete sie.

Bevor sie wieder im Haus verschwand drückte sie mir noch schnell etwas in die Hand und sagte: »Falls mal Bedarf besteht«.

Es war eine Visitenkarte von ihr mit einer Aufzählung von buchbaren Liebesdiensten.

Echt krass ... so eine Kaltschnäuzigkeit und Respektlosigkeit hatte ich bisher noch nie erlebt. Schließlich waren wir uniformierte Vollstreckungsbeamte und mit der Wahrnehmung hoheitlicher Aufgaben beauftragt ... so glaubte ich wenigstens in meiner Naivität.

Bei der Fernsehsendung »Verstehen Sie Spaß« wäre diese Episode bestimmt ein großer Lacherfolg geworden.

Übrigens kam der Ehemann von Ramona wenig später zum Polizeirevier und beglich seine Schulden in bar.

3.6 Wie Schnaken Fensterscheiben zerstören können

Schreibarbeiten gehören zum Polizeialltag.

Strafanzeigen, Unfallberichte und sonstige Meldungen und Mitteilungen müssen vom Sachbearbeiter wegen der Dringlichkeit oder Fristen auch im Nachtdienst gefertigt werden. Es steht außer Frage, dass hierbei der Kreativität und dem schriftlichen Ausdrucksvermögen Grenzen gesetzt sind, wenn man vor lauter Müdigkeit kaum die Augen aufhalten kann.

So auch in jener Nacht zwischen 03.00 und 04.00 Uhr.

Ich saß im Schreibzimmer im Erdgeschoss an der mechanischen Olympia Schreibmaschine und versuchte gerade mittels Zwei-Finger-Suchsystem einen Text zu verfassen. Es war eine laue Sommernacht, die Fenster waren gekippt und das Zimmer war so hell beleuchtet wie ein OP-Saal.

Kein Wunder also, dass es für Myriaden von Schnaken, Moskitos und anderen Plagegeistern eine Einladung war, mal bei der Polizei auf einen »Snack« vorbei zu schauen.

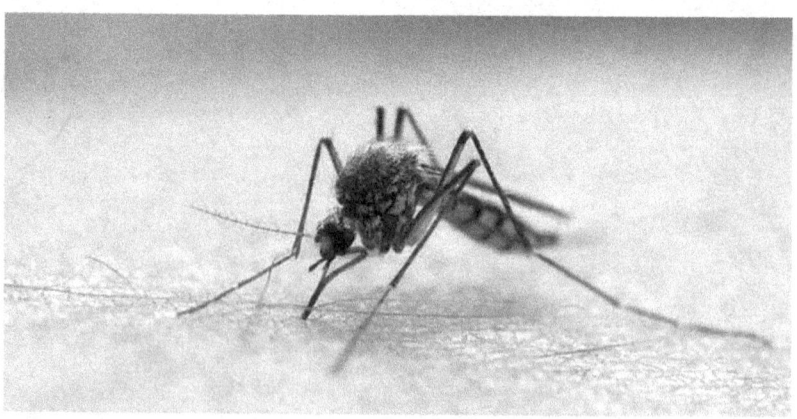

Offensichtlich wurde ich als »Wirt« auserkoren und eine Mörder-Schnake rammte ihren virenverseuchten Saugrüssel in meinen Hals und nahm ungefragt einen großen Schluck von meinem Lebenssaft. Vor lauter Gier merkte dieses Drecksvieh gar nicht, dass es wegen der geraubten Blutmenge dick und schwer geworden war.

Das Trinkgelage nahm ein jähes Ende, als mir mein Gehirn einen hohen Blutverlust sowie eine vermeintlich riesige Einstichstelle am Hals signalisierte. Reflexartig führte ich einen wuchtigen Hieb mit der flachen Hand dorthin, wobei ich mir selbst heftige Schmerzen zufügte. Aber ich traf nicht.

Im Augenwinkel sah ich noch, wie ein fettleibiges, schwerfälliges Insekt von meinem Hals in Richtung Fenster flog und dort landete.

Im Grunde meines Herzens bin ich ein echter Tierfreund – mit wenigen Ausnahmen. Eine gemeine Schnake jedoch, welche sich ungefragt an meinem Blut labt und die Zeche nicht bezahlt, wird zum Tode verurteilt.

In diesem Moment war ich fremdgesteuert und von einem Vernichtungswillen besessen.

Wie sollte ich die Tat ausführen? Erschießen? ... ganz schlechte Idee.

Ertränken? ... können Schnaken schwimmen?

Ich entschied mich für erschlagen – ein schneller, schmerzfreier Tod. Fehlte nur noch eine geeignete Tatwaffe. Diese fand ich in Form eines Telefonbuches auf meinem Schreibtisch. Es war ein städtisches Telefonbuch Größe DIN A5, ziemlich dick und ziemlich schwer. Und es passte ideal in meine Hand.

Langsam näherte ich mich dem Fenster ... jetzt bloß keinen Fehler machen sonst ist sie weg.

Und dann geschah das Unvorstellbare.

Mit der Wucht eines 7 Meter Wurfes beim Handball drosch ich auf die Scheibe ein in der Hoffnung, dass die Schnake den feindlichen Angriff nicht überleben würde. Ich traf die Schnake ... und natürlich auch die Scheibe (1,20 x 0,80m), welche unter dem massiven Druck mit Donnergetöse in 100.000 Scherben zerbarst.

Ich war zu Tode erschrocken. So viel Dummheit gehörte bestraft – was war ich für ein Volldepp.

Es war Totenstille ... zumindest für den Moment. Dann hörte ich sie kommen ...

Eine ganze Armada Uniformierter mit versteinerten Gesichtern rannte über den Flur und war zu mir unterwegs. Einer hatte sogar seine Dienstpistole in der Hand.

»Was ist hier los ... ist jemand verletzt?« hörte ich sie rufen.

Meine Kollegen dachten natürlich an einen Anschlag oder Überfall, und dass die Scheibe von außen eingeworfen worden wäre.

Schnell konnte ich die Sache aufklären und zeigte ihnen die Tatwaffe mit dem blutverschmierten Kadaver.

Mit diesem Fauxpas sorgte ich nicht nur für wochenlanges Gelächter und Stammtischgespräche, sondern auch dafür, dass schlaftrunkene Kollegen schlagartig hellwach waren.

Für mich war es leider kein Spaß. Den Glaser musste ich natürlich selbst bezahlen und 150.- DM waren futsch.

3.7 Androhung Schusswaffengebrauch

Polizeibeamter zu sein bedeutet auch, dass bei bestimmten Tätigkeiten in Grundrechte von Bürgern eingegriffen wird. Damit es hierbei nicht zu Willkür kommt, wurden die Aufgaben der Polizei im Polizeigesetz Baden-Württemberg (PolG) sowie in der Strafprozessordnung (StPO) klar geregelt.

Die primären Aufgaben der Polizei sind in § 1 PolG verfügt.

Demzufolge hat die Polizei die Aufgabe, von dem Einzelnen und dem Gemeinwesen Gefahren abzuwehren, durch die die öffentliche Sicherheit oder Ordnung bedroht wird, und Störungen der öffentlichen Sicherheit oder Ordnung zu beseitigen, soweit es im öffentlichen Interesse geboten ist.

Sie hat insbesondere die verfassungsmäßige Ordnung und die ungehinderte Ausübung der staatsbürgerlichen Rechte zu gewährleisten.

Außerdem hat die Polizei die ihr durch andere Rechtsvorschriften übertragenen Aufgaben wahrzunehmen.

Polizeibeamte tragen auch Schusswaffen und müssen in einem Notfall auch davon Gebrauch machen.

Die Rechtsgrundlage hierfür findet man in den §§ 53 und 54 des Polizeigesetzes Baden-Württemberg.

Hier werden unter anderem die allgemeinen Voraussetzungen sowie der Schusswaffengebrauch gegen Personen geregelt.

Demzufolge ist der Gebrauch der Schusswaffe nur dann zulässig, wenn die allgemeinen Voraussetzungen für die Anwendung unmittelbaren Zwangs vorliegen und wenn einfache körperliche Gewalt sowie verfügbare Hilfsmittel der körperlichen Gewalt oder mitgeführte Hiebwaffen erfolglos angewandt worden sind oder deren Anwendung offensichtlich keinen Erfolg verspricht.

Unmittelbarer Zwang ist in den §§ 50–52 PolG geregelt und bezeichnet jede Einwirkung auf Personen oder Sachen durch einfache körperliche Gewalt, Hilfsmittel der körperlichen Gewalt oder Waffengebrauch.

Das Innenministerium bestimmt, welche Hilfsmittel der körperlichen Gewalt und welche Waffen im Polizeidienst zu verwenden sind.

Unmittelbarer Zwang darf nur angewandt werden, wenn der polizeiliche Zwecke auf andere Weise nicht erreichbar erscheint.

Gegen Personen darf unmittelbarer Zwang nur angewandt werden, wenn der polizeiliche Zweck durch unmittelbaren Zwang gegen Sachen nicht erreichbar erscheint.

Das angewandte Mittel muss nach Art und Maß dem Verhalten, dem Alter und dem Zustand des Betroffenen angemessen sein.

Unmittelbarer Zwang ist, soweit es die Umstände zulassen, vor seiner Anwendung anzudrohen.

Er darf nicht mehr angewandt werden, wenn der polizeiliche Zweck erreicht ist oder wenn es sich zeigt, dass er durch seine Anwendung nicht erreicht werden kann.

Unabhängig davon ist jedoch die Notwehr, welche auch für Polizeibeamte gilt. Sie ist in § 32 StGB geregelt und besagt, dass derjenige, welcher eine Tat begeht die durch Notwehr geboten ist nicht rechtswidrig handelt.

Notwehr ist die Verteidigung die erforderlich ist, um einen gegenwärtigen, rechtswidrigen Angriff von sich oder einem anderen abzuwenden.

Soviel zum rechtlichen Teil der nachfolgenden Geschichte. Sie trug sich wieder mal in einem Nachtdienst während einer Streifenfahrt zu.

In unserer Dienstgruppe war es so geregelt, dass der Revierbereich im zweistündigen Wechsel bestreift wurde. Wer also im

Nachtdienst die erste Tour übernahm, war von 20.00 Uhr bis 22.00 Uhr unterwegs und dann wieder von 00.00 Uhr bis 02.00 Uhr. In der Regel erhielten wir die Aufträge von der Funkleitzentrale über Funk oder direkt vom Wachhabenden des Reviers.

Falls mal kein besonderer Auftrag vorlag, wurden sonstige polizeiliche Tätigkeiten wahrgenommen, wie z.b. die Überwachung des fließenden und ruhenden Verkehrs oder die Einhaltung der Sperrstunde in Gaststätten.

Die Sperrzeitüberwachung war eine undankbare Aufgabe, da es hierbei durch angetrunkene Gaststättenbesucher immer wieder zu verbalen Entgleisungen, Widerstand gegen Vollstreckungsbeamte oder sonstigen Unannehmlichkeiten kam.

Mit Sperrzeit war die Zeitspanne gemeint, in welcher kein Ausschank mehr stattfinden durfte und die Besucher die Gaststätte verlassen mussten. In der Regel trat diese am Wochenende um 01.00 Uhr in Kraft. Aufgrund dessen wurde ab ca.01.30 Uhr auf die Einhaltung der Sperrstunde geachtet.

Und ein jeder Kollege wusste genau, welche Gaststättenpächter diesbezüglich schon mehrmals in Erscheinung getreten waren. So auch jener in dieser Nacht. Beim Vorbeifahren erkannten wir schon von Weitem, dass noch ordentlich Betrieb in dem Lokal war. Die Innenbeleuchtung war noch an und durch die gekippten Fenster konnte man Musik und lautes Stimmengewirr hören. Daraufhin entschlossen wir uns zu einer Kontrolle. Wir parkten unseren Streifenwagen etwas abseits, meldeten uns über Funk ab und betraten die Gaststätte. In dem total verräucherten Schankraum trafen wir auf den Wirt und sechs bis sieben, zum Teil deutlich alkoholisierte Gäste. Als uns der Wirt erblickte machte er sofort die Musik leise, schaltete die hellste Beleuchtung ein und rief laut: »Feierabend«.

Sein schlechtes Gewissen und die Angst vor einer erneuten Anzeige standen ihm ins Gesicht geschrieben, als er hektisch damit begann aufzustuhlen. Die Gäste saßen alle an der Bar und hatten noch gefüllte Gläser vor sich stehen. Einer hatte seinen Kopf und Oberkörper auf der Bar abgelegt und war offensichtlich eingeschlafen.

»Sperrstunde« rief ich laut und wandte mich dem Wirt zu. Während ich auf ihn zuging vernahm ich von der Seite her ein höchst bedrohliches knurren, welches sich sodann in ein extrem lautes bellen umwandelte. Ein großer schwarzer Schäferhund, welcher bis dahin unter einer Sitzbank gekauert hatte, nahm von mir Notiz ... offensichtlich als sein Feindbild. Er fletschte die Zähne und seine Nackenhaare stellten sich auf.

Ich spürte sofort diesen Adrenalinschub und mein Puls schoss in einer Zehntelsekunde von achtzig auf einhundertachtzig als er mit einem Satz auf mich zusprang. Gott sei Dank hatte ihn sein Besitzer-/in an dieser Sitzbank angeleint und er konnte meiner nicht habhaft werden. Trotzdem gelang es ihm diese schwere Bank ein Stück weit von der Wand weg zu ziehen. Da der Fußbodenbelag etwas schlüpfrig war, hatten seine Pfoten nicht genügend Grip, so dass es nur diesem glücklichen Umstand zu verdanken war, dass er mich nicht erreichen konnte.

Eine scharfe, weibliche Stimme pfiff ihn zurück und nahm ihn an die kurze Leine. Ich brachte kein Wort mehr über meine Lippen und es dauerte eine gefühlte Ewigkeit bis ich mich wieder beruhigt hatte. Auch mein Kollege war sprachlos und kreidebleich im Gesicht.

Ohne ein Wort der Entschuldigung und mit einem fetten Grinsen im Gesicht entfernte sich die Hundehalterin nach draußen vor die Gaststätte und verschwand in der Dunkelheit.. Zu diesem Zeitpunkt hielt ich es nicht für möglich, dass ich einen weiteren, noch unangenehmeren Kontakt mit dieser gefährlichen Bestie haben sollte.

Wir ermahnten den Wirt bezüglich eines weiteren Verstoßes gegen die Sperrzeit. Ihm war bewusst, dass er seine Gaststättenkonzession verlieren würde, wenn wir ihn jetzt wieder anzeigen würden. Mit Engelszungen und um Milde flehend gelang es ihm uns gnädig zu stimmen. Überdies wäre eine Anzeige an die Behörde vermutlich eingestellt worden, da wir uns noch im Toleranzzeitraum befanden. Da wir nicht warten wollten, bis alle Gäste ihre Zeche bezahlt hatten, verließen wir die Örtlichkeit mit der Androhung, dass wir in einer viertel Stunde zur Überprüfung wiederkommen würden.

Ca. eine halbe Stunde später machten wir unsere Ankündigung wahr. Bei einer Nachschau stellten wir fest, dass kein Gast mehr anwesend war. Nur der Wirt befand sich noch in seiner Kneipe und war mit aufräumen beschäftigt. Er entschuldigte sich noch einmal und bedankte sich für unser Entgegenkommen. Bei einem abschließenden Gespräch vor dem Lokal wurde er noch einmal über die möglichen Konsequenzen hingewiesen.

Aus dem Augenwinkel nahm ich plötzlich eine Bewegung war. Ich blickte in Richtung der dortigen Straße und sah aus der Dunkelheit etwas auf mich zu rennen. Dieses »Etwas« kam lautlos und mit einer enormen Geschwindigkeit. Als ich erkannte was es war, gefror mir das Blut in meinen Adern.

Die schwarze Bestie – jedoch ohne Leine und auch ohne Halterin. In meinem Gehirn spielten sich die schrecklichsten Szenarien ab. Jetzt erkannte der Hund seine Chance und jetzt würde er mich zerfleischen. Innerlich bereitete ich mich darauf vor, dass er mich gleich anspringen würde. Doch es kam ganz anders. Der Schäferhund hatte es gar nicht auf mich abgesehen, rannte an mir vorbei und begrüßte schwanzwedelnd den Wirt welcher hinter mit stand. Mir fiel ein Stein vom Herzen.

Wenig später kam aus der Dunkelheit die Hundehalterin hinzu. Mit den Worten: »Jetzt habt ihr aber richtig Schiss gehabt« machte sie sich über uns lustig. Da mir aber nicht mehr zum scherzen zumute war wies ich sie in energischem Ton an, den gefährlichen Hund unverzüglich an die Leine zu nehmen. Dies tat sie zunächst nicht und verharmloste die Situation. Erst nach Androhung mit einem Platzverweis und einem Bußgeld kam sie der Aufforderung widerwillig nach. Nachdem sie sich einige Meter entfernt hatte, rief sie uns noch laut »Ihr Arschlöcher« hinterher.

Nun war das Fass übergelaufen, zudem auch noch unbeteiligte Passanten den Wortlaut mitbekommen hatten. Daraufhin entschlossen wir uns zu einer Personenkontrolle mit anschließender Anzeigenaufnahme wegen Beleidigung. So der Plan ... mit gänzlich anderem Ergebnis.

»Bleiben Sie stehen« rief ich mit lauter Stimme und lief ihr zügig hinterher. Doch sie ging einfach weiter. Kurz bevor ich sie eingeholt hatte, wurde offensichtlich der Beschützerinstinkt des Hundes aktiviert. Er explodierte förmlich als er sich zu mir umdrehte und sich zähnefletschend in Bewegung setzte. Sein furchteinflößendes Gebiss, das ständig auf-/und zuschnappte, befand sich nur noch wenige Zentimeter vor meinen Genitalien und ich rechnete mit dem Schlimmsten. Doch das Glück ward mir hold und die Hundehalterin zog ihn Stück für Stück an der Leine zurück. »Komm doch her wenn Du Dich traust« frotzelte sie und gab dem sich wie wild gebärdenden Hund mehr Leine. Nicht nur meine Stimme zitterte als meine rechte Hand zum Holster griff und die Pistole entnahm.

Ich war fest entschlossen den Hund in Notwehr zu töten. Meine Absicht, von der Schusswaffe Gebrauch zu machen, schrie ich ihr mit den Worten: »Zieh den Hund zurück oder ich knall ihn ab« ins Gesicht. Doch diese Worte verfehlten offensichtlich ihre Wirkung und sie fing schallend an zu lachen. Irgendwie kam ich mir völlig hilflos und vorgeführt vor. »Das darfst Du gar nicht« entgegnete sie.

Diese Worte machten mich stutzig und ließen mich über die Voraussetzungen eines Schusswaffengebrauchs nachdenken. Aber da gab es ja noch diesen Notwehrparagraphen …

»Und ob ich das darf … ich meine es ernst.« Erst jetzt lenkte sie ein, da sie um das Leben ihres Hundes fürchtete. Sie nahm ihn wieder an die kurze Leine und beruhigte das Tier. Anschließend verstaute ich meine Pistole wieder im Holster. Doch wie sollte es jetzt weitergehen? Wie sollte ich die Personalien feststellen ohne Gefahr zu laufen von dem Hund gebissen zu werden?

Mein Kollege hatte eine blendende Idee. Er sagte ihr, dass er sie kennen würde und wisse wo sie wohne. Dieser Vorfall hätte ein Nachspiel für sie und wir würden sie diesbezüglich anzeigen.

Doch dies entsprach nicht ganz der Wahrheit. Wir ließen sie ziehen, ohne ihre Personalien festgestellt zu haben. Diese ermittelten wir über den Wirt der Gaststätte. Getreu dem Motto: »Eine Hand wäscht die andere« gab er kleinlaut die Personalien der Hundehalterin preis.

So wurde dieser polizeiliche Einsatz doch noch gut zu Ende gebracht, ohne dass irgendjemand Schaden nahm.

Nicht auszudenken was passiert wäre, wenn es hier einen Schusswaffengebrauch gegeben hätte. Wenn ich tatsächlich auf den Hund hätte schießen müssen, aber aufgrund meiner Schockstarre nicht getroffen hätte? Vielleicht hätte ich dann mehrmals abgedrückt und vielleicht hätte eines dieser Geschosse die Hundehalterin oder einen unbeteiligten Passanten getroffen?

Und was wäre gewesen wenn sich im Nachhinein herausgestellt hätte, dass eigentlich keine echte Notwehrsituation vorgelegen wäre? Dann hätte vielleicht ein findiger Rechtsanwalt herausgefunden, dass die Voraussetzungen eines Schusswaffengebrauchs durch die Polizei auch nicht vorlagen und somit rechtswidrig waren. Dann hätte man mich vermutlich angeklagt, in Regress genommen und aus dem Dienst entfernt.

Wie gut, dass es nicht soweit gekommen ist. In meiner 41-jährigen Laufbahn war dies der einzige Vorfall mit Schusswaffenandrohung. Diesbezüglich hatte ich großes Glück und musste auch nie meine Waffe gegen eine Person richten.

Übrigens hatte die Hundehalterin tags darauf von der Ortspolizeibehörde Besuch erhalten. Diese verfügte eine Leinen-/sowie Maulkorbpflicht des Hundes in der Öffentlichkeit.

3.8 Bomben-Stimmung

Der Begriff Bombenstimmung bezeichnet eigentlich eine lebhafte, ausgelassene Stimmung, zumeist im Zusammenhang mit einer Feier, Party oder ähnlichem. Die Anwesenden bzw. die Gäste sind gut drauf, ein jeder ist glücklich, ein jeder fühlt sich wohl.

Im übertragenden Sinne kann eine »Bomben-Stimmung« aber auch eine völlig andere Bedeutung haben ...

In der Nacht hatte es stark geregnet und am Straßenrand hatten sich große, tiefe Pfützen gebildet. Natürlich wären wir auch gerne zügig mit dem Streifenwagen durch diese hindurch gefahren, um uns an der aufspritzenden Wasserfontäne zu erfreuen. Aber es gibt Dinge, die tut man als Polizist einfach nicht, obwohl man dazu gerade große Lust hätte. Unvorstellbar, wenn man hierbei einen Beobachter hätte oder einen zufälligen Fußgänger auf dem Gehweg, welcher vom Spitzwasser durchnässt worden wäre.

Also schön langsam durchfahren ...

Dann kam der Auftrag über Funk. Wir sollten nach Stuttgart-Uhlbach zu einem Gartengrundstück fahren. Dort habe der Gartenbesitzer einen länglichen Gegenstand aufgefunden, bei welchem es sich um eine Bombe handeln könnte.

Meinem Kollegen und mir verschlug es die Sprache und der Mund blieb offen stehen. Das war absolutes Neuland für uns und es ergriff uns ein mulmiges Gefühl.

Schon auf der beschleunigten Anfahrt machten wir uns Gedanken über die richtige Vorgehensweise. Zunächst Verstärkung anfordern – immer sehr wichtig bei unklaren oder gefährlichen Einsatzlagen. Und natürlich eine äußere Absperrung mit Polizei-Flatterleine. Hoffentlich haben wir davon genügend im Fahrzeug mit dabei.

Vorsorglich die Feuerwehr verständigen – kommt auch immer gut und gibt einem das Gefühl von Sicherheit. Irgendjemand war bestimmt schon einmal bei einem Bombenfund dabei. Und das allerwichtigste darf natürlich nicht vergessen werden – den Kampfmittelbeseitigungsdienst unverzüglich herbeiholen.

Kurze Zeit später erreichten wir die angegebene Örtlichkeit. Dort wurden wir von einem älteren Mann erwartet. Dieser gab an, dass der heftige Regen einen Gegenstand im Erdreich frei gespült habe. Vermutlich würde es sich hierbei um eine gut erhaltene Granate aus dem zweiten Weltkrieg handeln und er habe diese schon mal mit den Händen etwas weiter freigelegt.

Hatte ich gerade richtig gehört? Da findet ein Mann in seinem Garten eine intakte Weltkriegsbombe und buddelt diese mit den Händen aus? Der muss vollkommen lebensmüde sein. Als er in unsere entsetzten Gesichter blickte und ich ihm verdeutlichte, was da hätte passieren können lächelte er verlegen und versuchte es herunter zu spielen.

Wenn ich zu diesem Zeitpunkt schon gewusst hätte, was da im Anschluss auf uns zukommen würde, hätte ich seine Aktion als »Peanuts« abgetan.

Das Gartengrundstück befand sich in Hanglage und der Weg dorthin führte über eine steile, sehr glitschige Steintreppe nach oben. Der Gartenbesitzer führte uns zur Fundstelle. Mein Puls beschleunigte innerhalb einer Zehntelsekunde auf Anschlag. Dort steckte doch tatsächlich eine echte Granate im Erdreich. Sah irgendwie ziemlich bedrohlich aus und ich hielt einen gehörigen Sicherheitsabstand dazu ein. Es handelte sich um einen zylindrischen Körper, welcher die Dicke eines Unterschenkels hatte und ca. einen halben Meter aus dem Erdreich ragte.

Unsere Feststellungen meldeten wir unverzüglich an die Funkleitzentrale (FLZ)weiter mit der Bitte um Einleitung der notwendigen Verständigungsmaßnahmen. Der Beamte von der FLZ teilte mir mit, dass er den Kampfmittelbeseitigungsdienst bereits verständigt habe. Dieser wäre jedoch im Moment nicht in der Lage vor Ort zu kommen, da er wegen anderer, dringlicher Einsätze ausgerückt und nicht verfügbar wäre. Überdies habe der Wachhabende von unserer Dienststelle telefonischen Kontakt mit dem Kampfmittelbeseitigungsdienst aufgenommen und würde die zu treffenden Maßnahmen über Funk an uns übermitteln.

Nach einer gefühlten Ewigkeit meldete sich der Wachhabende und wollte einige Merkmale wie Größe, Stärke und Lage des aufgefundenen Gegenstandes wissen. Dies teilte er dann telefonisch seinem Gesprächspartner mit und erhielt von diesem die weitere Vorgehensweise.

Nur aufgrund meiner Beschreibung stellte der Beamte vom Kampfmittelbeseitigungsdienst eine Ferndiagnose. Bei dem aufgefundenen Gegenstand würde es sich mit hoher Wahrscheinlichkeit um eine britische Stabbrandbombe handeln, welche relativ harmlos wäre. Wir sollten sie aufnehmen und mit dem Streifenwagen zur Dienststelle verbringen. Dort würde sie dann am nächsten Tag abgeholt werden.

Was ich da gerade erfahren hatte ließ mich erschaudern. Wir sollten eine intakte Brandbombe erst ausgraben, dann über eine glitschige Treppe zum Fahrzeug verbringen, diese einladen und dann zur Wache verbringen? Was wäre aber, wenn es sich hierbei um einen ganz anderen Bombentyp handeln würde? Ich malte mir die schlimmsten Szenarien aus, da man ja schon einiges über Brandbomben und Blindgänger gehört und auch gelesen hatte. Diese wären mit Phosphor oder Magnesium befüllt, könnten im Zusammenhang mit Sauerstoff reagieren, würden mit bis zu 2.000 Grad abbrennen und könnten auch noch Sprengstoff enthalten. Meine Nackenhaare stellten sich auf, bei der Vorstellung auf unsere Aufgabe.

Mein Kollege, welcher die Anweisungen über Funk mitgehört hatte, war mir keine große Hilfe, da er mir mit einem »ich bin raus« signalisiert hatte, dass er bei dieser Aktion nicht mitmachen würde. Da stand ich nun ratlos mit meinem dummen Gesicht. Wie sollte ich mich verhalten? Der Gartenbesitzer erwartete von der Polizei eine Lösung des Problems. Also nahm ich meinen ganzen Mut zusammen und näherte mich dem Objekt. Ich ergriff es vorsichtig am Schaft und spürte, dass es nur sehr locker im Erdreich steckte. Millimeter für Millimeter zog ich es nach oben und hatte plötzlich eine echte, scharfe Bombe in der Hand. Sie war vollkommen intakt, hatte ein Gewicht von mehreren Kilos und eine Länge von ca. 70 cm. Ich spürte wie meine Hände feucht wurden und sich Schweißperlen auf meiner Stirn bildeten. Jetzt bloß keinen Fehler machen. Die erste große Herausforderung war diese glitschige, mit nassem Erdreich versetzte Treppe. Meine dienstlichen Sommerschuhe hatten überhaupt keinen Grip, da das Profil dem der Reifen meines privaten Autos entsprach – ziemlich abgefahren/abgelaufen.

Doch irgendwie schaffte ich es nach unten bis zum geparkten Streifenwagen. Aber wie sollten wir das Ding transportieren? Mein Vorschlag, dass mein Kollege die Bombe während der Fahrt in Händen halten sollte, stieß auf energischen Widerstand. Also doch im Kofferraum verstauen. Dumm nur, dass unser Fahrzeug ein Kombi war und es keine Abtrennung zwischen Kofferraum und Fahrgastraum gab. Die Mulde vom Feuerlöscher erwies sich als geeignete Stelle und so begaben wir uns auf den heikelsten Teil unserer Reise – die Rückfahrt zum Revier.

Können Sie sich vorstellen wie viele Erschütterungen ein Fahrzeug durchläuft, wenn man über einen holprigen landwirtschaftlichen Weg fährt? Dann erinnert man sich an verschiedene Zünder von Bomben oder Granaten. Da gab es doch diesen Aufschlagzünder, welcher die Sprengladung explodieren ließ sobald sie den

Boden touchierte. Also nochmal anhalten und die Bombe mit dem Zünder nach oben in der Feuerlöschermulde verstauen. Und was ist mit den Fenstern? Ist es besser wenn die Fenster geöffnet oder geschlossen sind? Sollte das Ding losgehen würden wir bei 2.000 Grad im Auto geröstet und verbrennen. Wenn man der Verbrennung auch noch Sauerstoff zuführen würde (bei geöffneten Fenstern), wäre es noch viel schlimmer.

Andererseits würden sich die Flammen nicht im gesamten Fahrgastraum ausbreiten und könnten durch die geöffnete Fenster entweichen.

Und auf keinen Fall anschnallen – ohne angelegten Sicherheitsgurt könnte man viel schneller aus dem Fahrzeug flüchten.

Diese und auch noch andere Gedanken schossen uns durch den Kopf. Ich war heilfroh, als wir nach bangen Minuten auf einer asphaltierten Straße ankamen. Mit eingeschaltetem Blaulicht und Warnblinkanlage schlichen wir mit einer Geschwindigkeit von 20 km/h in Richtung Dienststelle. Möchte nicht wissen, was andere Verkehrsteilnehmer in diesem Moment über uns gedacht haben.

Schweißgebadet kamen wir dort unbeschadet an. Jetzt noch schnell ausladen, in einer leeren Garage verstauen, Warnhinweis anbringen und dann nichts wie weg.

Am nächsten Tag kam der Kampfmittelbeseitigungsdienst wie vereinbart zur Dienststelle und nahm das Relikt in Empfang. Die Kollegen bestätigten, dass es sich um eine intakte Stabbrandbombe handeln würde.

Im Nachhinein betrachtet war es die hirnloseste und gefährlichste Aktion, die ich je in meiner Laufbahn durchgeführt habe. Was da alles hätte passieren können. Nicht auszumalen, wenn das Ding im Auto plötzlich losgegangen wäre.

Aber so war es damals – Befehl und Gehorsam waren eng miteinander verknüpft und der gesunde Menschenverstand untergeordnet.

Heute gäbe es mit Sicherheit keinen einzigen Kollegen mehr der sich so in höchste Lebensgefahr Gefahr bringen würde.

Und das ist auch gut so ...

3.9 Tod im Weinberg – Mordfall Anja A.

Es war der 28.03.1987, wir hatten Spätdienst und waren gerade auf Streifenfahrt im Revierbereich.

Von der Wache erhielten wir die Order einzurücken, da ein größerer Auftrag anstehen würde.

Wie wir anschließend erfuhren ging es um eine Vermisstenfahndung.

Ein junges Mädchen, Anja A., 17 Jahre alt, war in der vorangegangenen Nacht nicht nach Hause zu ihren Eltern zurückgekehrt.

Wie die Ermittlungen ergaben, wurde sie noch gesehen, als sie mit dem Spätbus nach Hause fuhr und an der Endhaltestelle ausstieg. Von hier hatte sie noch ein paar Hundert Meter bis nach Hause, wobei der direkte Weg durch einen steilen Weinberg führte. Dort befand sich eine Treppe, welche zur Nachtzeit beleuchtet war.

Daraufhin wurde der Alarmzug der Stuttgarter Polizei aufgerufen, von welchem auch ich Angehöriger war. Hierbei handelte es sich um einen ca. 30 Mann starken Einsatzzug, welcher aus Angehörigen der einzelnen Polizeireviere gebildet wurde und in Notfällen oder besonderen Einsatzlagen eingesetzt wurde.

Wir trafen uns an der Endhaltestelle der Buslinie und wurden in die Örtlichkeit eingewiesen. Anschließend formierten wir uns zu einer Polizeikette und durchkämmten das gesamte Gebiet zwischen Endhaltestelle und dem Wohnort der Vermissten. Leider stießen wir zunächst auf keinerlei Hinweise oder Spuren. Auch eine Befragung von zufällig angetroffenen Anwohnern führte zu keinem Ergebnis.

Aufgrund der einbrechenden Dunkelheit wurde die Fahndung abgebrochen und auf den Frühdienst verschoben.

Am nächsten Tag traf man sich (nun im Einsatzanzug) bei Tageslicht an derselben Stelle.

Da Anja A. immer noch nicht aufgetaucht war und es auch kein Lebenszeichen von ihr gab, ging man vom Schlimmsten aus.

Nun wurde das gesamte Gebiet noch einmal durchkämmt, aber nicht nur oberflächlich. Kein Zaun war zu hoch, kein Graben zu tief, kein Stein blieb auf dem anderen. Wir marschierten wie Bulldozer durch Gärten, Büsche und Hecken. Dies blieb natürlich nicht unbemerkt. Überraschte und neugierige Anwohner und Gartenbesitzer wollten den Grund für unseren Einsatz wissen.

So auch jener Gartenbesitzer, dessen Feststellungen zum Auffinden der Vermissten führten. Dieser Mann gab mir gegenüber an, dass er etwas Merkwürdiges in seinem Garten entdeckt hätte und wollte wissen, ob dies von Wichtigkeit wäre. Er zeigte mir drei größere, unbepflanzte Gemüsebeete (ca. 3 x 1,5 m), welche terrassenförmig untereinander angeordnet waren. Diese habe er im Herbst abgeräumt und umgegraben hinterlassen, wobei die Erdoberfläche bei allen drei Beeten identisch aussah. Nun habe er festgestellt, dass die Oberfläche eines davon eine unterschiedliche Struktur zu den beiden anderen aufwies. Überdies würde sein Spaten nicht mehr an der Stelle stehen, wo er ihn abgestellt habe.

Aufgrund dessen wurde die Einsatzleitung informiert. Diese veranlasste eine Grabung im besagten Gemüsebeet jedoch ohne Ergebnis. Wie sich erst später herausstellen sollte, wurde hierbei nicht tief genug gegraben.

Daraufhin setzten die Einsatzkräfte ihre Suche in Richtung eines nahe gelegenen, leer stehenden Fabrikgeländes fort. Dort wurde unter anderem eine Plastiktüte mit mehreren blutigen Fleischklumpen aufgefunden. Hierbei handelte es sich jedoch nicht um Leichenteile, sondern um Innereien eines geschlachteten Tieres. Offensichtlich hatte dessen Besitzer diese illegal entsorgt, indem er die gefüllte Plastiktüte über den Zaun warf.

Ein anderes Fundstück auf dem eingefriedeten Fabrikgelände brachte dann die erste heiße Spur. Es handelte sich um einen, in kleine Schnipsel zerrissenen, VVS Verbundpass der Stuttgarter Verkehrsbetriebe. Auch ein dazu gehörendes, halbiertes Foto wurde aufgefunden. Auf der Rückseite desselben war der Vorname »Anja« vermerkt.

Nur war der Beweis erbracht – hier musste ein Verbrechen passiert sein. Aufgrund dessen begaben sich Einsatzkräfte später noch einmal zu dem Garten mit den drei Gemüsebeeten und führten dort eine tiefere Grabung durch.

Und tatsächlich – in einer Tiefe von ca. 1 Meter stieß man auf die Leiche einer jungen Frau. Kein Zweifel, es handelte sich um die vermisste Anja A. Sie hatte Stichverletzungen, wurde erwürgt, entkleidet und dann in diesem Gemüsebeet verscharrt. Offensichtlich war sie, nachdem sie aus dem Bus ausgestiegen war, über den beleuchteten Weinbergsweg nach Hause unterwegs gewesen. Dort muss sie dann auf ihren/ihre Mörder gestoßen sein. Denkbar wäre auch, dass dieser bereits mit im Bus saß, zusammen mit ihr ausstieg und sie anschließend verfolgte.

Fakt ist auch, dass der oder die Täter nach der Tat noch einen

sehr großen Aufwand betrieben haben um die Leiche zu beseitigen und Spuren zu verwischen.
Dieser abscheuliche Mord ist bis heute unaufgeklärt. Durch die Kriminalpolizei wurde eine Soko gebildet und akribisch in alle Richtungen ermittelt. Bis zu 60 Ermittler sammelten mehr als 4000 Hinweise. Teilweise wurde die Soko auf bis zu 250 Mitarbeiter aufgestockt. Selbst Zeugenaufrufe im damaligen Neckarstadion mittels Videoleinwand führten nicht zum Erfolg.

Auch durch die Fernsehsendung »Aktenzeichen XY ungelöst« konnten keine verwertbaren Hinweise erlangt werden, welche zur Aufklärung dieses scheußlichen Verbrechens beitrugen.

Ende 2008 konnte dann dank moderner Technik eine DNA Spur entdeckt werden, welche dem Mörder von Anja A. zuzuordnen war. Nach einem Gerichtsbeschluss wurde dann in den Jahren 2011/2012 der bisher größte Massentest in der Geschichte der Polizei Baden-Württemberg mit fast 800 männlichen Personen durchgeführt – leider auch ohne brauchbares Ergebnis.

Laut einem Bericht in der Südwestpresse vom 25.03.2017 (Kerstin Rech) wurde der Tatablauf sowie die anschließenden Ermittlungen nach dem Täter/den Tätern wie folgt recherchiert/rekonstruiert:

Freitag, 27. März 1987. Anja Aichele verbringt den Abend bei einer Jugendgruppe der evangelischen Luthergemeinde im Stuttgarter Stadtteil Bad Cannstatt. Um zehn Uhr abends will die 17-jährige Schülerin wieder daheim sein, doch ihre Eltern warten vergebens. Was sie an diesem Abend noch nicht wissen: Ihre Tochter wird den Weg nach Hause nicht mehr finden.

Die Polizei, die die Eltern noch am selben Abend verständigen, geht aber zunächst von einem Vermisstenfall aus, auch wenn die Kollegen schon ahnen: Es könnte etwas Schlimmeres passiert sein. Am folgenden Tag werden die Weinberge rund um die Wohngegend

Muckensturm, jenem Teil von Bad Cannstatt, in dem die Aicheles wohnen, von einer Hundertschaft der Polizei mit Spürhunden durchsucht, ebenso wie die an die Weinberge angrenzenden Schrebergärten und der Fußweg, der von der Straßenbahnhaltestelle »Obere Ziegelei« durch die Weinberge hinauf zum Muckensturm führt. Selbst Hubschrauber mit Videokameras an Bord überfliegen das Areal.

Als es nach dieser intensiven Suche noch immer keine Spur des Mädchens gibt, dafür jedoch am Montagmorgen ein Teil ihres Verbundpasses in der Nähe der Straßenbahnhaltestelle »Obere Ziegelei« gefunden wird, verdichtet sich die Befürchtung, dass es sich um ein Kapitalverbrechen handeln könnte. Am selben Tag fällt einem Schrebergartenbesitzer auf, dass auf dem Nachbargrundstück offensichtlich ein Beet neu angelegt wurde – die Erde ist frisch umgegraben. Die Beamten der Einsatzhundertschaft, die die Gegend bereits mit Spürhunden vergeblich abgesucht hatten, beginnen zu graben – fast einen Meter tief, als aus der Befürchtung Gewissheit wird. Sie treffen auf einen leblosen, unbekleideten Körper, der etliche Stichverletzungen aufweist. Die Suche nach Anja Aichele ist in diesem Augenblick zu Ende. Die Suche nach ihrem Mörder beginnt.

Es ist eine Suche, die bis heute andauert. Auch 30 Jahre, nachdem die junge Stuttgarterin umgebracht wurde, ist ihr Tod ungesühnt. Vom Täter fehlt jede Spur. Immer wieder hat es die Polizei mit ungeklärten Mordfällen zu tun. Doch dieser sei besonders spektakulär gewesen, sagt Polizeisprecher Olef Petersen, der als junger Beamter damals bei der Suche nach Anja Aichele dabei war.

Blutspuren in den Weinbergen

Die Obduktion ergibt seinerzeit, dass Anja Aichele nicht an den Stichverletzungen gestorben ist, sondern erwürgt wurde. Obwohl sie unbekleidet war, wird eine Vergewaltigung ausgeschlossen. Auf dem Fußweg durch die Weinberge werden Blutspuren gefunden, die Polizei geht davon aus, hier den Tatort gefunden zu haben. Doch viele Fragen bleiben offen. Warum benutzte Anja Aichele an diesem Abend die Abkürzung durch die Weinberge? Warum nahm sie nicht, wie sonst bei Dunkelheit, den Bus ins Wohngebiet Muckensturm?

Bis heute geht die Kripo davon aus, dass das Mädchen an jenem Abend in Begleitung von jemandem war, den sie kannte, den sie für ungefährlich hielt. Josef Kögel, heute 82, der die Ermittlungen damals leitete, wird einem aktuellen Interview mit der Stuttgarter Zeitung wahrscheinlich so deutlich wie nie zuvor. Er gehe davon aus, dass Anja von zwei Jugendlichen ermordet wurde, und ein Erwachsener, wahrscheinlich der Vater eines der beiden, bei der Beseitigung der Leiche geholfen habe. Nur der Beweis fehlt.

Eine Anwohnerin sagt damals aus, dass sie an jenem Abend, an dem Anja Aichele starb, um 21.40 Uhr einen Hilfeschrei gehört hat. Ein weiterer Anwohner, der zur Tatzeit seinen Hund auf dem Muckensturm ausgeführt hat, gibt später zu Protokoll, er hätte die Stimmen zweier Männer und einer Frau im Weinberg gehört, die sich offenbar gestritten haben.

Die Kripo versucht die letzten Stunden im Leben Anja Aichele zu rekonstruieren: Nachdem sie die Jugendgruppe verlassen hatte, geht sie zur Haltestelle »Kurhaus«, um auf ihre Straßenbahn zu warten. Ein Freund, der in der Nähe der Haltestelle wohnt, begleitet sie noch dorthin und geht dann weiter nach Hause. Es wird als sicher angenommen, dass Anja gegen 21.35 Uhr an der Haltestelle »Obere Ziegelei« ankommt, wo wenige Minuten später der Bus zum Muckensturm abgefahren wäre. Doch was von diesem Zeitpunkt an geschieht, bleibt im Dunkeln.

Einen Tag, nachdem die Leiche gefunden worden ist, wird auf dem Schmidener Feld, einer Freifläche zwischen Schmiden und

Bad Cannstatt, ein Fetzen von Anjas Mantel sichergestellt. Später findet man dort auf einer Strecke von mehreren Kilometern verteilt weitere Teile jenes Mantels. Ein Zeuge sagt aus, dass er in der Mordnacht, kurz vor ein Uhr, zwei Männer auf dem Schmidener Feld beobachtet habe. Anjas Mörder?

Über 500 Alibis von jungen Männern aus dem Umfeld und der Nachbarschaft Anja Aicheles werden im Laufe der Ermittlungen überprüft – vergebens. Anfang April 1987 entdeckt ein Spaziergänger beim Ortsausgang Schmiden verschiedene Stofffetzen und benachrichtigt die Kriminalpolizei. Es handelt sich tatsächlich um weitere zerschnittene Teile von Anja Kleidung. Im Juli 1987 stößt ein Spaziergänger in derselben Gegend auf einen abgeschnittenen Lederfetzen von Anjas Schuh. Die Kriminaltechniker finden heraus, dass dieser im Gegensatz zu den vorherigen Funden nicht in der Mordnacht, sondern erst kurz vor dem Auffinden abgelegt wurde.

So kommen Spuren um Spuren zusammen, doch der entscheidende Beweis fehlt. Die Kripo kommt keinen Schritt weiter und entschließt sich im kommenden Jahr, den Fall in der Januarsendung von »Aktenzeichen XY ungelöst« vorzustellen. Doch auch dieser bundesweite Fahndungsaufruf bringt keine neuen Erkenntnisse.

Erst 20 Jahre später, im Jahr 2008, ergibt sich endlich ein Lichtstrahl. Bei einer routinemäßigen Untersuchung der Beweisstücke wird ein Hautschüppchen und damit DNA-fähiges Material entdeckt. Daraufhin wird Anfang 2011 sowie Anfang 2012 jeweils eine DNA-Reihenuntersuchung durchgeführt, aber auch dieses Mal hat die Kripo kein Glück. Neue Ansatzpunkte haben sich seitdem nicht ergeben.

»Alle Hinweise und Spuren«, heißt es von der Kripo auf Nachfrage, »wurden von der Ermittlungsgruppe Anja beim Dezernat

11 abgearbeitet, und dann wurde im Jahr 2016 bei der Staatsanwaltschaft Stuttgart ein Abschlussbericht vorgelegt.« Die Staatsanwaltschaft stellte das Verfahren daraufhin ein – aber nur vorläufig, denn Mord verjährt nicht.

3.10 Dienstunfälle

Tagtäglich ereignen sich in einer Großstadt wie Stuttgart eine Vielzahl an Verkehrsunfällen. In Spitzenzeiten waren/sind das mehr als hundert pro Tag. Die überwiegende Anzahl davon sind Bagatellunfälle, welche durch Unachtsamkeit entstehen. Andere wiederum haben als Ursache rücksichtsloses Verhalten, Alkohol, Drogen oder Regelunkenntnis. Aber bei fast allen Ursachen steht der Mensch im Vordergrund und nicht das Versagen der Technik.

Da auch Polizeibeamte keine Übermenschen sind, bleiben auch sie davon nicht verschont. Man muss jedoch unterscheiden, ob ein Unfall fahrlässig, bedingt vorsätzlich oder vorsätzlich passiert ist und ob den Fahrer überhaupt eine Schuld trifft. Polizeibeamte haben eine Vorbildfunktion und müssen dieser auch im Straßenverkehr gerecht werden. Aber bei einer Einsatzfahrt mit Sondersignalen müssen Regeln im Straßenverkehr auch mal übertreten werden und die daraus resultierenden Gefahren erhöhen zwangsläufig die Entstehung eines Unfalls.

Ich kann mich noch gut an die Worte meines Vaters erinnern, der davon überzeugt war, dass man immer schuld wäre, wenn der Unfallgegner ein Streifenwagen der Polizei wäre.

Dies kann ich heute so nicht bestätigen, da das Verschulden eines Polizeibeamten beim Unfall streng geprüft wird. Hierzu gibt es bei den Dienststellen den VUD (Verkehrsunfalldienst), welcher immer hinzugezogen werden musste. Das habe ich in meiner dienstlichen Laufbahn oft erlebt und kann dazu bemerken, dass hierbei eine objektive Unfallaufnahme stattfand. Und wenn es dann auch mal so war, dass die Polizei an der Entstehung eine Mitschuld hatte, wurde der Fahrzeuglenker wie jeder andere Verkehrsteilnehmer behandelt. Dann folgte unter Umständen eine Anzeige an die Bußgeldstelle oder an die Staatsanwaltschaft. Dies konnte natürlich auch dazu führen, dass ein Polizeibeamter als Beschuldigter vor Gericht stand, verurteilt wurde und seinen Führerschein abgeben musste.

Auch ich war während der Ausübung meines Dienstes schon an insgesamt fünf (unverschuldeten) Unfällen beteiligt.

Das wirklich unangenehme daran war, dass man außer der strafrechtlichen sowie disziplinarrechtlichen Prüfung auch immer eine mehrseitige Unfallmeldung fertigen musste, einschließlich ausführlicher Sachverhaltsschilderung und Unfallskizze. Ich muss jetzt noch darüber schmunzeln, dass in jeder Skizze dieser berühmt-berüchtigte Nordpfeil eingezeichnet werden musste. Die Sinnhaftigkeit hat sich mir bis heute nicht erschlossen.

Da war diese Unfallstelle am Karl-Benz-Platz in Untertürkheim, zu welcher wir angefordert wurden.

Ursächlich war ein unvorsichtiger Fahrstreifenwechsel eines Autofahrers wobei es zu einer Berührung zwischen zwei Fahrzeugen kam. Da sich die Beteiligten nicht einigen konnten, sollten wir eine Unfallaufnahme durchführen.

Die zweispurige Unfallörtlichkeit befand sich im Bereich einer Linkskurve und die beiden beteiligten Fahrzeuge standen noch in Endstellung. Die Fahrzeuglenker, welche sich gegenseitig Schuldvorwürfe machten, liefen mitten auf der Fahrbahn herum und diskutierten lautstark miteinander. Zumindest hatte einer der beiden ein Warndreieck aufgestellt und die Unfallstelle notdürftig abgesichert.

Getreu dem Motto »erst sichern, dann helfen und vergewissern« stellte ich den Streifenwagen mit eingeschaltetem Blaulicht und Warnblinkanlage hinter der Unfallstelle auf dem linken Fahrstreifen ab, sodass dieser für jedermann weithin sichtbar und die Gefahr eines Folgeunfalls deutlich minimiert war. Zumindest dachte ich so ...

Doch dann kam dieser bekiffte Adrenalin-Junkie, der offensichtlich beim Thema »vorausschauendes Fahren« im Theorieunterricht der Fahrschule gefehlt hatte. Während wir damit beschäftigt waren, den Unfallhergang zu ermitteln, Fotos fertigten und die Fahrzeuge auf der Fahrbahn mittels Kreide einzeichneten, näherte sich auf der linken Spur ein »aufgemotzter« Pkw mit deutlich überhöhter Geschwindigkeit. Schon am aufheulenden Motor und den quietschenden Reifen im Kurvenbereich konnte auch ein Laie unschwer erkennen, dass sich nun eine bedrohliche Situation entwickeln würde.

Und so war es auch. Mit dem Aufschrei »Achtung Auto« konnte ich meinen Kollegen und die beiden anderen Fahrzeuglenker noch warnen. Wenige Augenblicke später krachte es heftig und das herannahende Fahrzeug knallte mit blockierenden Rädern ins Heck unseres Streifenwagens. Eigentlich hätte der Fahrzeuglenker auch auf die freie rechte Spur ausweichen können, doch da er unter dem Einfluss von Betäubungsmitteln stand, war er dazu nicht mehr in der Lage. Er war zugedröhnt bis unter die Haarwurzeln und konnte sich auch nicht mehr artikulieren. Wie durch ein Wunder blieb er unverletzt, obwohl er keinen Sicherheitsgurt angelegt hatte. Um die Weiterfahrt zu verhindern, zog ich sofort den Autoschlüssel ab und nahm ihn an mich.

Anschließend machten wir Meldung über Funk und verständigten den Verkehrsunfalldienst, welcher die weiteren Maßnahmen übernahm.

Unser Fahrzeug war nicht mehr fahrbereit und musste abgeschleppt werden.

Als wir dann zu Fuß bei der Dienststelle eintrafen, wurden wir von unserem Dienstgruppenleiter in Empfang genommen. Dieser drückte mir ein Formular in die Hand und meinte: » Du kennst Dich ja aus. Die Unfallmeldung muss heute noch raus.«

Wie habe ich dieses Formular gehasst. Vier Seiten mit unzähligen, zum Teil schwachsinnigen Fragen, Freitext und Handskizze. Und das Ganze wurde dann mehrmals Korrektur gelesen vom Dienstgruppenleiter, Leiter Streifendienst und Revierleiter, bevor es das Haus verließ und bei der zuständigen Dienststelle landete. Und ein jeder wusste Bescheid, dass ein bestimmter Kollege mal wieder einen Unfall hatte, unabhängig davon ob verschuldet oder unverschuldet. Es war aktenkundig und die »weiße Weste« war dahin.

Der zweite Unfall ließ nicht lange auf sich warten.
Wir hatten Frühdienst und es war Winter. In den Hochlagen hatte es geschneit und der Schnee blieb auf der Fahrbahn liegen. Von der Wache erhielten wir den Auftrag, eine verkehrsüberwachende Maßnahme durchzuführen. Genauer gesagt handelte es sich um die Überwachung eines neuen Durchfahrtverbotes zwischen den Ortschaften Esslingen-Rüdern und Stuttgart-Uhlbach. Einflussreiche Bürger und Anwohner von Stuttgart-Uhlbach hatten dies nach vielen Jahren Streit mit der Stadt durchgesetzt und nun musste die Polizei die undankbare Aufgabe der Kontrolle übernehmen.

Jahrzehntelang war die Strecke ganz offiziell befahrbar und wurde hauptsächlich von Daimler-Mitarbeitern aus dem Raum Esslingen genutzt. Nach der Sperrung mussten diese nun einen sehr langen, stauträchtigen Umweg in Kauf nehmen, was bei vielen zu Uneinsichtigkeit und regelwidrigem Verhalten führte.

Schon auf der Anfahrt fielen uns mehrere Fahrzeuge mit Esslinger Kennzeichen auf, welche offensichtlich das Durchfahrtsverbot missachtet hatten. Diese hatten aber Glück, da man ihnen ihr Fehlverhalten nicht nachweisen konnte.

Wir suchten uns eine geeignete Kontrollstelle auf Höhe des gesperrten Bereichs und ich parkte den Streifenwagen als vorderstes Fahrzeug am rechten Fahrbahnrand. Es dauerte nicht lange und dann kamen sie. Es war ein Pulk bestehend aus sechs bis acht Pkws, welche aufgrund der Glätte alle mit mäßiger Geschwindigkeit unterwegs waren.

Mittels Anhaltekelle wurden sie zum Anhalten veranlasst und kontrolliert. Wie vermutet waren es ausschließlich Daimler-Mitarbeiter auf dem Weg in die Firma.

Nach Ermahnung und Feststellung der Personalien für eine Ordnungswidrigkeitenanzeige durften sie anschließend ihren Weg fortsetzen, wobei der Unmut der Betroffenen deutlich zu spüren war und auch sehr unschöne Worte fielen.

Bei dieser Aktion, welche ungefähr eine Stunde lang andauerte, gingen über 20 Verkehrssünder ins Netz. Nur der Letzte tanzte etwas aus der Reihe.

Da es an diesem Morgen bitterkalt war, setzten wir uns zwischen den Kontrollen immer mal wieder ins Fahrzeug um uns aufzuwärmen. Kurz darauf nahmen wir den Lichtkegel der Scheinwerfer eines Autos wahr und waren gerade im Begriff auszusteigen. Vor uns befand sich eine ca. 100 m lange, leicht ansteigende Gerade, welche in eine Linkskurve mündete. Dort erschien plötzlich dieser sehr schnell fahrende, schwarze 3er Golf Gti, welcher die gesamte Fahrbahnbreite benötigte. Als er uns erblickte, machte er einen fatalen Fehler. Er trat voll auf die Bremse und rutschte auf der spiegelglatten Fahrbahn mit blockierenden Rädern direkt auf uns zu, wobei nur sehr wenig Geschwindigkeit abgebaut wurde. Dies lag offensichtlich an den noch montierten Sommerreifen.

Und dann kam es wie es kommen musste.

Unser ordnungsgemäß abgestellter Streifenwagen übte eine magische Anziehungskraft auf ihn aus und wurde regelrecht »abgeschossen«.

Dieser Unfall wäre mit Sicherheit zu verhindern gewesen, wenn der Betroffene kurz die Bremse gelöst hätte. Dann wäre sein Fahr-

zeug wieder bedingt lenkbar gewesen und nicht in unser Fahrzeug gekracht.
Es gab keine Verletzten und auch der Sachschaden hielt sich in Grenzen.

An diesem Tag ereigneten sich im Stadtgebiet sehr viele witterungsbedingte Unfälle, sodass der VUD über einen sehr langen Zeitraum nicht verfügbar war. Aufgrund dessen musste der Vorfall von einem Nachbar-Revier aufgenommen werden. Dies war dann so die übliche Vorgehensweise und die Wartezeit auf die Kollegen dauerte eine gefühlte Ewigkeit.

Die Unfallmeldung blieb mal wieder an mir hängen ...

Dienstunfall Nummer drei ereignete sich wieder am Karl-Benz-Platz in Untertürkheim. Dort wurde uns über Funk ein kleiner Auffahrunfall an der dortigen Lichtzeichenanlage (Ampel) mitgeteilt. Offensichtlich hatte ein Verkehrsteilnehmer versucht, sein Fahrzeug bei Gelblicht noch vor der Kreuzung anzuhalten und der Hinterherfahrende habe dies falsch eingeschätzt und gedacht, er würde noch durchfahren. Da sich die Beteiligten nicht einigen konnten und ein Fahrzeug von einer Autovermietung war, sollten wir eine Unfallaufnahme durchführen.

Schon auf der Anfahrt erinnerte ich mich an meinen ersten Dienstunfall an derselben Örtlichkeit und hatte ein ungutes Gefühl dabei.

Während mein Kollege schon mal ausstieg und sich einen ersten Überblick verschaffte, machte ich mir Gedanken über die Absicherung der Unfallstelle. Diese war ganz in der Nähe der ersten, jedoch aus einer anderen Richtung und ebenfalls zweispurig.

Hatte ich damals alles richtig gemacht oder könnte ich etwas besser und sicherer machen? Auf keinen Fall wollte ich einen Folgeunfall riskieren und mich dem Gespött der Kollegen aussetzen.

Darum nahm ich mir besonders viel Zeit für die Absicherung und bediente mich sämtlicher mitgeführter Hilfsmittel. Eigentlich wäre es völlig ausreichend gewesen den Streifenwagen mit eingeschaltetem Blaulicht und Warnblinker in ausreichendem Abstand vor der Unfallstelle auf dem rechten Fahrstreifen abzustellen. Aber das war mir nicht genug – aus Erfahrung lernt man ja bekanntlich. Ca. 100 m vor dem Hindernis platzierte ich also zuerst ein Warndreieck. Dann kam diese gelb blinkende Nissenleuchte und anschließend noch vier große, rot-weiße Pylonen. Aus der Ferne betrachtet hätte man denken können, dass da etwas ganz Schlimmes passiert sein musste – ein Unfall mit einem Tanklaster oder Ähnliches. Nein, es war nur so ein popeliger Auffahrunfall mit Bagatellschaden.

Ich war zufrieden mit meinem Werk und wandte mich meinem Kollegen zu, welcher mich etwas ungläubig betrachtete. Während wir noch mit der Aufnahme der Personalien beschäftigt waren, hörten wir plötzlich dieses krachende, unangenehme Geräusch von berstendem Glas, zerreißendem Kunststoff und zerknüllendem Blech. Ein Blick nach hinten brachte sofort Klarheit. Neben unserem Fahrzeug war ein Lkw mit Anhänger zum Stillstand gekommen. Mir entgleisten die Gesichtszüge und meine Nackenhaare stellten sich auf als ich das Desaster erblickte. Wie konnte das passieren?

Ein Fahranfänger, zarte 18 Jahre alt, war das erste Mal mit einem 7,5 t Lkw mit Anhänger unterwegs (damals noch erlaubt). Da er keinerlei Erfahrungen im Umgang mit so einem langen Fahrzeug hatte, wollte er erst unmittelbar vor dem Hindernis (Streifenwagen) einen Fahrstreifenwechsel von rechts nach links durchführen. Doch dies ging völlig daneben, da eine 15 Meter lange Fahrzeugkombination einen viel größeren Platzbedarf hat als ein vier Meter langer Pkw. Aufgrund dessen blieb das hintere rechte Rad des Anhängers am linken Fahrzeugheck des Streifenwagens hängen und fügte diesem einen wirtschaftlichen Totalschaden im fünfstelligen Bereich zu.

Ich kann mich noch gut daran erinnern, dass ich den Jüngling verbal heftig attackierte und ihn dazu verdonnern wollte, die fällige Unfallmeldung zu fertigen. Natürlich bin ich da ein wenig übers Ziel hinaus geschossen, da sein Verschulden durch die mangelnde Fahrerfahrung gering und überdies sein Allgemeinzustand durch das Ereignis desolat war.

Also blieb wieder alles an mir alleine hängen und meine Personalakte füllte sich weiterhin mit unsinnigen Formularen.

Die ersten drei Dienstunfälle ereigneten sich innerhalb eines Jahres. Dies blieb natürlich auch in der Führungsetage nicht unbemerkt und so kam es, dass ich einen unangenehmen Gesprächstermin beim Revierleiter hatte.

Und obwohl ich bei keinem dieser Unfälle ein schuldhaftes Verhalten bei mir entdecken konnte kam es mir so vor, als ob man mir ein schlechtes Gewissen einreden wollte. Da ich das Unglück offensichtlich magisch anziehen würde wurde mir nahegelegt, in den nächsten Monaten keine Fahrzeuge mehr zu führen. Total gefrustet zog ich von dannen und fügte mich widerwillig der ungerechten Weisung meines Vorgesetzten.

Doch ich wurde weiterhin vom Unglück verfolgt.

Nach der verordneten »Auszeit« als Fahrzeuglenker durfte ich im Folgejahr wieder ran und war darüber überglücklich. Bis zu dem Tag, als wir mit diesem fabrikneuen VW-Passat auf Streife waren und uns ein Pkw auf jenem landwirtschaftlichen Weg, der gerne als »Schleichwegle« genutzt wurde, entgegen kam. Davon ausgehend, dass es sich hierbei um einen »Illegalen« handeln würde, veranlasste ich den Fahrer auf unserer Höhe anzuhalten. Bei einem kurzen Gespräch durch die geöffneten Scheiben der Fahrertüren stellte sich schnell heraus, dass es sich um einen Grundstücksbesitzer handelte, welcher berechtigt war dort zu fahren. Obwohl wir ihm Glauben schenkten und die Kontrolle beenden wollten, war es ihm ein Anliegen uns noch einen Beweis zu erbringen. Er habe in seinem Kofferraum landwirtschaftliche Gerätschaften sowie einen Schlüssel zu seinem Grundstück. Und ehe ich mich versah öffnete er zügig seine Türe und war im Begriff auszusteigen. Doch diese schwang unvermittelt auf und dann hörten wir dieses hässliche, knirschende Geräusch.

Bitte nicht – dachte ich aber da war es auch schon passiert. In der Fahrertüre des Streifenwagens befand sich nun eine kleine Eindellung sowie ein oberflächlicher Lackschaden. Eigentlich ein Mini-Schaden, wie er auf öffentlichen Parkplätzen oder beim Supermarkt tagtäglich entsteht und nicht weiter tragisch. Dumm nur, dass unser Fahrzeug jungfräulich war und noch keine 100 km auf dem Tacho hatte. Schadensmeldung wie gehabt …

Bei Unfall Nr. 5 verhielt es sich ähnlich. Dort fiel uns ein Pkw auf, dessen Lenkerin soeben im Geltungsbereich eines Halteverbotes angehalten hatte und nun ihr Fahrzeug verlassen wollte. Daraufhin hielt ich daneben in gleicher Richtung an und mein Kollege forderte die Dame auf weiterzufahren. Diese hatte die Türe schon einen Spalt geöffnet und tat so, als ob sie der Aufforderung Folge leisten würde. Somit war der Fall für uns erledigt und wir wollten unsere Streifenfahrt fortsetzen. Doch entgegen ihrer Ankündigung öffnete sie genau in dem Moment ihre Türe, als ich gerade losgefahren war und unser Fahrzeug ihres noch nicht vollständig passiert hatte. Leider verschätzte sie sich in der Länge unseres Streifenwagens (VW-Bus), sodass die sich öffnende Türe im hinteren rechten Radlauf hängen blieb und erheblichen Sachschaden verursachte.

Nun hatte meine Pechsträhne endlich ein Ende. Innerhalb eines Zeitraumes von etwa zwei Jahren fanden sich fünf Unfallmeldungen in meiner Personalakte. Möchte nicht wissen, was der eine oder andere Vorgesetzte so über mich gedacht hat. Besonders der Leiter meiner Dienststelle war mir nicht hold und hatte mich wegen eines persönlichen Vorfalls auf dem »Kieker«.

Aber ich ließ mir nichts zu Schulden kommen und in meiner über 40-jährigen Laufbahn gab es nie einen Sachschaden, welcher von mir verursacht wurde.

3.11 Missverständnisse

Es gibt sie in allen Bereichen, wo Menschen miteinander kommunizieren, egal ob im Beruf, Hobby oder im zwischenmenschlichen Bereich. Hierbei unterscheidet man zwischen verbalen und nonverbalen Missverständnissen. Menschen haben unterschiedliche Wahrnehmungen, und wenn Sender und Empfänger einer Nachricht nicht auf derselben Wellenlänge sind, kann es zu Fehlinterpretationen kommen mit meist unangenehmen Folgen.

Ich kann mich noch sehr gut an ein nonverbales Missverständnis erinnern, welches mit einer Vorgeschichte begann.

Während einer Streifenfahrt im Frühdienst wurden wir auf einen weißen Pkw Mercedes-Benz aufmerksam, welcher auf der Benzstraße zwischen den Ortschaften Untertürkheim und Bad Cannstatt zügig vor uns fuhr. Offensichtlich hatte es der Lenker sehr eilig und gab auf einer langen Geraden kräftig Gas.

Auf dem Tachometer konnte ich eine Geschwindigkeit von 100 km/h ablesen, obwohl dort eine zulässige Höchstgeschwindigkeit von 60 km/h vorgeschrieben war. Und dann kam auch noch dieser kleine Baustellenbereich mit einer Geschwindigkeitsbeschränkung von 30 km/h, was von dem Fahrzeuglenker völlig ignoriert wurde. Daraufhin war eine Verkehrskontrolle mehr als überfällig und ich überholte den Vorausfahrenden, setzte mich vor ihn und bremste ihn anschließend bis zum Stillstand herunter.

Am Steuer saß Herr G., ein Mann mittleren Alters, welcher sich sofort über die Art und Weise des Anhaltevorgangs beschwerte. Sein eigenes, verkehrswidriges Verhalten bagatellisierte er und herrschte uns an, die Kontrolle zu beschleunigen, da er es sehr eilig habe. Sein herablassendes, uneinsichtiges und unkooperatives Verhalten veranlasste mich dazu, seine Personalien für eine Ordnungswidrigkeitenanzeige zu erheben. Damit war er überhaupt nicht einverstanden und gab diese nur sehr widerwillig heraus. Bei der Frage nach seinem Beruf zögerte er zunächst und nannte dann schnippisch »Beamter«.

Ich konterte ebenfalls schnippisch und sagte wörtlich: »Hoffentlich kein Polizeibeamter, denn Sie wären ein schlechtes Vorbild«.

Das saß ... und ich spürte förmlich, wie er innerlich kochte. Es war mir eine Genugtuung, ihm Kontra gegeben zu haben, nicht ahnend, dass das Ganze noch ein heftiges Nachspiel haben würde.

Nachdem die Personalien feststanden, beendeten wir die Kontrolle und er durfte seine Fahrt mit der Aufforderung fortsetzen, dass er fortan die Regeln im Straßenverkehr zu beachten habe.

Wenig später erhielten wir von der Wache den Auftrag einzurücken. Ich wurde in die Chefetage zitiert und musste dem Leiter Bezirksdienst Rede und Antwort über den Vorfall geben. Er informierte mich darüber, dass er soeben mit dem Betroffenen telefoniert habe und es sich tatsächlich um einen hochrangigen Polizeibeamten handeln würde, welcher auf der Anfahrt zum Dienst gewesen wäre. Wie ich später erfuhr, waren die beiden eng miteinander befreundet.

Nun versuchte mein Leiter Bezirksdienst den Vorfall herunter zu spielen und Milde walten zu lassen. Dummerweise konnte er mich bezirzen und ich ließ mich darauf ein. Ich wollte auch nicht als »Kameradenschwein« dastehen und somit verzichtete ich auf die Fertigung einer Anzeige und der Fall war für mich erledigt.

Dann kam der Tag des Wiedersehens ...

Zwischenzeitlich war schon mehr als ein Jahr vergangen und die Geschichte war für mich längst in Vergessenheit geraten. In diesem Spätdienst, als ich die Dienststelle betrat und über die enge Wendeltreppe nach oben zu den Umkleideräumen ging, kam mir dort eine fremde männliche Person entgegen. Davon ausgehend, dass es sich um einen Besucher handeln würde, gewährte ich ihm auf der Treppe den Vortritt und wartete. Dann hatten wir Blickkontakt und der Mann sagte spontan: »Wir kennen uns doch von der Straße.« Sein Gesicht war mir nicht mehr geläufig und ich konnte ihn zunächst nicht zuordnen. Doch er half meinem Gedächtnis auf die Sprünge, stellte sich als Herr G. vor und outete sich als neuen Dienststellenleiter. Von nun an wusste ich, dass ich keinen leichten Stand mehr haben würde.

Dies zeigte sich in vielen Kleinigkeiten und ich hatte immer dieses subjektive Gefühl, dass er mich auf dem »Kieker« hatte und nur darauf lauerte, dass ich einen Fehler machen würde. Besonders in der zweijährig wiederkehrenden Beurteilungsrunde ließ er mich durch eine schlechte Benotung spüren, dass er mit unserem damaligen Zusammentreffen nicht einverstanden gewesen war.

Nachträglich habe ich mich sehr darüber geärgert, dass ich mich damals erweichen ließ und die Anzeige gegen Herrn G. zurückzog. Er hätte es verdient gehabt …

So viel zur Vorgeschichte.

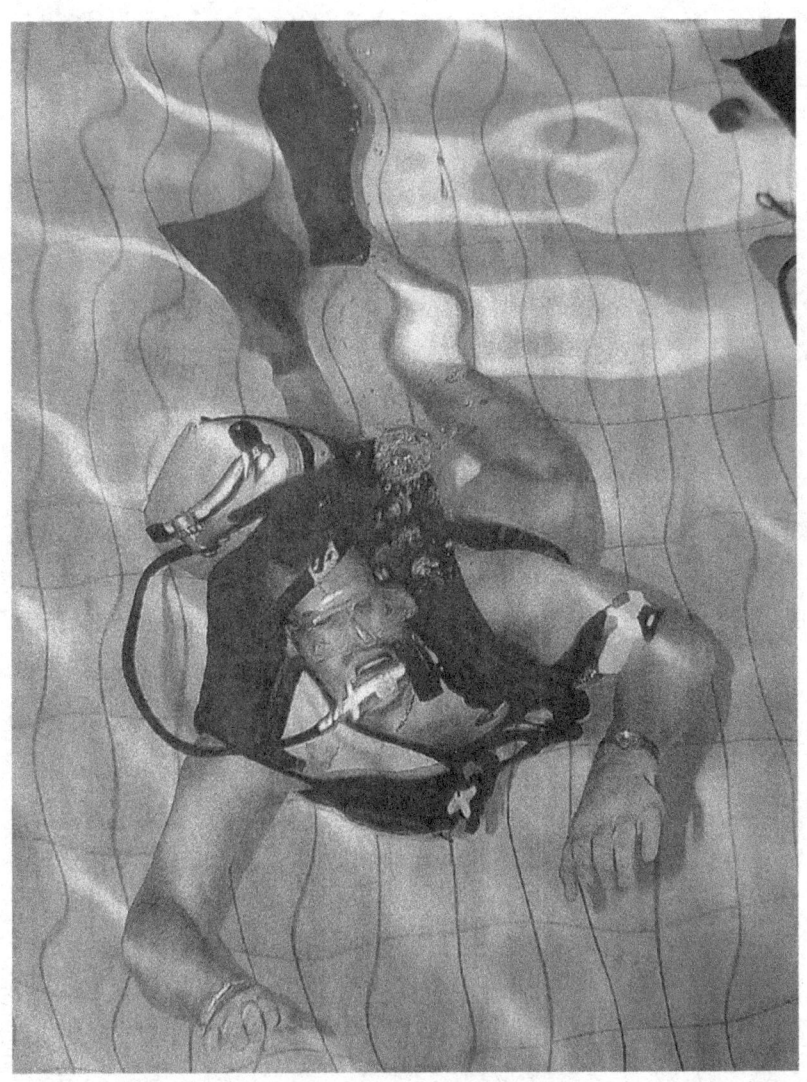

In meiner Freizeit widmete ich mich intensiv meinem neuen Hobby, dem Tauchsport. Es gab (und gibt noch) in Stuttgart den Polizeisportverein und dort auch eine Tauchsportabteilung. Da es sich um einen eingetragenen Verein handelte, durften auch Nicht-Polizisten Mitglied werden. Die Abteilung hatte damals ca. 100 Mitglieder, wobei lediglich fünf davon Polizeibeamte waren.

Die Ausbildung zum Sporttaucher fand im Hallenbad Stuttgart-Heslach statt und verlief sehr professionell. Sie endete mit einer schriftlichen und praktischen Prüfung, wobei Letztere im Freiwasser stattfand. Ein sehr wichtiger Teil davon waren die Unterwasserzeichen. Um sich unter Wasser verständigen zu können, musste eine Vielzahl von nationalen und internationalen Unterwasserzeichen erlernt werden. Diese Zeichensprache mit verschiedenen Symbolen musste jeder Taucher aus dem FF beherrschen, da sie unter Umständen überlebenswichtig waren. Bei einem Tauchgang, welcher in der Regel immer zu zweit durchgeführt wurde, musste jeder vom anderen wissen, ob denn alles ok wäre. Hierzu wandte man sich seinem Tauchpartner zu, streckte den Arm aus und formte mit Daumen und Zeigefinger einen Ring. Daraufhin musste der/die andere ebenfalls dieses Zeichen verwenden, um Sorglosigkeit zu signalisieren. Sollte dies nicht der Fall sein, so war irgendetwas nicht in Ordnung und der Tauchgang wurde unverzüglich abgebrochen. Besonders bei langen oder sehr tiefen Tauchgängen war die ständige nonverbale Kommunikation unumgänglich, sozusagen als eine Art Lebensversicherung. Tiefe Tauchgänge bargen die Gefahr eines Tiefenrausches, lange Tauchgänge konnten einen Deko-Unfall (klassischer Tauchunfall) hervorrufen.

Die internationalen Unterwasserzeichen sollten nach Möglichkeit auch nur unter Wasser angewandt werden, da sonst deren Verwendung zu nonverbalen Missverständnissen führen konnte. Das wichtigste Zeichen, der mit Daumen und Zeigefinger geformte Ring, kann bei Autofahrern u. U. zu heftigen Auseinandersetzungen führen.

Wir waren mal wieder auf Streife und erhielten von der Wache den Auftrag, wegen einer ausgefallenen Ampelanlage verkehrsregelnde Maßnahmen zu treffen, quasi der »Lieblingsjob« aller Streifenbeamten.

Hierzu bedurfte es nämlich einer speziellen Ausbildung sowie einer gut sichtbaren Schutzausrüstung, da die Gefahr des »übersehen werden« groß war. Außerdem kam es hierbei immer wieder mal vor, dass Zeichen von Polizeibeamten ignoriert bzw. missgedeutet wurden und sich aufgrund dessen Unfälle ereigneten. Dann hatte man umgangssprachlich »einen Unfall herbei geregelt«.

Da stand ich nun an diesem kalten Wintertag morgens in der Dunkelheit auf der Kreuzung und musste diesen Abgas-Mief über einen längeren Zeitpunkt einatmen. War gar nicht so einfach, als ungeübter Verkehrsregler allen Fahrtrichtungen, einschließlich der Straßenbahn gerecht zu werden.

Irgendwann kam dann mal ein Techniker der Verkehrszentrale und machte sich an einem Schaltkasten zu schaffen.

Dann nahm ich das aufgeregte Hupen eines Autofahrers wahr und blickte in dessen Richtung. Durch die geöffnete Scheibe der Fahrertüre konnte ich ein mir wohlbekanntes Gesicht erkennen. Einer meiner Tauchausbilder rief mir »Hey Andy« zu und streckte mir seinen Arm entgegen. Mit dem Daumen und Zeigefinger hatte er dieses »Alles ok« Zeichen geformt. Ohne darüber nachzudenken erwiderte ich seine Geste und freute mich über die Begegnung. Leider hielt diese Freude nicht lange an.

Nachdem der Techniker den Totalausfall schnell behoben hatte, konnten wir unsere Streifenfahrt fortsetzen. Wenig später wurden wir zur Dienststelle beordert und mein Vorgesetzter, Herr G., hatte das dringende Bedürfnis, mich zu sehen. Er gab an, dass er soeben von einem Abteilungsleiter der Firma Daimler-Benz verständigt worden wäre, welcher sich über das Verhalten eines bestimmten

Polizeibeamten (ich) beschweren wolle. Dieser habe vor wenigen Minuten beim Verkehr regeln einen anderen Autofahrer übelst beleidigt, indem er ihm mit der Hand das sogenannte »Arschloch« Zeichen gezeigt habe. Mich ergriff sofort ein ungutes Gefühl, da ich wusste, dass ich jetzt in Erklärungsnöte geraten würde. Überdies war der Tonfall meines Vorgesetzten deutlich schärfer geworden und ich spürte, dass er jetzt seine Chance sah, mir eins auszuwischen. Meine Erklärungen, dass es sich hierbei um ein Unterwasserzeichen gehandelt habe, ließ er nicht gelten und drohte sogar damit, gegen mich ein Disziplinarverfahren einzuleiten. Daraufhin sah ich keine Möglichkeit einer Rechtfertigung vor Ort und verließ wutentbrannt sein Büro. Ich schilderte den Vorfall meinem Dienstgruppenführer, nahm eine kurzfristige Dienstbefreiung und begab mich nach Hause. Dort kramte ich in meinen Tauchunterlagen und wurde fündig. Auf der letzten Seite in meinem Taucherpass befand sich eine Auswahl von internationalen UW-Zeichen, u. a. dem Ok-Zeichen.

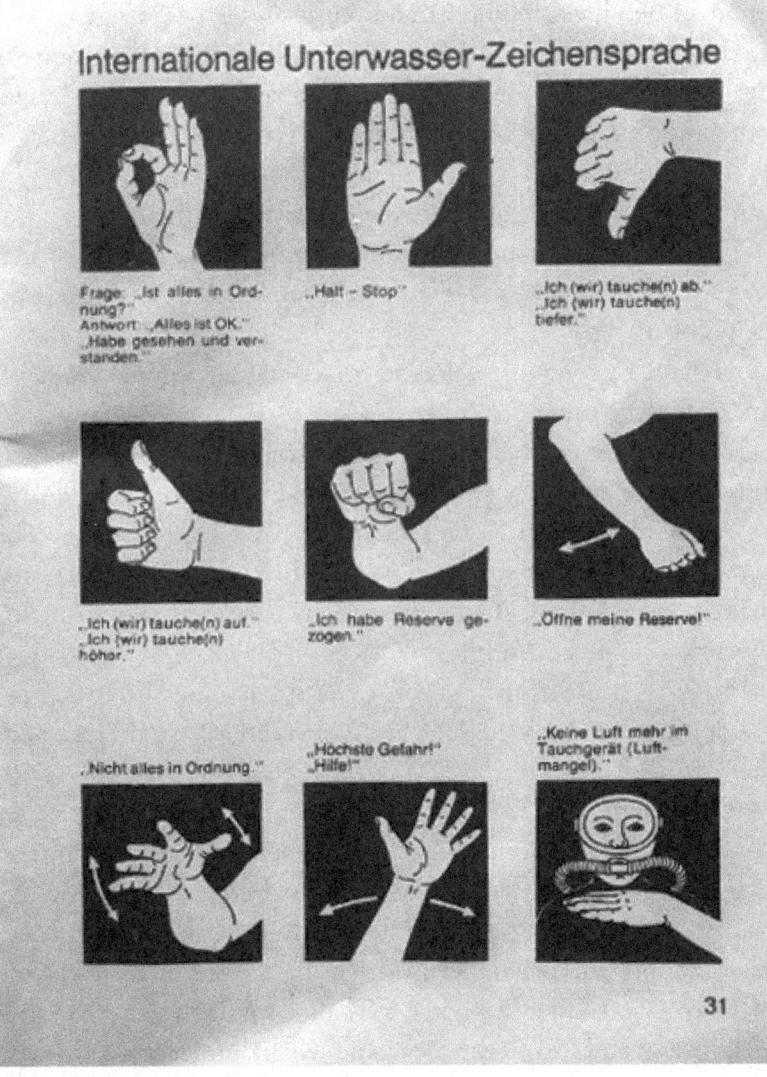

Mit diesem Taucherpass in Händen begab ich mich wieder zu Herrn G. Nun konnte ich einen Beweis erbringen und die Sache zu meinen

Gunsten klären. Herr G. führte anschließend noch ein Gespräch mit dem Beschwerdeführer und konnte diesen besänftigen. Und wieder einmal wurde mir bewusst, dass Polizeibeamte in der Öffentlichkeit unter ständiger Beobachtung sind und unangenehme Situationen oft durch Missverständnisse entstehen.

Ein Missverständnis ganz anderer Art hieß Inge K.

Sie war alleinstehend und immer wenn sie stark alkoholisiert war, wählte sie die Nummer vom örtlichen Polizeirevier oder sogar den Notruf 110.

Ich hatte nur einmal telefonischen Kontakt mit ihr. Damals war ich Anfang 20 und noch Single.

Meistens rief Frau K. spät in der Nacht an. Vermutlich war sie einsam und dann hatte sie einen unstillbaren Redebedarf.

Das erste Mal wurde ich von einem Kollegen reingelegt. Der Anruf kam morgens so gegen 03.00 Uhr auf der Wache an und mein Kollege Günter B. übergab mir grinsend den Hörer mit den Worten: »Für Dich Andy!«

Von wegen für mich. Zunächst checkte ich die Situation überhaupt nicht als eine weibliche Stimme »Guten Abend Herr Beck, hier ist Inge K.« sagte.

Wow, dachte ich, was für eine tolle Frau. Sie hatte so eine fesselnde, erotische Stimme, dass sofort mein Kopfkino ansprang und sich meine Nackenhaare aufstellten. Doch sie redete nur wirres, zusammenhangloses Zeug und ließ mich nicht zu Wort kommen. Auch konnte ich den wahren Grund ihres Anrufes nicht deuten. Nach einer gefühlten Ewigkeit vernahm ich dann das schallende Gelächter meiner Kollegen aus dem Nebenzimmer und realisierte erst jetzt, dass sie über mich und das Telefonat mit Frau K. lachten.

Unter einem Vorwand beendete ich das Gespräch und knöpfte mir den heuchlerischen Kollegen vor.

Dies war eine völlig neue Erfahrung für mich, dass auch einsame, alkoholisierte oder verwirrte Menschen bei der Polizei anrufen und einfach nur Redebedarf haben.

Trotzdem ging mir diese Frau nicht mehr aus dem Kopf und ich wollte sie unbedingt einmal kennenlernen. Darauf musste ich nicht lange warten.

Wenige Tage später im Nachtdienst erfüllte sich mein Wunsch. Über Funk bekamen wir vom Führungs-/und Lagezentrum den Auftrag, nach Stuttgart-Luginsland zu einer Frau K. zu fahren. Diese habe wiederholt grundlos den Notruf 110 angewählt und würde die Kollegen belästigen und die Leitung blockieren.

Auftragsgemäß fuhren wir dort an und klingelten an der Haustüre. Über die Sprechanlage meldete sich eine weibliche Stimme und ich erkannte sie sofort wieder. Mein Puls beschleunigte und mir gingen wilde Fantasien durch den Kopf. Wir forderten Einlass und während wir die Treppe in den ersten Stock hochgingen, fuhr ich mir noch einmal mit den Händen durchs Haar und rückte meine Uniform zurecht. Wie früher bei der Fernsehsendung »Herzblatt« stand ich total aufgeregt vor der verschlossenen Wohnungstüre. Als sich diese öffnete wurde ich jäh in die Realität zurückgerissen. Mein erotisches Kartenhaus stürzte in sich zusammen und meine Träume platzten wie Seifenblasen.

Eine ältere, sehr ungepflegte Dame, kleinwüchsig und adipös stand da im schmuddeligen Nachthemd vor uns. Aus der Wohnung strömte ein übel riechender Geruch von Schweiß und Alkohol und hinderte uns daran diese zu betreten. Nachdem ich mich gefasst hatte wurde Frau K. eindringlich und unter Androhung einer Strafanzeige (Missbrauch von Notrufen) aufgefordert, ihr Tun unverzüglich zu unterlassen. Dem kam sie dann auch nach.

Mit gesenktem Haupt und schwer enttäuscht verließen wir das Wohngebäude. Irgendwie war ich aber auch erleichtert, dass diese Geschichte so ein abruptes Ende gefunden hatte.

3.12 Naturalienstreife

Für unsere Tätigkeiten im Streifendienst ließen wir uns immer mal wieder lustige Namen einfallen.
Da gab es zum Beispiel die »Todesstreife«.
Hierbei war die letzte Streifenfahrt im Nachtdienst in der Zeit von 03.30 bis 05.30 Uhr gemeint. Sie trug ihren Namen zu Recht, da es einem Todeskampf glich, wenn man total übermüdet, krampfhaft versuchte sich beim Fahren wach zu halten.
Oder die »Formularstreife«.
Dies war eine Umschreibung für Besorgungen, ohne dass andere Kollegen am Funk etwas damit anfangen konnten. Wenn man z. B. über Funk den Auftrag von der Wache erhielt 15 B-Formulare mitzubringen, so handelte es sich hierbei um 15 Brezeln vom Bäcker.
Und dann war da noch die »Naturalienstreife«.
Sie konnte immer nur in den Sommermonaten durchgeführt werden und war »nicht ganz legal«.
Im übertragenen Sinne war es sogar eine kleine Straftat – ein Diebstahl geringwertiger Sachen, im Volksmund auch »Mundraub« genannt.
Das Objekt unserer Begierde waren diese knallroten, superleckeren Erdbeeren auf einem frei zugänglichen Feld am Waldrand, in der Nähe eines Naherholungsgebietes bei Stuttgart-Rotenberg..
Man hatte irgendwie kein Unrechtsbewusstsein, wenn man am Wegesrand von einer Brombeerhecke genascht, ein paar Kirschen abgezupft oder sich mal eine rote Erdbeere geangelt hatte.
Dies ist absolut menschliches Verhalten und sollte auch vom Gesetzgeber nicht überbewertet werden.
Auch Richter und Staatsanwälte haben im Kindesalter »Mundraub« begangen.

Natürlich muss man differenzieren zwischen »naschen« und Gewerbsmäßigem abernten. Fakt ist aber, dass auch das »naschen« nicht erlaubt ist und auf Antrag des Berechtigten als Straftat verfolgt werden kann, ein sogenanntes Antragsdelikt. Dies war in unserem Fall jedoch nicht gegeben.
Jedoch sollte man sich dabei nicht erwischen lassen ...

Mein Kollege Franz B. und ich befanden uns auf der Todesstreife, in freudiger Erwartung auf die Naturalienstreife.

Es war eine laue Sommernacht und es dämmerte schon Die Stadt schlief noch und auf unserer Streifenfahrt kamen wir auch am Naherholungsgebiet »Egelseer Heide« in Stuttgart-Rotenberg vorbei.

Dort gab es einen Wanderparkplatz und mehrere Grillstellen, welche häufig auch zur Nachtzeit von lautstarken Jugendgruppen aufgesucht wurden. Doch in dieser Nacht blieb alles ruhig und kein Mensch hielt sich dort auf.

Im Scheinwerferlicht tauchte plötzlich ein Tier auf, welches auf der Fahrbahn saß. Es handelte sich um einen Jungfuchs (Welpe). Dieser versuchte nun vor uns zu flüchten und rannte Richtung Wald.

Jedoch getraute er sich offensichtlich nicht aus dem Lichtkegel der Scheinwerfer in die Dunkelheit zu wechseln, woraufhin er im Zickzack vor uns her rannte. Irgendwie war es ein niedlicher Anblick und ließ uns schmunzeln. Konditionell hatte der Kleine jedoch nicht so viel drauf und war schnell außer Atem. Nach einer Laufstrecke von ca. 200 Metern blieb er mitten auf der Fahrbahn sitzen und hätte sich jetzt leicht von Hand einfangen lassen. Da wir beide jedoch sehr tierlieb waren hatten wir ein einsehen und stoppten unser Fahrzeug. Anschließend schalteten wir die Scheinwerfer aus und ermöglichtem ihm so die Flucht in den schützenden Wald. Sichtlich vergnügt setzten wir unsere Streifenfahrt fort.

Wenig später erreichten wir besagtes Erdbeerfeld und verspürten Heißhunger.

Wir vergewisserten uns, dass auch niemand in der Nähe war und machten uns über die süßen Früchte her. In weiser Voraussicht nahm ich meine Taschenlampe mit und zupfte mir eine Handvoll ab, welche sofort an Ort und Stelle verspeist wurden. Mein Kollege befand sich wenige Meter von mir entfernt und tat dasselbe – jedoch ohne Taschenlampe.

Sein Aufschrei. »bääääähhh pfui Deibel« lies mich aufhorchen.
»Andy«, rief er mir zu »komm mal mit der Taschenlampe her ... schnell.«

Flux eilte ich in seine Richtung und er streckte mir seine geöffnete Hand entgegen. Ich konnte nicht glauben was ich da sah und musste schallend lachen. Da lag doch tatsächlich eine angebissene Erdbeere in seiner Hand und direkt daneben eine lebende Nacktschnecke. Offensichtlich hatte er in seiner Gier die Erdbeere samt Schnecke in den Mund gesteckt und drauf gebissen ... pfui Deibel.

Dann wurden wir ertappt ...

Während wir noch über das kleine Missgeschick lachten hatten wir gar nicht mitbekommen, dass sich ein älterer Mann, welcher mit seinem Hund Gassi ging, genähert hatte.

»Was machen Sie da« rief er laut in unsere Richtung und ließ uns zu Salzsäulen erstarren. Wir hätten niemals gedacht, dass ein Hundebesitzer morgens um 05.00 Uhr in dieser Einöde spazieren gehen würde.

»Es ist nicht das nach dem es aussieht« stammelte ich und überlegte krampfhaft nach einer Ausrede.

Ich ging auf ihn zu und war hoch erfreut, dass ich sein Gesicht schon einmal gesehen hatte.

Auch er erkannte mich sofort und lachte mir zu. Bevor ich ihm ein Märchen mit »polizeiliche Ermittlungsarbeit« auftischen konnte entgegnete er: »Keine Sorge, das behalte ich für mich. Die schmecken richtig lecker, hab auch schon mal davon genascht«.

Mir fiel ein Stein vom Herzen und mein 180er Puls ging spürbar zurück. Peinlich, peinlich so eine Situation aber gerade noch mal gut gegangen.

Und... was habe ich daraus gelernt?
- Egal welche Streife man fährt, es ist nie ungefährlich
- Lass Dich nicht erwischen
- Halte eine Ausrede parat wenn Du erwischt wirst
- Taktische Einsatzmittel (Taschenlampe) verwenden
- Lass den Quatsch

3.13 Missbrauch von Sonderrechten – ein außergewöhnlicher Fall

Dass die Polizei im Straßenverkehr Sonderrechte hat, dürfte allgemein bekannt sein. Fast jeder hat schon mal einen Streifenwagen bei einer Einsatzfahrt beobachtet, wie dieser mit hoher Geschwindigkeit unter Verwendung von Blaulicht und Einsatzhorn über eine rote Ampel gedüst war.

Dass es dieses Recht gibt, ist auch sinnvoll, da es im Einsatzfall darauf ankommt, schnell vor Ort zu sein. Unvorstellbar, wenn dringend Hilfe benötigt würde und die Polizei erst mal auf Grünlicht der Ampelanlage warten müsste.

In der Straßenverkehrsordnung (StVO) wurden hierfür die §§ 35 und 38 geschaffen.

Dort steht geschrieben, dass u. a. die Polizei von den Vorschriften der StVO befreit ist, soweit das zur Erfüllung hoheitlicher Aufgaben dringend geboten ist.

Eine klassische hoheitliche Aufgabe für die Polizei ist z. B. das »Streife fahren«. Hierbei dürfen natürlich auch Straßen und Wege befahren werden, welche für den öffentlichen Verkehr gesperrt sind.

Oder die Missachtung von Park-/ oder Halteverboten, sobald ein polizeiliches Ereignis vorliegt, ebenso Geschwindigkeits-/ und Rotlichtverstöße im dringenden Einsatzfall.

Somit gilt die Befreiung für sämtliche Vorschriften der StVO, natürlich nur unter gebührender Berücksichtigung der öffentlichen Sicherheit und Ordnung, d. h., es dürfen keine anderen Verkehrsteilnehmer gefährdet werden.

Keine hoheitliche Aufgabe wäre z. B. das Abstellen des Streifenwagens auf dem Gehweg oder im Halteverbot, um beim Bäcker oder Metzger Vesper zu holen. Hier sind auch Polizeibeamte dazu verpflichtet, sich an die Regeln der StVO zu halten. Bei einem Verstoß spricht man dann von »Missbrauch von Sonderrechten«, was auch eine Bestrafung nach sich ziehen kann. Um Sonderrechte wahrzunehmen, ist noch nicht einmal die Verwendung von Blaulicht und Einsatzhorn erforderlich. Sobald ein Streifenwagen aber Blaulicht und Sirene aktiviert hat, spricht man von Wegerecht (§ 38 StVO). Dann haben alle übrigen Verkehrsteilnehmer sofort freie Bahn zu schaffen.

In 41 Jahren Polizeidienst habe ich mir nie etwas Illegales zu Schulden kommen lassen ... soviel ich weiß. Auch im Straßenverkehr gab ich mir stets große Mühe und wurde meiner Vorbildfunktion gerecht.

Nur einmal handelte ich entgegen meiner Prinzipien und machte einen Missbrauch von diesen besagten Sonderrechten. Alles begann eigentlich ganz harmlos ...

Unsere Dienstgruppe saß morgens zusammen im Aufenthaltsraum bei der Dienstbesprechung. Dort wurde u. a. festgelegt, wer mit wem wann Streife fährt. Mein Kollege und ich waren zuerst dran und machten uns bereit. Noch einen Schluck Kaffee und einen Bissen von dieser leckeren, lauwarmen Brezel und dann sollte es losgehen.

Mein Blick schweifte noch kurz über den Tisch und blieb dann an diesen 2 Saft-Flaschen hängen.

»Bittenfelder Apfelsaft, naturtrüb« stand drauf und ich fragte nach dem Besitzer. »Ist für uns von der Vorgängerschicht. Darf getrunken werden« antwortete unser Dienstgruppenleiter.

Da es mich gerade dürstete, goss ich mir ein großes Glas davon ein und leerte es gierig in einem Zug, nicht ahnend, dass ich soeben den Grundstein für einen verhängnisvollen Zwischenfall gelegt hatte.

»Lecker lecker ...« dachte ich noch und schon waren wir auf Streifenfahrt.

Ich war der Fahrzeugführer und schwamm im morgendlichen Berufsverkehr mit. Ein kleiner Verkehrsverstoß eines vorausfahrenden Autofahrers führte zu einer Verkehrskontrolle. Diese verlief jedoch gänzlich anders als erwartet. Kaum war ich ausgestiegen, nahm das Unglück seinen Lauf.

Es begann mit einem schmerzhaften, heftigen Ziehen in der Magengegend und war von einem lautstarken, dumpfen Grollen sowie einem gurgelnden Glucksen begleitet. Es fühlte sich an, als ob ein Alien in meinen Körper eingedrungen wäre und diesen jetzt von innen auffressen würde.

»Verdammt, was ist das«, schoss es mir durch den Kopf, und die Antwort ließ nicht lange auf sich warten. Was stand da auf der Flasche? Naturtrüb?

Da fiel es mir wie Schuppen von den Augen.

Schon als Kind hatte mein Körper eine strikte Abneigung gegen naturtrüben Apfelsaft entwickelt und zwang mich unverzüglich auf die Schüssel. Und daran hatte sich auch im Lauf von Jahrzehnten leider nichts geändert.

Aber hier gab es weit und breit keine Schüssel. Ich stand in Uniform auf einer viel befahrenen Straße und war im Blickfeld von Hunderten Autofahrern, die sich bestimmt gerade darüber Gedanken machten, warum der Polizist da so komisch mit gekreuzten Beinen dasteht.

Es dauerte eine gefühlte Ewigkeit, bis ich meinen Kollegen dazu veranlassen konnte, die Verkehrskontrolle abzubrechen. Und dann musste alles ganz schnell gehen. Bis zur Dienststelle war es nicht weit und ich dachte, dass es schon reichen würde. Aber da war immer noch dieser vermaledeite Berufsverkehr, welcher uns ständig zum Anhalten zwang.

Das konnte so nicht gut gehen und ich malte mir die schlimmsten Szenarien aus. In der allergrößten Not heiligt bekanntlich der Zweck die Mittel. Als einzige Möglichkeit ersann ich diesen orangefarbenen Knopf in der Mittelkonsole, den man gleichzeitig ziehen und drehen musste.

Was war das für ein Glücksgefühl. Das Blaulicht und Einsatzhorn zauberte mir sofort ein Lächeln ins Gesicht und vorausfahrende Verkehrsteilnehmer machten artig Platz, indem sie beiseite fuhren oder anhielten.

Was mögen die wohl gedacht haben? Schwerer Unfall, Hilfe Rufe oder gar ein Verbrechen?

Wenn die wüssten …

Mit deutlich überhöhter Geschwindigkeit und unter Missachtung sämtlicher Verkehrsvorschriften erreichte ich mit Müh und Not die rettende Dienststelle. Sollte ich auf der Anfahrt den einen oder anderen Verkehrsteilnehmer doch versehentlich gefährdet haben, so mögen sie mir dies bitte verzeihen.

Es ging alles noch mal gut, aber diese Aktion sorgte mal wieder für schallendes Gelächter bei den Kollegen.

Wer den Schaden hat, braucht für den Spott nicht zu sorgen …

3.14 Wie viel darf ich eigentlich trinken?

Auch wenn ich mich heute mit Freunden oder Bekannten treffe, konsumieren die meisten Alkohol. Da jedoch viele mit dem Kraftfahrzeug unterwegs sind und ihren Führerschein behalten wollen, gibt es oftmals Diskussionen, wie viel man eigentlich trinken darf, wenn man anschließend noch mit dem Auto fährt. Wenn dann natürlich ein Polizist mit am Tisch sitzt und darüber Auskunft erteilen kann, dann weiß man hinterher weniger wie vorher.

Unlängst habe ich unsere Stammtischrunde mit einem Rechenbeispiel verunsichert.

Fakt ist, dass man in Deutschland beim Führen von Kfz bedingt alkoholisiert sein darf.

Der Gesetzgeber erlaubt einen Blutalkoholwert von maximal 0,5 Promille, es sei denn, man ist Fahranfänger in der Probezeit oder unter 21 Jahre alt.

Aber wie viel darf ich denn jetzt trinken bis ich diesen Wert erreicht habe?

Ich habe vor vielen Jahren einen Selbstversuch gemacht – natürlich nicht während der Dienstzeit.

Damals erhielt die Stuttgarter Polizei ein neues, sehr genaues Atemalkoholmessgerät.

Es war von der Firma Siemens, nannte sich Alkomat und kostete ca. 8.000.-DM.

Nach dem Spätdienst traf sich die Dienstgruppe immer mal wieder auf ein »Feierabendbierchen« im Sozialraum der Dienststelle. Dort ließ man den Tag Revue passieren und so manch einer ermittelte anschließend seinen Atemalkoholwert am Alkomat.

Schließlich wollte man ja auch sichergehen, dass man sich nicht strafbar macht, wenn man mit dem Auto danach nach Hause fährt.

Bei mir wurde folgendes Testergebnis erzielt:
Nach dem Genuss einer Flasche Bier (0,5 l) zeigte das Messgerät eine Atemalkoholkonzentration (AAK) zwischen 0,17 (niedrigster Wert) und 0,25 (höchster Wert) Promille an.
Davon ausgehend, dass der Alkoholabbau durch die Leber zwischen 0,1 und 0,15 Promille/Stunde beträgt, kann man hier eine theoretische Berechnung durchführen.

In meinem Rechenbeispiel gehe ich von folgenden Grundvoraussetzungen aus.
Ich (auf meine Person bezogen) trinke vier Bier (2 Liter) in drei Stunden.
Habe ich die erlaubte Promille-Grenze von 0,5 überschritten?
Bei meiner Rechnung ergeben sich in der Theorie vier unterschiedliche Promille-Werte:

1. Niedrigster Wert nach einem Bier (0,17) x 4 Bier = 0,68 Promille, abzüglich niedrigster Wert
Alkoholabbau/Stunde (0,1) x 3 Std. = 0,3 Promille
Endergebnis: 0.68 – 0,3 Promille = 0,38 Promille

2. Niedrigster Wert nach einem Bier (0,17) x 4 Bier = 0,68 Promille, abzüglich höchster Wert
Alkoholabbau/Stunde (0,15) x 3 Std. = 0,45 Promille
Endergebnis: 0,68 – 0.45 Promille = 0,23 Promille

3. Höchster Wert nach einem Bier (0,25) x 4 Bier = 1,0 Promille, abzüglich niedrigster Wert
Alkoholabbau/Stunde (0,1) x 3 Std. = 0,3 Promille
Endergebnis: 1,0 – 0,3 Promille = 0,7 Promille

4. Höchster Wert nach einem Bier (0,25) x 4 Bier = 1,0 Promille
abzüglich höchster Wert
Alkoholabbau/Stunde (0,15) x 3 Std. = 0,45 Promille
Endergebnis: 1,0 - 0,45 Promille = 0,55 Promille.

Dies bedeutet, dass schon rein theoretisch vier verschiedene Ergebnisse von 0,23 Promille bis 0,7 Promille vorliegen.

Jedoch lassen sich hier keine Rückschlüsse auf eine tatsächliche Blutalkoholkonzentration (BAK) ziehen, da es in dieser Rechnung noch viele Unbekannte gibt.

Zum Beispiel ist es möglich, dass bedingt durch Nahrungsaufnahme die BAK noch bis zu einer Stunde nach Trinkende ansteigen kann.

Außerdem ist sie noch abhängig vom Geschlecht (Mann oder Frau), Größe, Gewicht, Konstitution sowie der Blutmenge.

Dies hat zur Folge, dass niemand eine verlässliche Aussage bezüglich der Alkoholaufnahme machen kann, mit welcher es noch erlaubt ist ein Kraftfahrzeug zu führen.

Überdies gibt es ja auch noch eine weniger verbreitete 0,3 Promille Grenze beim Führen von Kfz.

Dies ist die Obergrenze für Fahrten mit alkoholbedingten Ausfallerscheinungen.

Sie greift dann, wenn Fahrfehler auftreten, deren Ursache der Alkoholaufnahme zuzuordnen sind wie z. B. Unfälle, Schlangenlinien fahren, Vorfahrtsverletzungen, Rotlichtfahrten u.a.

Da Alkohol beim Führen von Kfz immer noch eine der häufigsten Ursachen für schwere und tödliche Unfälle ist, gilt nach wie vor die Devise:

»Wer fährt, trinkt nicht – wer trinkt, fährt nicht«

3.15 »Wetten dass ... ?

 » ... es mir gelingt, ein rohes Hühnerei über die Distanz eines Fußballfeldes (90 m) zu werfen, welches dann, ohne zu zerbrechen, von meinem Kollegen mit seiner Polizei-Dienstmütze aufgefangen wird? Für die Durchführung werden ca. 10 Versuche benötigt.«

So war der original Wortlaut einer von mir an die ZDF-Redaktion »Wetten dass ...« eingesandten Wette für die beliebte Samstagabendshow. Ich wollte unbedingt in dieser Show einmal auftreten und hatte mir etwas Spektakuläres einfallen lassen.

Dass ich einem Ball 90 Meter weit werfen konnte, hatte ich unlängst auf einem Sportfest unter Beweis gestellt. Warum sollte das nicht auch mit einem rohen Hühnerei gelingen?

Um die Machbarkeit zu prüfen, bat ich einen Kollegen um seine Unterstützung. Er sagte spontan zu, machte aber zur Bedingung, meine Dienstmütze zu benutzen.

An einem Sonntag im Frühdienst wollten wir die Sache durchziehen. Bewaffnet mit einer 10er Packung »Freilandeier von glücklichen Hühnern« schlichen wir uns wie Diebe aus dem Polizeirevier.

Da der Dienstgruppenleiter misstrauisch wurde, erfanden wir als Ausrede »Unfallstelle ausmessen«.

Als Austragungsort hatten wir das in der Nähe liegende Fußballfeld vom Polizeisportverein Stuttgart auserkoren. Dieses Sportplatzgelände war immer unverschlossen und für den Dienstsport für Polizeibeamte stets zugänglich.

Wir hatten Glück. Morgens um 07.00 Uhr war dort noch kein anderer Kollege anwesend.

Und auch der Wirt von der Vereinsgaststätte, welcher dort wohnte, lag wahrscheinlich noch im Bett und träumte vom Umsatz.

Gut so ... bis hierher verlief alles glatt. Jetzt nur nicht auffallen. Selbst wenn uns jemand entdeckt hätte, hätte er nichts Außergewöhnliches festgestellt. Da waren nur zwei Polizeibeamte in Uniform die sich gegenüberstanden und irgendwelche Bälle(?) über den Platz warfen ... Dienstsport eben.

Mein Kollege stand am anderen Ende des Fußballfeldes in ca. 90 Meter Entfernung. In der rechten Hand hielt er meine Dienstmütze.

Auf sein Zeichen hin entnahm ich der Packung das erste Ei. Es fühlte sich gut an. Gewicht, Form und Größe passten. Ich nahm einen kurzen Anlauf und wollte das Objekt mit einem Gewaltwurf in Richtung meines Kollegen befördern. Leider hatte ich hierbei die Widerstandsfähigkeit einer Eierschale unterschätzt. Beim Abwurf war das Knacken deutlich zu hören und das zuvor intakte Hühnerei verflüssigte sich in der Luft und verfärbte das zarte Grün des Rasens.

Die Versuche zwei und drei »verhungerten in der Luft«, da sie mit weniger Wucht geworfen wurden, um die Schale nicht zu zerstören. Dann wurde ich immer besser ... nur die Munition ging so langsam zur Neige.

Von 10 geworfenen Eiern landeten drei am anderen Ende des Spielfeldes in der Nähe meines Kollegen. Dieser hatte große Probleme und es sah echt lustig aus, wie er sprintete und erfolglos versuchte, mit der Dienstmütze etwas zu fangen.

Einmal hörte ich einen kurzen Schmerzensschrei und einen üblen Fluch von ihm. Offensichtlich hatte er eines dieser Geschosse am Handgelenk abbekommen.

Die ganze Aktion dauerte nur wenige Minuten. Deutlich länger benötigten wir, um die Überreste der zerschmetterten Eier zu suchen und zu entsorgen.

Aber wir hatten zumindest einen kleinen Erfolg zu verbuchen. Diese Wette wäre mit etwas Übung durchführbar und mein Kollege auch dazu bereit mitzumachen. Er meinte, dass hierfür jedoch Schutzkleidung und ein Helm erforderlich wären, da er sich in großer Gefahr wähnte getroffen zu werden. Die Dinger hätten eingeschlagen wie riesige Hagelkörner. Dann zeigte er mir sein deutlich gerötetes Handgelenk und die Eigelb-Spuren auf seiner Uniform.

Wenige Wochen später erhielt ich Post von der ZDF-Redaktion »Wetten dass ...«.

Sie bedankten sich herzlich für die Einsendung meines Wettvorschlags, könnten diesen aber aus konzeptionellen Gründen nicht annehmen.

Schade eigentlich, das wäre bestimmt eine tolle Wette gewesen und hätte dem Ansehen der Polizei in der Öffentlichkeit nicht geschadet.

ZDF
Zweites Deutsches Fernsehen
Anstalt des öffentlichen Rechts

Programmdirektion
HR Unterhaltung

Show I

Essenheimer Straße
6500 Mainz-Lerchenberg
Telefon 0 61 31/ 7 01 oder
70 plus Nebenstelle
Telex 4 187 930 zdf d
Telefax 0 61 31/ 7 28 55

Zweites Deutsches Fernsehen · Postfach 40 40 · 6500 Mainz 1

Herrn
Andreas Beck

7000 Stuttgart

Ihr Zeichen und Tag	Unser Zeichen	Telefon Nebenstelle	Ort/Datum
	wi	70 26 72	27.04.1988

Ihr Wettvorschlag zu Thomas Gottschalks Samstagabend-Show "Wetten, daß..?"

Sehr geehrter Wettanbieter,

herzlichen Dank für den von Ihnen eingesandten Wettvorschlag zu Thomas Gottschalks Samstagabend-Show "Wetten, daß..?".
Bitte haben Sie Verständnis dafür, daß Sie aufgrund der Vielzahl der eingegangenen Wetten erst heute und mit einem Formbrief Antwort erhalten.
Leider konnte Ihre Wette aus konzeptionellen Gründen nicht für eine Ausspielung im Rahmen der Livesendung berücksichtigt werden.
Erlauben Sie uns deshalb, sollten Sie zu Ihrem Wettangebot Fotos, bzw. Unterlagen miteingesandt haben, Ihnen diese zu unserer Entlastung wieder zuzusenden.
In der Hoffnung, daß Ihnen die Sendung trotzdem auch weiterhin viel Freude bereiten wird, verbleiben wir

mit freundlichen Grüßen

i. A.

Beate Wink
(Red. "Wetten, daß..?")

Alle Zuschriften bitte
ausschließlich an das
ZDF/Fachbereich
richten – nicht an
Einzelpersonen.

3.16 Catch me if you can ...

In dieser Geschichte geht es um Verfolgungsfahrten, ein Highlight für Polizisten mit Benzin im Blut. Insgeheim hoffte ich bei jeder Dienstschicht auf eine spektakuläre Einsatzfahrt, Adrenalin pur. Aber nur, wenn ich selber am Steuer saß. Meinen Kollegen war das immer ganz recht da sie wussten, dass ich sehr gut mit dem Auto umgehen konnte und Action angesagt war. Dann packte mich der Jagdtrieb und das Blaulichtsyndrom übernahm die Kontrolle über mein Gehirn.

Die besten Verfolgungsfahrten waren immer diejenigen, deren Ursprung nicht in unserem Revierbereich lag. Dann war man nur Jäger und nicht der Sachbearbeiter, an dem später die ganzen Schreibarbeiten hängen blieben. Aber das konnte man sich leider nicht aussuchen, es ergab sich einfach. Meist waren es nichtige Gründe, die Menschen dazu veranlassten, vor der Polizei zu flüchten, meistens zur Nachtzeit. Angst vor Strafe stand da wohl oft im Vordergrund.

Am häufigsten spielte Alkohol am Steuer eine Rolle. Die Betroffenen hatten vor Fahrtbeginn alkoholische Getränke zu sich genommen und fürchteten nun um den Verlust ihres Führerscheins.

Aber hatten sie wirklich zu viel getrunken?

Die Grenze liegt heute bei 0,5 Promille Blutalkoholkonzentration und stellt eine Ordnungswidrigkeit dar, welche mit einer Geldbuße (beim 1. Mal 500.- Euro) und einem Monat Fahrverbot geahndet wird.

War es wirklich sinnvoll nach dem Genuss von zwei halben Bier sich einer Kontrolle durch die Polizei zu entziehen, indem man kräftig Gas gab und sich auf eine halsbrecherische Verfolgungsfahrt einließ?

Meistens hatte man ja sowieso keine Chance. Die Verfolgenden hatten sich bestimmt das amtliche Kennzeichen gemerkt über welches man den Fahrzeughalter ermitteln konnte. Und dann klebten sie einem mit Blaulicht und Martinshorn am Kofferraum und verständigten über Funk die Kollegen, von denen man dann eingekesselt wurde. Im schlimmsten Fall kam es aber zu einem Horror-Crash, da man bei nicht angepasster Geschwindigkeit die Kontrolle über sein Fahrzeug verlieren konnte und dann irgendwo dagegen knallte. Und wenn dann auch noch Unbeteiligte zu Schaden kamen, wurde aus der kleinen Ordnungswidrigkeit schnell eine schwere Verkehrsstraftat mit Haftstrafe und langem Führerscheinentzug. Ganz zu schweigen von den angerichteten Schäden die von der eigenen Haftpflichtversicherung nicht mehr gedeckt wurden.

Und das Ganze nur wegen zwei Bier, welche eventuell gar nicht dazu ausgereicht hätten die 0,5 Promille Grenze zu knacken.

Verfolgungsfahrten konnten in der Ausbildung nur bedingt geübt werden. Dies hing auch damit zusammen, dass man sie (zumindest in Baden-Württemberg) nicht im öffentlichen Straßenverkehr sondern im Schonraum durchführen musste. In meiner Ausbildung stand uns da nur ein großer Parkplatz in einem angemieteten Areal zur Verfügung. Dort wurde eine Verfolgungsfahrt in einem Parcours simuliert, der mit unzähligen Pylonen bestückt war und einer doppelten, in sich verschlungenen Acht glich. Hierzu stellten sich zwei Fahrzeuge gegenüber auf und einer spielte den Jäger, der andere den Flüchtenden. Bei der Durchführung wurde vermehrt festgestellt, dass bei Aktivierung der Sondersignale die Unfallhäufigkeit der Jäger deutlich anstieg. Dies hing offensichtlich damit zusammen, dass dann eine trügerische Sicherheit aufgebaut wurde, welche den Gefahrensinn deaktivierte (Blaulichtsyndrom).

Von zwei gefährlichen Verfolgungsfahrten möchte ich berichten. Bei der ersten war ich aktiver Jäger und bei der zweiten Teil einer Meute, die den Flüchtenden einkesseln sollte.

Die Erste trug sich in unserem Revierbereich zu. Während einer nächtlichen Streifenfahrt wurden wir auf einen Pkw Ford aufmerksam, welcher während der Fahrt nur das Standlicht eingeschaltet hatte. Überdies war die Scheibe der Fahrertüre geöffnet, was aufgrund der sehr kalten Witterung ungewöhnlich und ein erster Anhaltspunkt auf eine eventuelle Trunkenheitsfahrt war. Daraufhin entschlossen wir uns zu einer Verkehrskontrolle. Hierzu setzte ich zum Überholen an und als wir auf gleicher Höhe waren zeigte mein Kollege dem Fahrzeuglenker die rote Anhaltekelle.

Wir setzten uns mit dem Streifenwagen vor den Ford, schalteten das Blaulicht ein und veranlassten ihn anzuhalten. Dann stiegen wir aus und gingen von zwei Seiten auf das Fahrzeug zu. Als ich etwa auf Höhe der Motorhaube war, gab der Lenker plötzlich Gas und fuhr mit laut quietschenden Reifen an. Ich hatte großes Glück, dass ich neben und nicht vor dem Fahrzeug stand. Ansonsten wäre ich vermutlich überfahren worden. Trotzdem erschrak ich zu Tode und machte reflexartig einen Sprung zur Seite.

»Dieser Drecksack« dachte ich noch als wir zu unserem Fahrzeug sprinteten und die Verfolgung aufnahmen. Nun musste alles ganz schnell gehen – anschnallen, Sondersignale an und Meldung an die Funkleitzentrale. Zwischenzeitlich hatte das flüchtende Fahrzeug mächtig an Fahrt aufgenommen und einen Vorsprung von gut 200 – 300 Metern. Da unser Streifenwagen nicht sonderlich gut motorisiert war, hatten wir große Mühe aufzuschließen und plötzlich war es nicht mehr zu sehen. Doch meine Einschätzung über die mögliche Fluchtrichtung war richtig und meine gute Ortskenntnis ließ mich eine Abkürzung nehmen, sodass wir wieder Sichtkontakt hatten. Der Abstand verringerte sich und der Flüchtende versuchte durch halsbrecherische Fahrmanöver und dem ausschalten der Fahrzeugbeleuchtung zu entkommen. Auf seiner Flucht, die zwischenzeitlich schon mehrere Kilometer andauerte und durch verschiedene Revierbereiche führte, missachtete er mehrmals rote Ampeln, befuhr Gehwege und Einbahnstraßen entgegen der Fahrtrichtung.

Auf einer langen Geraden erkannte ich meine Chance und setzte zum Überholen an. Unsere Geschwindigkeit betrug zu diesem Zeitpunkt etwa 100 km/h. Als wir auf gleicher Höhe mit ihm waren nahm ich aus den Augenwinkeln heraus eine Bewegung wahr und hörte ein schepperndes Geräusch. Gleichzeitig war da dieses Versetzen nach links und heftige Aufschaukeln unseres Fahrzeugs, obwohl ich keine Lenkbewegung gemacht hatte.

Kein Zweifel – er hatte uns absichtlich gerammt und versuchte gleich darauf uns ein zweites Mal abzudrängen.

Mit einer Vollbremsung verhinderte ich sein Ansinnen und setzte mich wieder hinter das Fahrzeug. Nun war mir klar, dass diese Verfolgung eine ganz andere Dimension annahm. Hatten wir es hier mit einem richtig »großen Fisch« zu tun?

Mein Kollege, welcher immer noch den Hörer vom Funkgerät verkrampft in Händen hielt, war in seinem Sitz zusammen gesunken und zitterte. Er war vor lauter Angst nicht mehr in der Lage sich zu artikulieren, geschweige denn Standortmeldungen an die Funkleitzentrale durchzugeben. Dies musste nun auch ich übernehmen und entriss ihm den Hörer. Nun musste ich gleichzeitig rasant fahren und funken, was eine echte Herausforderung war.

Da wir uns in einem anderen Revierbereich befanden, war meine Ortskenntnis dahin und ich konnte die »anrückende Meute« schlecht navigieren. Über Funk bekam ich jedoch mit, dass mindestens sechs Funkstreifenwagen zur Unterstützung in unsere Richtung unterwegs waren.

Dann kam die Stelle bei der es in meinem Hirn – klick – machte und der Jagdtrieb deaktiviert wurde. Es kam mir so vor, als ob ein Schalter im Gehirn umgelegt wurde.

Wir fuhren dicht hintereinander mit ca. 70–80 km/h durch eine schmale Anwohnerstraße und näherten uns einer sehr gefährlichen Kreuzung. Dort befand sich in unserer Fahrtrichtung ein großes, rotes, achteckiges Verkehrszeichen. Mit großen Lettern stand dort »STOP« drauf und es hatte seine Daseinsberechtigung. Aufgrund von sehr hohen Wohnhäusern, welche bis ganz vorne an den Kreuzungsbereich heranreichten, konnte man die vorfahrtsberechtigte Straße überhaupt nicht einsehen.

Überdies befanden sich auch noch Straßenbahnschienen in Fahrbahnmitte. Wer an dieser Stelle nicht an der Haltelinie zum Stillstand kam lief Gefahr, vom Querverkehr gerammt oder von der Bahn zerquetscht zu werden.

Es kam so wie ich befürchtet hatte. Mein Atem stockte, als der Ford-Fahrer alles auf eine Karte setzte und die Kreuzung im Blindflug überquerte, ohne die Geschwindigkeit zu verringern. Er hatte großes Glück und keinen Querverkehr.

Mir war das Risiko eines schweren Verkehrsunfalls viel zu hoch und darum trat ich voll auf die Bremse und reduzierte unsere Geschwindigkeit fast bis zum Stillstand. Und ich tat gut daran, da sich von links ein Kastenwagen näherte, mit welchem wir sicher kollidiert wären. Und wenn der bei uns eingeschlagen wäre dann gute Nacht. Es hätte mich auf der Fahrerseite zuerst erwischt.

Nun war es an der Zeit die Verfolgung abzubrechen. Mein gesunder Menschenverstand signalisierte mir, dass die Möglichkeit eines schweren Unglücks unmittelbar bevorstand. Nicht nur wir hätten die Kontrolle über unser Fahrzeug verlieren können sondern auch der Flüchtende. War er wirklich in der Lage sein

Fahrzeug sicher zu beherrschen wenn er unter allen Umständen versuchte zu entkommen und halsbrecherisch fuhr?
Wie oft hatte man schon von Verfolgungsfahrten durch die Polizei gehört bei denen es zu schweren Verkehrsunfällen mit Personenschäden gekommen war. Der polizeiliche Erfolg stand in keinem Verhältnis zu den Risiken. Ich hätte es nicht verantworten können schwere oder vielleicht tödliche Verletzungen von Personen in Kauf zu nehmen, nur um einen Flüchtenden zu stellen bei welchem der Fluchtgrund noch völlig unklar war. Vielleicht hatte er nur Angst um seinen Führerschein weil er Alkohol getrunken hatte und vielleicht war die erlaubte Promillegrenze noch gar nicht überschritten?

Solche und ähnliche Gedanken gingen mir durch den Kopf als ich den orangefarbenen Schalter am Armaturenbrett betätigte und die Sondersignale dadurch deaktivierte.

Meine Entscheidung, sowie die Fluchtrichtung des Verfolgten, teilte ich der Funkleitzentrale mit. Anschließend verweilten wir eine Zeit lang am Fahrbahnrand um uns zu beruhigen. Ich ärgerte mich etwas über den Verlauf unseres Einsatzes und war trotzdem froh, dass nichts passiert war. Insgeheim hatte ich aber die Hoffnung den Fall trotzdem noch aufklären zu können. Wir hatten uns das amtliche Kennzeichen gemerkt und konnten den Fahrzeuglenker gut beschreiben.

Wenige Minuten später hörten wir über Funk mit, dass das gesuchte Fahrzeug verlassen aufgefunden wurde. Es stand verschlossen auf dem Parkplatz einer Gaststätte, nur ca. 500 m von unserem Standort entfernt.

Im Nachhinein konnte ermittelt werden, dass der Flüchtende seine rasante Fahrt abgebrochen habe als er mitbekam, dass er nicht mehr verfolgt wurde. Daraufhin sei er in den Innenhof der Gaststätte abgebogen und habe sein Fahrzeug verdeckt abgestellt. Zu

Fuß wäre er dann über den Hintereingang in besagte Gaststätte geflüchtet und dort auf eine Angestellte getroffen. Dieser habe er gesagt, dass er ohne Führerschein gefahren sei und nun die Polizei hinter ihm her wäre. Dann habe er die Gaststätte durch den Vordereingang verlassen und die Nacht bei einem Freund verbracht.

In dieser Nacht konnte der Vorfall nicht vollständig aufgeklärt werden. Doch die Angestellte aus der Gaststätte war uns eine wichtige Zeugin und konnte den Tatverdächtigen bei einer Gegenüberstellung zweifelsfrei identifizieren.

Er wurde wegen mehrere Vergehen (Gefährlicher Eingriff in den Straßenverkehr, wiederholtes Fahren ohne Fahrerlaubnis, Straßenverkehrsgefährdung u. a.) angezeigt und zu einer 6-monatigen Freiheitsstrafe ohne Bewährung verurteilt. Überdies wurde sein Fahrzeug eingezogen, um eine weitere Straftat zu verhindern.

Eine weitere, spektakuläre Verfolgungsfahrt trug sich in der Silvesternacht zu. Hierbei war ich jedoch nicht der Verfolgende sondern Teil einer Meute deren Aufgabe darin bestand, dem Flüchtenden den Weg abzusperren.

Alles hatte seinen Ursprung in Stuttgart-Untertürkheim. Dort war einer Streifenwagenbesatzung ein Pkw aufgefallen, welcher mit deutlich überhöhter Geschwindigkeit unterwegs war. Beim Versuch diesen anzuhalten habe der Fahrer plötzlich noch mehr Gas gegeben und wäre geflüchtet. Aufgrund dessen wurde eine Funk-Sofortfahndung ausgelöst und alle verfügbaren Kräfte mobilisiert.

In Stuttgart hatte man den großen Vorteil, dass sehr viele Fahrzeuge der Polizei gleichzeitig auf relativ engem Raum unterwegs waren, welche über eine gut funktionierende Funkleitzentrale koordiniert eingesetzt werden konnten.

Dies funktionierte in der Regel sehr gut und wie bei einem Ring konnten Flüchtende eingekesselt werden.

Im besagten Fall verlief es jedoch zunächst ganz anders, da der Betroffene den Stuttgarter Präsidialbereich verließ und in Richtung der Stadt Esslingen fuhr. Dies hatte für die Verfolgenden den Nachteil, dass sie in ihrem Fahrzeug einen anderen Frequenzbereich einstellen mussten und dadurch vom Stuttgarter Funk getrennt waren. Überdies war nun die Ortskenntnis nicht mehr vorhanden und Standortmeldungen nur eingeschränkt möglich.

Aber der Flüchtende handelte zufällig ganz im Sinne der Verfolgenden und kehrte nach einer längeren Irrfahrt durch mehrere Neckar-Vororte wieder in den Stuttgarter Präsidialbereich zurück. Nun konnte die Falle zuschnappen.

Mein Kollege und ich waren ebenfalls bei der Fahndung mit eingesetzt und hatten den Auftrag, die Verbindungsstraße zwischen den Ortschaften Stuttgart-Hedelfingen und Stuttgart-Rohracker abzuriegeln. Hierzu erhielten wir Unterstützung von einem Fahrzeug des Polizeireviers Stuttgart-Wangen und konnten so eine effektive Straßensperre aufbauen.

Da jedoch noch anderer Fahrzeugverkehr in beiden Richtungen vorhanden war, ließen wir diesen passieren, indem wir unsere Fahrzeuge versetzt so aufstellten, dass man nur in Schrittgeschwindigkeit und wie beim Slalom durch sie hindurch fahren musste.

Nun warteten wir mit laufendem Motor und eingeschaltetem Blaulicht darauf, dass der Flüchtende in unsere Richtung fuhr. Ich machte mir noch Gedanken darüber ob es sinnvoll wäre im Fahrzeug sitzen zu bleiben oder besser auszusteigen und in Deckung zu gehen. Wir entschieden uns für Letzteres und taten gut daran. Die beiden anderen Beamten blieben in ihrem Fahrzeug sitzen, was sich als fataler Fehler erwies.

Wenige Augenblicke später hörten wir schon die Sondersignale des Verfolgers und dann sahen wir sie. Die Straße war eine lange Gerade und da flogen zwei Fahrzeuge in Autobahngeschwindigkeit auf uns zu. Vorne eine dunkle Limousine mit einer männlichen Person besetzt und dicht dahinter ein Streifenwagen der Polizei. Der Vorausfahrende machte zunächst keinerlei Anstalten seine Geschwindigkeit zu verringern und schoss auf das Hindernis zu. Erst im allerletzten Moment trat er voll auf die Bremse und für mich erweckte es den Anschein, als ob er gleich ins Hindernis einschlagen würde. Aber dem war nicht so. Durch einen glücklichen Umstand, einem perfekten Anfahrwinkel und fahrerischen Geschick gelang es ihm, die Engstelle ohne Berührung mit ziemlich hoher Geschwindigkeit zu passieren.

Doch dann kam der Streifenwagen hinterher. Dessen Lenker hatte weniger Glück und wahrscheinlich auch weniger Fahrtalent. Er setzte die Vollbremsung etwa an gleicher Stelle und schlitterte mit blockierenden, quietschenden Rädern auf das Hindernis zu. Nun hätte er die Bremse lösen und anschließend vorbei lenken müssen. Doch dieser Versuch misslang und es kam wie es kommen musste. Mit ohrenbetäubendem Lärm und einer geschätzten Geschwindigkeit von ca. 60–70 km/h schlug das Fahrzeug wie ein Geschoss in den quer gestellten Streifenwagen ein. Und zu allem Unglück kam auch noch Pech dazu. Es wurde der Streifenwagen gerammt, in welchem sich noch die beiden Beamten befanden. Und das blieb nicht ohne Folgen.

Durch die Wucht des Aufpralls wurde das getroffene Fahrzeug weggeschleudert und traf dann auch noch den zweiten quer gestellten Wagen, sodass keines der drei Polizeifahrzeuge mehr einsatzbereit war.

Überdies gab es insgesamt drei verletzte Beamte, wobei einer davon schwer verletzt wurde. Dieser saß als Beifahrer im Verfolgerfahrzeug und war beim Aufprall heftig gegen die Frontscheibe geschleudert worden, welche daraufhin zersplitterte. Wie sich später herausstellte hatte er auf Anraten des Fahrzeugführers den Gurt schon während der Fahrt gelöst mit dessen Begründung, dass er gleich aussteigen müsse da der Flüchtende nun anhalten würde. Was für eine schwachsinnige Idee, die den Beifahrer fast das Leben gekostet hätte.

In meiner dienstlichen Laufbahn bin ich immer wieder mit Kollegen zusammen getroffen, die während einer Streifenfahrt den Sicherheitsgurt nicht angelegt hatten. Diese gaben übereinstimmend an, dass der Gurt sie behindern würde wenn sie mal schnell aussteigen müssten. Offensichtlich war denen der Umstand nicht bewusst, dass man auch einen Streifenwagen erst im Stillstand verlassen könne und dann könne man ja den Gurt erst unmittelbar vor dem Stillstand lösen. Dann wäre man genauso schnell ausgestiegen wie derjenige, welcher keinen Gurt angelegt hätte, aber auf der sicheren Seite.

Übrigens machte dieser spektakuläre Unfall richtig Schlagzeilen. Durch den nächtlichen Radau wurden sämtliche Anwohner im Umkreis aufgeschreckt und es bildete sich eine große Traube von Schaulustigen. Anschließend kamen dann auch noch zwei Rettungswagen sowie ein Notarzt, die Feuerwehr und zwei Abschleppdienste vor Ort.

Bei so viel Aufsehen bekam natürlich auch die Presse Wind von der Aktion und am nächsten Tag erschien ein großer Artikel in der Tageszeitung.

Der schwer verletzte Kollege musste eine Woche stationär im Krankenhaus verbringen. Glücklicherweise waren seine Verletzungen nicht so schlimm wie befürchtet und hielten sich mit einer schweren Gehirnerschütterung, einem Halswirbelschleudertrauma und einer Monsterbeule an der Stirn in Grenzen.

Gegen den Unfallfahrer wurde ein Ermittlungsverfahren wegen fahrlässiger Körperverletzung eingeleitet. Dieses wurde aber von der Staatsanwaltschaft Stuttgart wegen der besonderen Umstände und geringer Schuld eingestellt.

Der Tatverdächtige konnte zunächst nicht dingfest gemacht werden. Nach seiner Flucht versteckte er sein Fahrzeug in einem Waldweg und entfernte sich zu Fuß in unbekannte Richtung. Wie sich später herausstellte, hatte er an seinem Fahrzeug entwendete Kennzeichen angebracht. Im Innenraum wurde ein Mitgliedsausweis mit Foto für eine Videothek in Stuttgart aufgefunden. Bei der Überprüfung der Personalien des Ausweisinhabers fand man heraus, dass gegen diesen ein richterlicher Haftbefehl vorlag.

Wenige Tage nach dem Vorfall war es mal wieder »Kommissar Zufall« zu verdanken, dass ein ziviler Polizeibeamter, welcher nicht im Dienst aber bei dem Vorfall zugegen gewesen war, in besagter Videothek einen Spielfilm ausleihen wollte. Dort erkannte er in einem anderen Kunden den Tatverdächtigen, konnte diesen überwältigen und festnehmen.

3.17 Schwarze Schafe

Es gibt nicht besonders viele davon, ... aber es gibt sie überall, in fast jeder großen Familie, in fast jedem Betrieb, in fast jedem Verein. Leider auch bei der Polizei.

Auch ich habe dort in 40 Jahren Dienstzeit einige kennengelernt und von dreien möchte ich berichten.

Was man ihnen angelastet hat, reicht von »relativ harmlos« über »hohe kriminelle Energie« bis zum »gemeingefährlichen Psychopathen, Bankräuber und Serienmörder«.

Aber der Reihe nach.

Beginnen wir mit dem relativ Harmlosen. Mit ihm hatte ich den längsten Kontakt. Er hieß Markus, war ca. zehn Jahre jünger als ich und wurde mir als Streifenpartner zugeteilt. Wir waren ein gutes Team, kamen super miteinander zurecht, hatten jede Menge Spaß und sahen unsere Tätigkeit nicht nur als Beruf, sondern als Berufung an. Die Arbeit mit Markus war stressfrei, da er wissbegierig und fleißig war. Wir ergänzten uns in vielerlei Hinsicht und es entwickelte sich eine Männerfreundschaft.

Doch diese hatte leider nicht lange Bestand.

In einem Frühdienst erhielten wir von der Wache den Auftrag, einen Vorführungsbefehl der Staatsanwaltschaft Stuttgart zu erledigen. Ein Delinquent, welcher mit der Zahlung einer ihm auferlegten Geldstrafe in Verzug war, sollte kontaktiert und bei Nichteinbringung der Forderung unverzüglich festgenommen werden. Diese Art von Einsatz war bei keinem der Kollegen beliebt, da es immer wieder zu unschönen Szenen und auch körperlichen Auseinandersetzungen kam.

Nicht so in unserem Fall.

Auf Klingeln öffnete uns eine attraktive Frau mittleren Alters die Türe. Nach Eröffnung des Vorführungsbefehls gab sie an, dass ihr Ehemann (Schuldner) gerade nicht anwesend wäre und erst im Laufe des Tages wieder nach Hause kommen würde. Eine Nachschau in der Wohnung bestätigte ihre Angaben.

Bei einem Aufklärungsgespräch über die weitere Vorgehensweise fiel mir auf, dass mein geschätzter Kollege Markus mit der Ehefrau des Beschuldigten zu flirten begann. Da er Single war, wollte er offensichtlich Kontakt knüpfen, was von mir mit einem räuspern im Keim erstickt wurde. Daraufhin verließen wir die Wohnung mit dem Versprechen, dass sich der Ehemann unverzüglich beim Polizeirevier melden würde, um die Schuld zu begleichen.

Draußen vor der Türe gab ich Markus ein Feedback über sein gezeigtes Verhalten und wies ihn zurecht. Ich schob es auf seine Jugend sowie seine Unerfahrenheit im Beruf und er versprach Besserung.

Am selben Tag hatten wir außer dem Frühdienst auch noch Nachtdienst abzuleisten.

Markus hatte sich kurzfristig krank gemeldet und fehlte. Der Nachtdienst verlief ruhig und ohne besondere Vorkommnisse.

Zwei Tage später, zu Beginn des Spätdienstes, wurden wir von unserem Dienstgruppenleiter darüber informiert, dass Markus nicht mehr in unsere Dienstgruppe zurückkehren würde, da er vom Dienst vorläufig suspendiert worden wäre. Auf Nachfrage erhielten wir folgende Schilderung eines peinlichen Vorfalls.

Demzufolge war Markus nach Schichtende des letzten Frühdienstes in ziviler Kleidung zum Einsatzort des Vorführungsbefehls zurückgekehrt und habe sich unter einem Vorwand Zutritt zur Wohnung der Ehefrau des Beschuldigten erschlichen. Er habe ihr gegenüber angegeben, das Eintreffen des Ehemannes abzuwarten, da dies einer Festnahme entgegenwirke. Seine wahren Absichten waren aber ganz anderer Natur.

Markus war pervers.

Er war ein Fetischist, genauer gesagt ein Schuhfetischist. In einem mitgeführten Köfferchen hatte er mehrere Damenschuhe (High Heels, Pumps etc.) verstaut und veranlasste nun die überraschte und offensichtlich schockierte Frau diese Schuhe für ihn anzuziehen. Ob es hierbei auch zu Berührungen oder sexuellen Übergriffen gekommen war entzieht sich meiner Kenntnis.

Fakt ist, dass die Frau ihn aus der Wohnung verwies und sich ihrem Ehemann anvertraute. Anschließend erstattete sie bei der Kriminalpolizei Anzeige wegen sexueller Nötigung.

Wir haben Markus nie wieder getroffen. Er vermied es auch uns zu begegnen, als er seine persönlichen Gegenstände beim Polizeirevier abholte.

Was aus ihm geworden ist kann man nur erahnen.

Zu dieser Zeit war es nämlich so, dass Polizeibeamte erst mit 27 Jahren zu Beamten auf Lebenszeit ernannt wurden. Dann war es nicht mehr so einfach jemanden aus dem Dienst zu entfernen.

Aber Markus war ja erst Anfang zwanzig und somit Beamter auf Widerruf.

Vermutlich wurde er entlassen.

Dann war da noch der Typ mit der hohen kriminellen Energie. Das war ein ganz anderes Kaliber.

An seinen Vornamen kann ich mich schon gar nicht mehr erinnern. An seinen Nachnamen schon. Nennen wir ihn einfach Kollege P.

Ich kannte ihn nur oberflächlich und hatte vielleicht zwei-/dreimal dienstlichen Kontakt mit ihm.

Er war Polizeiobermeister und verrichtete seinen Dienst in derselben Dienstgruppe beim Polizeirevier Bad Cannstatt, einem Nachbarrevier. Es wurde ihm nachgesagt, dass er homosexuell wäre und er aufgrund dessen von seinen Schichtkollegen gemieden wurde.

Damals, vor ca. 30 Jahren, hatte ein homosexueller Polizeibeamter im Streifendienst der Schutzpolizei einen verdammt schweren Stand und wurde von Kollegen und auch Vorgesetzten gemobbt. Diesem Umstand war es vermutlich auch zu verdanken, dass Kollege P., entgegen seinem Willen, für einen längeren Zeitraum zu einer unbeliebten Dienststelle abgeordnet wurde. Es handelte sich hierbei um die »Hauswache Hahnemannstraße«.

Dort war der Stammsitz der Stuttgarter Polizei, die Landespolizeidirektion Stuttgart II, ein ehemaliges Krankenhaus auf einer Anhöhe, umgeben von einem hohen Stacheldrahtzaun mit Überwachungskameras.

Dieses Areal musste rund um die Uhr überwacht werden und war die primäre Aufgabe der Hauswache. Vier Dienstgruppen zu je drei Polizeibeamten versahen hier ihren Schichtdienst und mussten in regelmäßigen Abständen auch Kontrollgänge durchführen.

Eine andere wichtige Aufgabe war die Abfertigung des Besucherverkehrs. Da im Gebäude sehr viele Dienststellen der Kriminalpolizei untergebracht waren, wurden Tatverdächtige und/oder Zeugen zur Vernehmung einbestellt. Diese liefen dann bei der Hauswache auf, mussten ihren Personalausweis abgeben und erhielten dafür einen Besucherausweis samt Laufzettel. Dann wurde der zuständige Kriminalbeamte verständigt, welcher den Besucher in Empfang nahm. In wenigen Ausnahmefällen wurden Besucher mit einer Wegbeschreibung auch selbstständig durchs Gebäude geschickt – je nach ihrem Status (Zeuge oder Beschuldigter).

Als dritte und letzte Aufgabe war dann noch die Bedienung der Einfahrtschranke und die Abwicklung des Fahrzeugverkehrs. Um die Tätigkeit mit einem Wort auszudrücken, käme am ehesten »Pförtner« in Betracht. Aufgrund dessen war die Dienststelle bei den meisten Kollegen verhasst und es gab weder Freiwillige noch Bewerber auf eine freigewordene Stelle.

Überdies hatte die Hauswache Hahnemannstraße einen sehr schlechten Ruf, da sie als eine Abschiebedienststelle gebrandmarkt war. Wenn jemand bei seinen Vorgesetzten in Ungnade gefallen war oder irgendeinen »Bock geschossen« hatte, wurde er in der Regel für einen längeren Zeitraum zur Hauswache oder in den Polizeigewahrsam (ebenfalls Abschiebedienststelle) abgeordnet.

Für den Fall, dass es »diesen Jemand« gerade nicht gab wurde vorgesorgt. Sobald eine Stelle zu besetzen war wurde im Reihumverfahren festgelegt, welches Revier und welche Dienstgruppe einen Beamten stellen musste. Dann entschied das Los.

So kam ich zu meiner halbjährigen Abordnung zur Hauswache. Es war schon ein beklemmendes Gefühl, wenn man von Kollegen mit den Worten: »Was hast Du denn ausgefressen?« begrüßt wurde.

Anfänglich hatte ich große Probleme damit, aber das dicke Fell habe ich mir schnell wachsen lassen.

Ich kann mich noch gut an meinen ersten Arbeitstag erinnern, als mich mein dortiger Vorgesetzter mit den Worten empfing: »Schön, dass Du da bist, hoffentlich bist nicht auch so einer wie Dein Vorgänger!« Wie meinte er das? Auch so einer?

Es sah meine Verwunderung und erzählte mir folgende Geschichte: Mein Vorgänger, besagte Kollege P., säße jetzt für einige Jahre im Knast. Er habe in seiner dienstfreien Zeit einen bewaffneten Raubüberfall auf eine Tankstelle in Stuttgart-Bad Cannstatt, seinem ehemaligen Revierbereich, begangen. In ziviler Kleidung und bewaffnet mit seiner Dienstpistole habe er unmaskiert den Tankstellenpächter bedroht und einen vierstelligen Betrag geraubt. Daraufhin sei er vom Tatort zu Fuß geflüchtet und zunächst entkommen. Tags darauf wäre er wie immer uniformiert zum Dienst erschienen und habe im Pförtnerhäuschen den Besucherverkehr abgewickelt.

Nach Vorladung durch das zuständige Raubdezernat der Kripo sei der überfallene Tankstellenpächter just in diesem Moment an der Glasscheibe im Abfertigungsbereich erschienen und blickte dem Kollegen P. , welcher ihm einen Besucherausweis ausstellte, längere Zeit ins Gesicht. Er erkannte in ihm zweifelsfrei den Räuber vom Vortag, ließ sich aber nichts anmerken. Anschließend sei er vom Sachbearbeiter des Raubdezernats in Empfang genommen worden. Diesem habe er glaubhaft versichert, dass der Räuber und der Polizeibeamte im Pförtnerhäuschen ein und dieselbe Person wären.

Aufgrund dessen wurde Kollege P. unter einem Vorwand aus dem Häuschen gelockt und anschließend von drei Kriminalbeamten überwältigt und festgenommen. Nach umfangreichen Ermittlungen und anfänglichem Leugnen des Beschuldigten, konnte er als Täter überführt werden.

Kollege P. wurde vom Dienst suspendiert und zu einer mehrjährigen Haftstrafe verurteilt.

Und wieder hatte »Kommissar Zufall« dazu beigetragen, dass ein Verbrechen aufgeklärt wurde.

Die Taten des dritten »Schwarzen Schafes« waren so perfide und wurden mit menschenverachtender Brutalität ausgeführt, sodass sie unvergessen bleiben. Sie gingen in die deutsche Kriminalgeschichte als »Der Hammermörder« ein und wurden sogar verfilmt.

Der Hammermörder ist ein Spielfilm aus dem Jahr 1990 nach dem gleichnamigen Roman von Fred Breinersdorfer, der auch das Drehbuch schrieb. Der Film ist an die wahre Geschichte des Serienmörders Norbert P. angelehnt.

Ich lernte Norbert P. bei einem gemeinsamen Einsatz in Stuttgart-Untertürkheim kennen. Ein Kollege und ich fuhren im Nachtdienst Streife und erhielten über Funk den Auftrag, wegen eines Einbruchs in einen Supermarkt tätig zu werden. Als wir an der Tatörtlichkeit ankamen, wurden wir bereits von einem Wachmann erwartet. Dieser gab an, dass er vor wenigen Minuten über eine Einbruchmeldeanlage verständigt worden wäre. Bei einer Nachschau am Objekt habe er dann festgestellt, dass eine Zugangstüre aufgebrochen worden war. Überdies wäre die auf dem Dach installierte rote Rundumleuchte in Betrieb. Offensichtlich handelte es sich hier nicht um einen Fehlalarm sondern um einen echten Einbruch, zudem auch noch die akustische Warneinrichtung mittels Abdeckung und Verfüllung mit Bauschaum außer Betrieb gesetzt wurde.

Da nicht auszuschließen war, dass der oder die Täter sich noch im Objekt aufhielten, wurde über Funk die Unterstützung der Hundeführerstaffel angefordert. Das Objekt wurde äußerlich abgesperrt und das Eintreffen der Hundeführer abgewartet. Diese erschienen kurze Zeit später mit zwei Beamten und zwei Diensthunden.

Bei der anschließenden Durchsuchung, bei welcher zuerst ein großer, gefährlich aussehender Schäferhund das Gebäude betrat, wurden keine Täter mehr angetroffen.

Als zuständiger Sachbearbeiter für diesen Einbruch war ich derjenige, welcher eine Anzeige diesbezüglich fertigen musste. Hierzu mussten auch die Namen der eingesetzten Beamten vermerkt werden. Einer der Diensthundeführer händigte mir seine Visitenkarte aus. Auf dieser stand:

Polizeiobermeister
Norbert P.,
Diensthundeführerstaffel
Landespolizeidirektion Stuttgart II

Dies war der erste und einzige Kontakt, den ich mit ihm hatte. Dann erfuhr ich erst wieder von ihm nach Bekanntwerden seiner schrecklichen Verbrechen.

In den Jahren 1984/85 verbreitete Norbert P. im Großraum Ludwigsburg Angst und Schrecken.

Er tötete sechs Menschen und überfiel vier Banken.

Laut einem Bericht in der Stuttgarter Zeitung vom 20.10.2015 (Kerstin Rech) wurden die Verbrechen des Hammermörders wie folgt recherchiert/rekonstruiert:

Norbert P. war verheiratet und hatte drei Kinder, zwei Jungs und ein Mädchen. Das dreijährige Mädchen verstarb im März 1984 an den Folgen eines Gehirntumors. Offensichtlich hatte er auch große Probleme bei der Finanzierung seines Einfamilienhauses in Weinstadt-Strümpfelbach.

Im Mai 1984 beging er seinen ersten Mord. Hierzu begab er sich zu einem Waldparkplatz in der Nähe von Marbach und lauerte dort einem Autofahrer auf. Mit seiner Pistole schoss er ihm in den Kopf – der Mann stirbt. Die Leiche schleifte er anschließend in ein Gebüsch neben dem Waldparkplatz. Offensichtlich hatte er den fremden Autofahrer nur aus einem einzigen Grund getötet – er wollte in den Besitz seines Fahrzeugs (BMW) gelangen.

Mit diesem Fahrzeug fuhr er dann zur Volksbank nach Erbstetten. Mit einem großen Vorschlaghammer bewaffnet betrat er den Schalterraum und zertrümmerte die Sicherheitsverglasung zum Kassenraum. Hierbei verletzte er sich und hinterließ Blutspuren. Mit einer relativ geringen Beute (4.800.-DM) konnte er zunächst unerkannt entkommen.

Daraufhin löste die Polizei eine Ringalarmfahndung aus, wobei das Tatfahrzeug verlassen aufgefunden wurde. Die Leiche des ersten Opfers wurde zeitnah von einem Spaziergänger gefunden.

Im Dezember 1984, kurz vor Weihnachten, schlug der Mörder ein zweites Mal zu. Auf einem Waldparkplatz bei Großbottwar tötete er wieder einen Autofahrer mit einem Kopfschuss, um dessen Fahrzeug zu erlangen. Anschließend schleppte er die Leiche in den Wald und bedeckte sie mit Laub.

Daraufhin fuhr er mit dem geraubten Pkw zur Volksbank nach Cleebronn, um diese auszurauben.

Unbeabsichtigt wurde die Tat jedoch vereitelt, da ein Rentner das Tatfahrzeug mit dem Pkw seines Neffen verwechselte.

Nach Weihnachten 1984 fuhr der Täter erneut nach Cleebronn, um den Bankraub nachzuholen.

Und wieder schlug er mit dem Vorschlaghammer das Sicherheitsglas zum Kassenraum ein. Durch das entstandene Loch bedrohte er den Kassierer mit einer Pistole und raubte 79. 000.- DM. Und wieder konnte der Täter, welcher durch seine Vorgehensweise nun in den Medien als »Der Hammermörder« bezeichnet wurde unerkannt entkommen. Zeugen des Überfalls konnten eine gute Täterbeschreibung abgeben und auf besondere körperliche Merkmale (merkwürdige Fußstellung und watschelnder Gang) hinweisen.

Zwei Tage später wurde auch die Leiche des zweiten Opfers von einem Jogger gefunden. Bei der Obduktion beider Opfer wurde auch das zum Tode führende Projektil der Tatwaffe aufgefunden. Dieses Projektil, welches zur ballistischen Untersuchung dem Landeskriminalamt übersandt wurde, wies unverwechselbare Merkmale (Rillenmuster) auf, ähnlich dem Fingerabdruck einer Person. Sobald man eine Patrone, bestehend aus Hülse und Projektil abfeuert, wird das Projektil durch den engen Lauf der Pistole getrieben und in eine Drehbewegung versetzt. Hierbei entstehen Spuren, welche unter dem Elektronenmikroskop sichtbar werden. Jede Waffe hat individuelle Merkmale und somit kann ein aufgefundenes Projektil zweifelsfrei einer bestimmten Waffe zugeordnet werden.

Das Ergebnis der kriminaltechnischen Untersuchung des Projektils schockierte die Ermittler. Es handelte sich hierbei um Munition, wie sie auch bei der Polizei zum Einsatz kam. Möglicherweise handelte es sich beim Hammermörder um einen Polizeibeamten, zumal die Banküberfälle immer zum Schichtwechsel stattfanden. Ein weiteres Indiz waren die Tatörtlichkeiten, welche in den Zuständigkeitsbereich verschiedener Polizeidienststellen fielen. Wissen, das nur ein Insider haben konnte.

Nun begann eine groß angelegte und lang andauernde Aktion. Insgesamt 12.000 Pistolen aus verschiedenen Landkreisen der Polizei Baden-Württemberg wurden nach und nach eingezogen und an das Bundeskriminalamt in Wiesbaden übersandt. Dort wurde von jeder Waffe ein Schussbild erstellt.

Das Schicksal wollte es, dass die Dienststelle von Norbert P., die Hundeführerstaffel der Landespolizeidirektion Stuttgart II, als eine der letzten an die Reihe kam.

Parallel dazu wurde der Fall am 05.05.1985 in der Fernsehsendung »Aktenzeichen XY ... ungelöst« gezeigt. Hierbei ergaben sich aber keine entscheidenden Hinweise auf den Täter.

Im Juli 1985 mordete Norbert P. das dritte Mal. Auf einem Waldparkplatz zwischen Ilsfeld und Flein schoss er einem 26-Jährigen ins Gesicht. Mit dessen Fahrzeug fuhr er zur Raiffeisenbank nach Spiegelberg. Der Filialleiter wurde jedoch rechtzeitig auf den Mann mit dem Vorschlaghammer in der Hand aufmerksam und konnte sich und seine Mitarbeiter in Sicherheit bringen und Alarm auslösen.

Der Hammermörder musste ohne Beute flüchten. Wenige Tage später wurde das dritte Opfer von Waldarbeitern aufgefunden.

Dann, im August 1985, richtete sich der Fokus der Ermittler auf einen jungen Polizeibeamten.

Es handelte sich um Roman G., welcher sich durch sein Verhalten verdächtigt gemacht hatte.

Roman G. war ein Aussteiger-Typ. Wie von Kollegen berichtet wurde, wollte er den Polizeiberuf an den Nagel hängen und entsorgte Ausrüstungsgegenstände in einem Mülleimer auf einem Autobahnparkplatz. Anschließend sei er mit seinem Pkw Richtung Italien weitergefahren.

Für die Medien war klar, dass es sich hierbei um den gesuchten Täter handeln musste. Noch bevor dessen Schuld eindeutig bewiesen war, wurde er von den Medien vorverurteilt und als »Hammermörder« in der Boulevard Presse auf Seite 1 präsentiert.

Schnell erwies sich der Verdacht als unbegründet aber die Öffentlichkeit war nun informiert, dass der Hammermörder wahrscheinlich ein Polizeibeamter wäre. Das Entsetzen war groß und das Misstrauen der Bevölkerung gegenüber der Polizei auch.

Im September 1985 schlug der Hammermörder das letzte Mal zu, dieses Mal mit einer anderen Vorgehensweise. Er betrat zunächst unmaskiert und ohne Vorschlaghammer die Raiffeisenbank in Rosenberg, zog eine Pistole, maskierte sich mit einer Sturmhaube und rief: »Das ist ein Überfall«.

Er erbeutete 11. 000.- DM und flüchtete mit dem Pkw eines anwesenden Bankkunden.

Und wieder konnten Zeugen eine detaillierte Täterbeschreibung abgeben, welche dem Aussehen von Norbert P. sehr nahekam. Und wieder wurde der watschelnde Gang dokumentiert.

Erst Anfang Oktober 1985 geriet Norbert P. in den Verdacht der Ermittler. Durch Zufall wurde bei einer polizeilichen Durchsuchungsaktion, im Rahmen einer Terroristenfahndung, in einem

Schließfach im Ludwigsburger Bahnhof eine Polizeiuniform aufgefunden. Überdies fand man auch die Verpackung einer Sturmhaube sowie einen an Norbert P. adressierten Brief. Daraufhin wurde er von der Soko Hammer verhört. Es gelang ihm sich herauszureden indem er angab, dass er die Uniform deshalb im Schließfach deponiert habe, da er zum Geburtstag seiner Schwiegermutter gefahren wäre und die Uniform nicht habe mitnehmen wollen. Es wurde zwar überprüft, ob die Schwiegermutter an dem angegebenen Tag Geburtstag hatte, nicht aber, ob der Tatverdächtige auch tatsächlich anwesend war.

Abschließend wurde Norbert P. aufgefordert, im Krankenhaus in Marbach eine Blutprobe abzugeben.

Dieser Aufforderung kam er aber nicht nach. Auch wusste er, dass man ihn überführen könnte, sobald das Ergebnis der ballistischen Untersuchung seiner Dienstpistole vorliegen würde. Tags darauf meldete er sich bei seiner Dienststelle krank und ward dort nie mehr gesehen.

Noch bevor sich der Tatverdacht gegen ihn erhärten konnte und die Ermittler vor seiner Türe standen, löschte er seine Familie aus und richtete sich selbst.

Am 13. Oktober 1985 tötete er in seinem Haus sowohl seine Frau als auch den ältesten Sohn mittels Kopfschuss. Mit dem jüngeren Sohn fuhr er dann mit dem Auto nach Torre Canne in Süditalien.

Dort hatte er Kindheitserinnerungen und dort wollte er sein Leben beenden.

Am 22. Oktober 1985 fuhr er mit dem Auto zum Strand, schoss seinem Sohn ins Gesicht und tötete sich selbst mit einem Kopfschuss.

3.18 Einstieg zum Ausstieg

Für einen uniformierten Polizeibeamten im Streifendienst ist es das höchste der Gefühle, einmal einen Ganoven auf frischer Tat zu erwischen und festzunehmen. Wenn man während einer Streifenfahrt über Funk die berühmten drei Worte »Täter am Werk« vernahm, bekam man einen Adrenalinschub, glänzende Augen und manch einer nicht nur feuchte Hände. Plötzlich ergriff einen der Jagdtrieb und jeder wollte als erster am Ort des Geschehens sein.

So auch an jenem Sonntagmorgen im Sommer kurz nach 06.00 Uhr ...

Von einem Anwohner, welcher gerade auf seinem Balkon eine Zigarette rauchte, wurde ein Scheiben klirren wahrgenommen. Dieses kam aus Richtung Jugendhaus Stuttgart-Obertürkheim und deutete auf einen Einbruch hin. Mein Kollege und ich waren gerade auf Streife und erhielten den Auftrag dort anzufahren. Zeitgleich wurden noch zwei weitere Funkstreifenwagen dorthin beordert.

Wenige Minuten später trafen wir dort ein und verschafften uns einen ersten Überblick. Und tatsächlich ... im Erdgeschoss konnten wir eine kaputte Scheibe und ein offen stehendes Fenster feststellen. War der Täter noch im Objekt?

Wir machten eine äußere Absperrung und warteten das Eintreffen der anderen Einsatzkräfte ab.

Anschließend wurde das Jugendhaus betreten und Stockwerk für Stockwerk durchsucht.

Hierbei wurde ein jugendlicher, unmaskierter Einbrecher angetroffen, welchem jedoch die Flucht durch einen Sprung aus dem ersten Stock gelang. Anschließend verschwand er zunächst spurlos in einem angrenzenden Weinberg. Zur Absuche wurden noch weitere Einsatzkräfte angefordert.

Währenddessen setzte ich mich mit dem Anzeigeerstatter in Verbindung, um dessen Wahrnehmungen zu protokollieren. Dieser stand noch auf seinem Balkon im 2. Obergeschoss und konnte den Weinberg von oben einsehen.

»Da ist er«, rief er mir zu und zeigte in eine Richtung. Ich verständigte meine Kollegen und rannte los.

Nach kurzem Sprint hatte ich Blickkontakt zum Täter, welcher sich in gebückter Haltung im Weinberg versteckte.

Als er mich erblickte versuchte er vor mir davonzurennen. Ohne Rücksicht auf seine eigene Gesundheit wedelte er durch Büsche und Dornenhecken und sprang auch von einer ca. 3 Meter hohen Mauer hinab auf eine glitschige Weinbergtreppe.

Dies machte ich ihm nicht nach, da ich Sorgen um meine eigene Gesundheit hatte. Die Wahrscheinlichkeit sich bei einem Sprung von der Mauer eine Beinfraktur zu zuziehen war sehr groß.

Aufgrund dessen wählte ich einen anderen Weg, wobei sich der Abstand zum Flüchtenden vergrößerte.

Über Funk gab ich ständig die Fluchtrichtung durch, und so konnten meine Kollegen aus verschiedenen Richtungen anrücken und ihm den Fluchtweg abschneiden.

Da sich der Täter bei der Festnahme widersetzte und Kollegen durch Schläge und Tritte verletzte, musste er von mehreren überwältigt und zu Boden gebracht werden. Hierbei zog er sich auch leichte Blessuren zu.

Wenige Augenblicke später traf ich dort ein und bestätigte, dass es sich bei dem Festgenommenen um den von mir Verfolgten handelte. Der Tatverdächtige wurde geschlossen und zum Revier verbracht.

Dort kam er vorläufig in die Arrestzelle.

Durch Kollegen wurde der Tatort nach Spuren abgesucht. Bereitgestelltes Diebesgut sowie ein auf den Tatverdächtigen zugelassenes Leichtkraftrad wurden in Tatortnähe aufgefunden und sichergestellt.

Bei der Personalienfeststellung und Überprüfung derselben wurde Folgendes festgestellt:

Es handelte sich um einen 17-jährigen Deutschen mit Migrationshintergrund, welcher in einem Heim für schwer erziehbare Jugendliche in der Nähe von Tübingen gemeldet war. Dieser war schon mehrmals polizeilich in Erscheinung getreten. Bereits als 10-jähriger wurde er das erste Mal bei einem versuchten Wohnungseinbruch ertappt und war in der Zwischenzeit insgesamt achtmal wegen demselben Delikt angezeigt worden.

Außerdem wies sein Vorstrafenregister noch viele weitere registrierte Vergehen auf, jedoch war er diesbezüglich noch keinen einzigen Tag in Gewahrsam genommen worden.

Beim Gespräch mit ihm merkte man sofort, dass er schon oft negativen Kontakt mit der Polizei hatte und auch mit dem Ablauf eines Strafverfahrens offensichtlich sehr vertraut war. Er war respektlos, rotzfrech und beleidigte die anwesenden Beamten aufs Übelste.

Diesem »Bürschle« wollte ich das Handwerk legen und ihn hinter Gittern sehen.

Doch es kam alles ganz anders ...

Polizeibeamte bis zu einem bestimmten Dienstgrad sind Hilfsbeamte der Staatsanwaltschaft. Das bedeutet, dass die Staatsanwaltschaft »Herrin des Verfahrens« ist und auch dementsprechende Anordnungen (z. B. Inhaftierung) trifft.

Als zuständiger Sachbearbeiter dieses Falles nahm ich also telefonisch Kontakt mit dem Bereitschaftsstaatsanwalt auf und schilderte diesem ausführlich die Geschehnisse, einschließlich dem imposanten Vorstrafenregister des Beschuldigten.

Davon ausgehend, dass der Staatsanwalt die vorläufige Festnahme bestätigen und den Tatverdächtigen umgehend aus dem Verkehr ziehen würde, bereitete ich auch die Einziehung des Kleinkraftrades sowie des Führerscheins des Betroffenen vor.
Im Strafrecht gibt es nämlich auch eine sogenannte Nebenstrafe. Diese lässt neben der Bestrafung für das eigentliche Delikt (Einbruchsdiebstahl) in bestimmten Fällen auch weiterführende Maßnahmen zu.
Wenn z. B. ein Täter, wie in diesem Fall, mit einem Kraftfahrzeug zum Tatort fährt um mit diesem Diebesgut abzutransportieren, dann kann sowohl das benutzte Kfz als auch der Führerschein des Betroffenen eingezogen werden. Und von diesem Umstand gingen meine Kollegen und auch ich aus.
Was ich dann telefonisch vernahm, trieb mir die Zornesröte ins Gesicht.
Offensichtlich sah der Staatsanwalt diesen vollendeten Einbruch als Bagatelldelikt an. Er fragte noch, ob der tatverdächtige Jugendliche einen festen Wohnsitz habe und ob dieser schon von der Polizei durchsucht worden wäre. Nachdem ich dies bestätigte, wies er mich an, den vorläufig Festgenommenen unverzüglich frei zu lassen und ihm überdies sein Leichtkraftrad sowie den beschlagnahmten Führerschein auszuhändigen.
Was hatte der da gerade angeordnet?
Ich wähnte mich im falschen Film. Einen mehrfach vorbestraften Einbrecher, welcher auf frischer Tat erwischt wurde, ungeschoren wieder laufen zu lassen?
Sämtliche Versuche ihn umzustimmen scheiterten an seiner sturen Haltung. Als ich meine Kollegen darüber informierte, »fielen diese vom Glauben ab«.
Schweren Herzens öffneten wir die Türe der Arrestzelle und wurden mit einem »Na endlich, ihr Wichser« empfangen. Ich hän-

digte ihm noch seinen Führerschein aus und führte ihn in den Hof zu seinem Leichtkraftrad. Sein hämisches Grinsen ließ meine Faust in der Hosentasche ballen. In diesem Moment wünschte ich mir, dass er nach mir greifen würde, dann hätte ich einen Grund gehabt ihm richtig wehzutun.

Aber er tat es leider nicht ...

Anschließend schwang er sich auf sein Kraftrad und machte sich davon. Noch in Sichtweite hob er seinen linken Arm und zeigte uns den ausgestreckten Mittelfinger seiner Hand, den sogenannten »Stinkefinger«.

Für mich war dieser Vorfall noch lange nicht zu Ende. Der Bericht und die Anzeigenaufnahme beschäftigten mich noch mehrere Stunden.

Aber das dicke Ende kommt bekanntlich erst zum Schluss ...

Bei meinem nächsten Dienstantritt drei Tage später, wurde ich zum Revierführer zitiert.

»Sie wurden angezeigt« empfing er mich mit grimmiger Mine.

»Was habe ich verbrochen«, wollte ich wissen.

»Körperverletzung im Amt und Freiheitsberaubung ... Sie wissen schon um was es geht«.

Nein ... wusste ich eben nicht.

Auf jeden Fall sollte ich mich umgehend mit dem Dezernat für Beamtendelikte bei der Kriminalpolizei in Verbindung setzen. Dort angekommen wurde ich von einem unfreundlichen und schlecht gelaunten Kollegen empfangen.

»Du weißt ja um was es geht«, sagte er und legte mir einen Wisch vor.

»Belehrung des Beschuldigten« stand darüber.

»Was ist das«, wollte ich wissen.

»Mach Dein Kreuzchen und unterschreibe hier«, sagte er genervt.

Als ich das Papier beiseitelegte und eine Erklärung forderte, nannte er mir die Gründe.

Offensichtlich war es so, dass der Täter tags darauf vom zuständigen Dezernat der Kriminalpolizei zur Vernehmung vorgeladen wurde.

Dort erschien er in Begleitung seines Vormundes, stritt jegliche Tatbeteiligung ab und beschuldigte die eingesetzten Beamten, ihn widerrechtlich festgenommen und auch geschlagen zu haben. Er erstattete Anzeige gegen sechs Polizeibeamte wegen Körperverletzung und Freiheitsberaubung im Amt.

Das konnte doch alles nicht wahr sein ... diese kleine Ratte.

Da ich bei der Festnahme ja schließlich auch zugegen gewesen wäre, hätte ich nun den Status eines Beschuldigten im Strafverfahren. Aus diesem Grunde wurde ich ganz formell über meine Rechte als Beschuldigter belehrt. Als Beschuldigter hat man aber unter anderem das Recht, keine Angaben zu den Vorwürfen zu machen. Ich wurde jedoch zu einer Aussage genötigt, da die Staatsanwaltschaft anscheinend das Verfahren gegen Polizeibeamte nicht einstellen würde, sollten diese von ihrem Aussageverweigerungsrecht Gebrauch machen.

Ich verwies auf die von mir gefertigte Strafanzeige und meinte, dass da alles Wichtige drin stehen würde. Der Kollege war damit aber nicht einverstanden und es folgte eine ca. 2-stündige Vernehmung.

Total gefrustet und mit der Erkenntnis, dass während eines laufenden Strafverfahrens keine Beförderung stattfinden kann, kehrte ich zu meiner Dienststelle zurück.

Und eine Beförderung meinerseits war schon seit längerer Zeit im Gespräch.

Die Einstellungsverfügung durch die Staatsanwaltschaft ließ mehrere Monate auf sich warten.

Wie das Strafverfahren gegen den tatverdächtigen Einbrecher ausgegangen ist, hat mich nicht mehr interessiert. Vermutlich ist er wieder »mit erhobenem Zeigefinger« davon gekommen und hat seine kriminelle Karriere sanktionslos fortsetzen können.

Aber dieser Vorfall hatte für mich und meine berufliche Zukunft Konsequenzen.

Irgendwie hatte ich den Glauben an den Rechtsstaat verloren und »die Schnauze voll« vom Streifendienst bei der Schutzpolizei. Fast 13 Jahre habe ich dort zugebracht und war jetzt an einem Punkt angelangt, der für mich der »Einstieg zum Ausstieg« war.

Nun streckte ich meine Fühler nach einer anderen Aufgabe bei der Polizei aus.

Und ich wurde schnell fündig ... ...

Kapitel 4
Ausbildung zum Fahrlehrer aller Klassen

Das wirklich Gute am Polizeiberuf ist, dass man nicht 40 Jahre oder mehr dieselbe Tätigkeit ausüben muss. Dieser Beruf hat so viele Möglichkeiten und ein Jeder hat es ein Stück weit selbst in der Hand, sich zu verwirklichen.

Außer der Schutzpolizei gibt es ja auch noch die Kriminalpolizei, die Bereitschaftspolizei, die Einsatzhundertschaft, die Reiterstaffel, die Hundeführerstaffel, die Wasserschutzpolizei, das Spezialeinsatzkommando und noch viele andere Sonderdienststellen.

Und immer wieder ergeben sich Möglichkeiten für einen Dienststellenwechsel. Freie Stellen werden über ein internes Portal ausgeschrieben und Interessierte können sich darauf bewerben.

So war es auch in meinem Fall.

»Fahrlehrer aller Klassen bei der Polizei gesucht« stand in der Ausschreibung. Mein Interesse war geweckt und da auch das Anforderungsprofil auf mich zutraf, entschied ich mich für eine schriftliche Bewerbung. Kurz darauf wurde ich zu einem persönlichen Gespräch beim Referat Technik (Fahrschulwesen) eingeladen. Dort wurde ich gecheckt, beäugt, begutachtet, geprüft, gescannt und für gut befunden. Leider nicht gut genug.

Es gab nämlich insgesamt 14 Bewerber für diese eine Stelle als Fahrlehrer und die brachten ähnlich gute Voraussetzungen mit.

Tags darauf kam der Anruf vom Leiter des Fahrschulwesens. Seine Worte: »Tut mir leid Herr Beck, aber ... laber, laber, laber ...« klingen mir heute noch in den Ohren. Ich wäre in seiner Gunst die Nr. 2 gewesen, aber ein Kollege hätte einfach noch bessere Voraussetzungen gehabt und der hätte nun die freie Stelle erhalten. Er versprach mir aber hoch und heilig, sich bei mir zu melden, sollte sich diesbezüglich mal wieder was ergeben. Insgeheim dachte ich noch: »So ein Dummschwätzer, das macht der doch niemals.« Aber ich sollte mich irren.

Sein Anruf erreichte mich ca. eineinhalb Jahre später. »Haben Sie noch Interesse an einer Stelle als Fahrlehrer«...wollte er zuerst wissen. Als ich bejahte ließ er die Katze aus dem Sack. »Ich hätte Ihnen eine Stelle als Fahrlehrer. Aber nicht beim Polizeipräsidium Stuttgart, sondern bei der Bereitschaftspolizei.« Meine anfängliche Euphorie war mit einem Schlag dahin und die Enttäuschung war bestimmt auch durchs Telefon zu spüren.

»Bereitschaftspolizei« schoss es mir durch den Kopf ... »nein danke« ... und die negativen Erinnerungen an die BePo Biberach und Göppingen waren plötzlich wieder da. Doch noch bevor ich ihm eine Antwort geben konnte zauberte er einen Trumpf aus dem Ärmel und schwuppdiwupp ... schon hatte er mich an der Angel. »Es ist nicht die Bereitschaftspolizei die Sie schon kennen. Es ist eine neu geschaffene Abteilung in Böblingen und das Personal sind alles ehemalige Kollegen aus dem Einzeldienst.«

Er gab an, dass auch er dorthin wechseln würde und nun, als mein unmittelbarer Vorgesetzter, seine bevorzugten Mitarbeiter rekrutieren würde.

Gesagt – getan ... bei mir hatte es geklappt.
Dann ging alles ziemlich schnell.
Nach einem Vorstellungsgespräch beim Leiter der Bereitschaftspolizei Böblingen bekam ich grünes Licht und keine 14 Tage später war der Wechsel vollzogen.

Ich freute mich auf die neue Aufgabe und durfte zum 1. September 1993 dort einrücken.

Es handelte sich um eine ältere Bundeswehrkaserne, die vom

Land Baden-Württemberg aufgekauft und zur Polizeikaserne umfunktioniert wurde. Und es herrschte schon reger Betrieb.

Es gab dort eine Polizeischule, welcher ich angehörte, mit bis zu 14 Schulklassen und ca. 50 Lehrkräften sowie die Einsatzabteilung (Hundertschaft).

Nachdem ich mein 4-Mann Büro unterm Dach bezogen hatte, wurde ich dem Stammpersonal vorgestellt. Es waren alles sehr sympathische Kollegen und Kolleginnen von denen ich freundlich aufgenommen wurde. Nur einer tanzte aus der Reihe ...
Dieses Gesicht hatte ich nicht vergessen.

Der Unsympath ... der Schmierlappen-Fahrlehrer von der BePo Biberach, der Mann, unter dem ich und so viele andere Kollegen 1979 so gelitten hatten, grinste mich dämlich an und fragte: »Kennen wir uns«?

Wie ich später erfuhr, war er von Biberach zum Glück nur ausgeliehen worden, da es in Böblingen noch keine ausgebildeten Fahrlehrer gab. Dies sollte sich bald ändern.

Wir waren insgesamt 5 Fahrlehreranwärter aus Baden-Württemberg und wurden nun zur Fahrlehrervorausbildung auf verschiedene Standorte der Bereitschaftspolizei verteilt. Ich hatte Glück und kam ein halbes Jahr zur BePo nach Göppingen, die ich ja schon von der Ausbildung her kannte.

Mein dortiger Vorgesetzter war ein vom jahrelangen Alkoholmissbrauch gezeichneter Choleriker mit Bluthochdruck, vor dessen Wutausbrüchen seine Untergebenen und Mitarbeiter zitterten. Ich versuchte ihm, so gut es ging, aus dem Weg zu gehen was nicht immer gelang, da wir denselben Umkleideraum benutzten. Die Vorstellung, nach der Fahrlehrervorausbildung jahrelang unter ihm dienen zu müssen, ließ mir einen eiskalten Schauer über den Rücken laufen.

Was freute ich mich doch auf die BePo in Böblingen.

Führerschein die Sechste:
Ich dachte schon nicht mehr daran.
Da ich als Fahrlehrer aller Klassen auch sämtliche Führerscheine besitzen musste, kam der Tag der Abordnung zum Erwerb des dienstlichen Motorradführerscheins. Und obwohl ich schon ca. 15 Jahre im Besitz desselben war, und auch privat Motorrad fuhr, musste ich den dienstlichen Motorradführerschein erwerben. Dumm nur, dass es gerade Winter geworden war und noch dümmer, dass das Ganze vom 06.12. bis 17.12. bei der BePo in Biberach stattfinden sollte.
Der absolute Super-GAU wäre jetzt noch gewesen, wenn mein dortiger Fahrlehrer wieder der Unsympath wäre. Aber das Schicksal meinte es gut und ich bekam einen sehr netten Fahrlehrer.
Leider hatte Petrus kein Erbarmen und bescherte uns einen Wettermix mit allem was der Winter zu bieten hatte. Schneefälle, Glatteis, orkanartige Stürme, Nebel und Minustemperaturen. Genau das richtige Wetter für Motorradfahrer, dachte ich mir.
Augen zu und durch – die Ausbildung und auch die Prüfung in Theorie und Praxis stellten mich vor keine Probleme und bescherten mir meinen sechsten bestandenen Führerschein.

Eine kleine Episode aus der Fahrlehrervorausbildung möchte ich noch kundtun.
In jeder Bereitschaftspolizeiabteilung gab es auch eine Kfz-Werkstatt. Während meiner Abordnung war ich auch 6 Wochen dort eingesetzt. Hier fühlte ich mich sehr wohl da ich, bedingt durch meine Ausbildung zum Kfz-Mechaniker, mit den Abläufen in einer Werkstatt vertraut war und selbstständig Arbeiten durchführen konnte und auch durfte.
Der Werkstattleiter war kein Polizeibeamter sondern ein angestellter Kfz Meister.

Es war ein umgänglicher, netter und lustiger Mann der von allen geschätzt wurde und mit niemandem Streit hatte. Bis zu diesem Tag, als das Spezialeinsatzkommando den 7er BMW zum zweiten Mal in die Werkstatt brachte ...

Das Spezialeinsatzkommando (SEK) war auch am Standort der BePo Göppingen untergebracht und der Werkstattleiter meinte, dass von dort sehr viele Reparatur-Aufträge kämen.

Das SEK war auch im Besitz mehrerer hochwertiger und hoch motorisierter Fahrzeuge, da bei bestimmten Einsatzlagen oft ein schnelles Verlegen der Truppe erforderlich war. Für diesen Fall mussten die Fahrzeuge perfekt gewartet und die Fahrzeugführer geschult sein.

Schulungs-/und Übungsfahrten fanden unter einsatzmäßigen Bedingungen in der Unterkunft statt.

Sollte hierbei mal etwas beschädigt werden oder zu Bruch gehen, so hatten die SEK-Fahrzeuge in der Werkstatt oberste Priorität. Und es ging ziemlich viel zu Bruch ...

So auch an diesem neuwertigen, sündhaft teuren 7er BMW mit Schaltgetriebe und umfangreicher Sonderausstattung.

»Die Kupplung ist futsch« meinte der Kollege vom SEK, der das Fahrzeug in die Werkstatt brachte.

»Wie ... futsch ... der hat doch noch nicht mal 1000 km runter« entgegnete der Werkstattleiter.

»Keine Ahnung ... geht einfach nicht mehr. Aber wir brauchen das Auto bis morgen wieder« und schon machte er sich vom Acker.

Wir schoben das Fahrzeug in die Werkstatt und da ich mal auf BMW Fahrzeugen gelernt hatte, durfte ich bei der Reparatur, zusammen mit einem weiteren Mechaniker, mitwirken.

Es war wie bei einer schwierigen Geburt. Alles verschachtelt und verbaut, nur Komplikationen, fehlendes Spezialwerkzeug und auch keine Ersatzteile. Es war zum Verzweifeln.

Es dauerte den ganzen Tag bis in die Abendstunden und auch der Werkstattleiter stand mit Rat und Tat zur Seite. Die alte Kupplung war völlig zerfetzt und verbrannt. Offensichtlich wurde sie von einem unfähigen Kollegen bei einer Schulungsfahrt so stark malträtiert, dass sie ihren Dienst quittierte.

Aber jetzt war wieder alles in Ordnung und das Fahrzeug konnte am nächsten Morgen wieder übergeben werden. Als ich in der Dunkelheit nach Hause fuhr, hatte ich irgendwie so ein Glücksgefühl.

Es sollte nicht lange anhalten ...

Am nächsten Tag war ich wieder in der Werkstatt. Nach der Mittagspause entdeckte ich denselben 7er BMW vor der Werkstatt. Da dort mehrere Leute rumstanden, begab ich mich auch dorthin.

»Die Kupplung ist schon wieder futsch« sagte der Kollege vom SEK.

»Das kann gar nicht sein« stammelte der Werkstattleiter, »die wurde erst gestern erneuert«.

»Wie ist das passiert« wollte er wissen.

»Keine Ahnung« sagte der vom SEK, »wir haben ein paar kleine »Turns« gemacht und plötzlich ging nichts mehr. Aber wir bräuchten das Auto bis morgen wieder.«

Hatten wir etwas falsch gemacht? Eine Schraube vergessen oder nicht richtig angezogen? Etwas falsch zusammen gebaut?

Nein, es war beim Tausch der Kupplung alles richtig gemacht worden. Die Ursache lag ganz woanders.

Wir schoben das Fahrzeug wieder in die Werkstatt, fuhren es mit der Hebebühne nach oben und zerlegten es zum zweiten Mal in stundenlanger Sisyphusarbeit. Was wir dann entdeckten trieb uns die Zornesröte ins Gesicht. Vor allem der Werkstattleiter bekam Flatulenzen und anschließend Schnappatmung.

Die vor wenigen Stunden eingebaute Kupplung war bis auf die Nieten komplett abgeschmirgelt und verbrannt und hatte hierdurch auch die dazugehörige Schwungscheibe beschädigt. Jetzt war klar, dass es durch unsachgemäße Behandlung von irgendwelchen Vollpfosten verursacht wurde.

»Kleine Turns« nannten die das.

Das Fahrzeug wurde vorerst nicht instand gesetzt und blieb zerlegt auf dem Hof stehen. Der Werkstattleiter tat mir irgendwie leid. Er war total frustriert und machte an höchster Stelle Meldung. Dies hatte Konsequenzen für ihn und auch für die Verursacher.

Meine Zeit in der Werkstatt war bald vorbei und auch die Abordnung zur Fahrlehrervorausbildung bei der BePo Göppingen neigte sich dem Ende zu.

Übrigens: »Den Mann ohne Hals« habe ich auch mehrmals dort getroffen. Er hatte sich überhaupt nicht verändert und ich habe ihn sofort wiedererkannt.

4.1 Verkehrspädagogische Akademie

Nach der Fahrlehrervorausbildung wurde ich zur Verkehrspädagogischen Akademie nach Kirchheim/Teck abgeordnet. Es handelte sich hierbei um eine Fahrlehrer-Ausbildungsstätte des Landes Baden-Württemberg und der Name machte mächtig Eindruck auf mich. Als ich dann aber dieses ziemlich heruntergekommene Gebäude mit den kleinen Lehrsälen und den versifften Toiletten sah, zerplatzten meine anfänglichen Vorstellungen wie Seifenblasen. Aber zumindest waren die Dozenten alle sehr nett und auch kompetent.

Wir waren ein Klassenverband mit bis zu 30 Fahrlehreranwärtern, unter denen sich 5 Polizeibeamte und ebenso viele Frauen befanden. Wer den Beruf eines Fahrlehrers ergreifen wollte, brauchte damals keine großen Voraussetzungen. Für die Fahrlehrerlaubnis der Klasse 3 (heute Klasse B) war nur ein Mindestalter von 23 Jahren sowie der Besitz der Fahrerlaubnis Klasse 3 erforderlich.

Das hatte zur Folge, dass auch einige »geistige Tiefflieger« mit im Boot waren, welche mit dem Unterrichtsstoff deutlich überfordert waren. Dies zeigte sich vor allem am Ende des Kurses, als von 30 Anwärtern nur 7 auf Anhieb bestanden, unter denen die 5 Polizeibeamten waren. Die Polizeibeamten hatten natürlich den großen Vorteil, dass jeder gute Kenntnisse im Straßenverkehrsrecht sowie eine halbjährige Fahrlehrervorausbildung durchlaufen hatte.

Ich muss zugeben, dass die Prüfung nicht gerade einfach war. Sie hatte fünf Teile (schriftlich, mündlich, Fahrprobe, Lehrprobe in Theorie und Praxis) und jeder einzelne Teil musste bestanden werden.

Insgesamt belegte ich innerhalb eines Jahres drei verschiedene Kurse (Pkw, Motorrad, Lkw/Bus) und musste mich einer 13-teiligen Prüfung stellen.

In der praktischen Ausbildung hatte ich viel gelernt und konnte meine Fahrfähigkeiten/Fahrfertigkeiten deutlich verbessern. Vor allem der rückwärts links Bogen mit dem Lkw plus großem, zweiachsigen Anhänger blieb mir in Erinnerung. Das haben wir bis zum Exzess geübt und trotzdem fuhr der Anhänger immer wieder in eine falsche Richtung. Zum Glück gings bei der Prüfung gut.

Und dann war da noch das Langstreckentraining bei der Motorradausbildung. Drei Tage in den Alpen ins Dreiländereck Österreich/Italien/Schweiz. Und das ganze mit dienstlichen BMW R80 RT Motorrädern, stolze 50 PS stark. Natürlich total untermotorisiert, da die anderen Kursteilnehmer mit Rennmaschinen mit bis zu 143 PS antraten.

Aber lustig sahen unsere Motorräder aus. Die Sondersignale (Blaulicht und Martinshorn) waren abmontiert und der Rest, der auf ein Polizeimotorrad hinwies, war mit Paketklebeband überklebt.

Trotzdem erkannte man es an der grün-weißen Lackierung und dem amtlichen Kennzeichen.

Und dann ging es endlich los.

Es war Mitte August und es war sehr warm – aber nicht überall wie wir bald darauf feststellen mussten.

25 Motorradfahrer in zwei Gruppen. Leider verliert man sehr schnell den Anschluss, wenn man keine Erfahrungen mit dem Fahren im Gruppenverband hat. Wenn die vorne Fahrenden zügig unterwegs sind und sich die Abstände vergrößern, reißt der Verband ab und die hinten Fahrenden müssen immer schneller und waghalsiger fahren, um den Anschluss nicht zu verlieren. Und wenn man dann nur 50 PS unterm Hintern hat ...

Am ersten Tag bezogen wir unser Quartier am Reschensee in Südtirol. Unser Langstreckentraining sollte uns am zweiten Tag über insgesamt 14 Alpenpässe führen ... etwas mehr als 400 km Überlandfahrt ... enorm für einen Tag.

Darauf hatten sich schon alle Teilnehmer gefreut, doch es sollte anders kommen.

Wir starteten ziemlich früh bei bewölktem Himmel, aber sehr angenehmen Temperaturen. Unser erstes Ziel war das Stilfser Joch, der PASSO DELLO STELVIO, mit 2757 m der höchste Gebirgspass Italiens mit Steigungen von bis zu 15 % und unzähligen Serpentinen.

Ein Traum für jeden Motorradfahrer und eine erste echte Herausforderung. Zwischenzeitlich hatte sich der Himmel verdunkelt und es fing an zu nieseln. Unser Gruppenführer ließ sich davon jedoch nicht beeindrucken, ließ eine kurze Rast machen, um die Regenkombis anzulegen und jagte ungestüm und frohen Mutes dem Gipfel entgegen. Bei mir hielt sich die Lust in Grenzen, da ich mit den mickrigen 50 PS große Schwierigkeiten hatte, den Anschluss zu halten. Aber ich war nicht der Langsamste. Ein Kollege von mir hatte nämlich die gedrosselte Version der BMW R80 RT erwischt und quälte sich mit überschaubaren 27 PS (in Worten: siebenundzwanzig). Und wir beide bildeten das Schlusslicht.

Dann wurde es nasser und immer kühler. Man hatte so das Gefühl, dass die Temperaturen je 100 Höhenmeter um 1–2 Grad abnahmen. Und es regnete in Strömen.

Als wir bei etwa 2.000 m angekommen waren, kamen uns die ersten Fahrzeuge mit Schnee auf der Windschutzscheibe und auf dem Dach entgegen. Manch ein Autofahrer schüttelte ungläubig den Kopf, als er die wilde Horde erblickte. Noch war die Fahrbahn nicht schneebedeckt ...

»Wir treffen uns oben auf der Passhöhe« waren die letzten Worte des Gruppenführers bei der Rast.

Doch so weit sollte es keiner schaffen.

Bei etwa 2.500 m Höhe blieb dann der Schnee auf der Fahrbahn liegen. Eigentlich wäre jetzt der richtige Zeitpunkt gewesen umzukehren, aber es war niemand in Sicht. Also versuchten wir so weit wie möglich nach oben zu gelangen. Mehr schlitternd als fahrend kamen wir im Schritttempo Meter für Meter voran. Ganz locker zogen wir dann an hilflosen, liegen gebliebenen Rennmaschinen mit 143 PS vorbei, welche mit ihren Sportreifen der Marke »ARSCHI GLATTI« keinerlei Grip mehr hatten.

Man stelle sich das vor – mit einer 27 PS BMW R80 RT eine 143 PS starke Kawasaki Ninja 900 RR abzuledern ... Respekt ... und heißes Thema für Stammtischgespräche.

Wenig später erreichten wir einen Parkplatz, ca. 100 m unterhalb der Passhöhe. Dort standen in Reih und Glied ca. 20 schneebedeckte Motorräder und unsere Gruppenmitglieder. Vermutlich wäre es mit der Bereifung der BMW Motorräder möglich gewesen den Gipfel zu erklimmen, aber aus Solidarität reihten wir uns ein und machten alle zusammen einen kleinen Fußmarsch zur Passhöhe.

Nass und durchgefroren betraten wir das erste erreichbare Lokal und beratschlagten das weitere Vorgehen. Die Temperaturen waren zwischenzeitlich auf ca. 2 Grad Plus zurückgegangen und die Schneehöhe auf der Fahrbahn betrug ca. 10–15 cm. Nun hieß es warten. Mit so einer Situation hatte niemand gerechnet. Und es sollte eine sehr lange Wartezeit werden ...

Keiner konnte oder wollte uns helfen. Nach einer gefühlten Ewigkeit, unzähligen Kaffees und Kartenspielen, näherte sich ein Streu-/und Räumfahrzeug. Leider nicht von der italienischen Seite, sondern aus der Schweiz. Der Fahrer drehte oben auf der Passhöhe eine Runde, räumte auf Schweizer Seite frei und wollte sich wieder entfernen. Das war unsere Rettung – dachten wir.

Wenn wir den Fahrer dazu veranlassen könnten, die 200 m auf italienischer Seite bis zum Parkplatz frei zu räumen, könnten wir unsere Fahrt fortsetzen. Aber der gute Mann ließ sich nicht dar-

auf ein. Selbst ein fettes Trinkgeld in Höhe von 100.- DM konnte ihn nicht dazu bewegen.
Am späten Nachmittag, nach einer Wartezeit von ca. 7–8 Std., kamen die ersten Fahrzeuge wieder aus Italien zur Passhöhe heraufgefahren. Die Temperaturen waren etwas gestiegen und die Fahrzeuge verdrängten den Schnee auf der Fahrbahn. Nun bestand die Möglichkeit, einigermaßen gefahrlos in den Spurrinnen, mit den Motorrädern bergab zu fahren. Glücklicherweise gab es keine Verletzten und auch die Sachschäden (2 Gestürzte) hielten sich in Grenzen. Total entmutigt und frustriert traten wir die Rückreise zu unserem Quartier am Reschensee an. Vom verantwortlichen Kursleiter erhielten wir dann noch die Zusage, dass das Langstreckentraining im nächsten Jahr noch einmal stattfinden würde. Und er stand auch zu seinem Versprechen ...

Nach der Ausbildung und den anschließenden Prüfungen beim Regierungspräsidium Tübingen, hielt ich den begehrten Fahrlehrerschein in Händen. »Gut gemacht«, dachte ich noch »jetzt hast Du eine zusätzlich Berufsausbildung von der Du auch bei Bedarf Gebrauch machen kannst«. Und so war es auch. In den Folgejahren hatte ich privat mehrere Mini-Jobs bei verschiedenen Fahrschulen. Diese musste man sich zuvor von der Dienststelle genehmigen lassen und man durfte auch nur maximal ein Fünftel der wöchentlichen Arbeitszeit nebenher schulen. Alles ganz legal aber ziemlich anstrengend und nervenaufreibend.

Kapitel 5
Polizeischule Böblingen

Kurz darauf begann meine Zeit in der Polizeischule Böblingen. Anfänglich wurde ich nur zur Ausbildung von Polizeischülern der Schule und Einsatzbeamten der Einsatzabteilung eingesetzt.

Wir waren eine reine Männertruppe von 15 Fahrlehrern und hatten die primäre Aufgabe, sämtliche Polizeischüler zum Erwerb der Fahrerlaubnis Klasse 3 (heute Klasse B) auszubilden, unabhängig davon, ob der-/oder diejenige schon im Besitz einer privaten Fahrerlaubnis war. Die Ausbildungszeit in der Fahrschule betrug durchschnittlich etwa 5 Wochen, wobei jedem Fahrlehrer zwei Fahrschüler zugeteilt wurden.

In den ersten 2 Wochen war Theorieunterricht angesagt, im Wechsel mit der praktischen Ausbildung.

Anschließend hatte man noch ca. 3 Wochen Zeit, um die Anwärter prüfungsreif zu formen. In der Regel war die Zeit ausreichend.

Es gab jedoch einzelne Kandidaten, die enorme Schwierigkeiten hatten, das Gelernte umzusetzen.

Dass nicht alle Menschen (… und auch nicht alle Polizeibeamten) zum Autofahren geboren sind, zeigte sich in der Anzahl der benötigten Fahrstunden. Mit reinen Fahranfängern kam man mit etwa 40 Fahrstunden (einschließlich der 12 Sonderfahrten Autobahn, Überland, Nachtfahrt) hin. Bei Anwärtern, welche im Vorbesitz der privaten Fahrerlaubnis waren, reichten in der Regel ca. 20 Fahrstunden.

Aber es gab auch Einzelne, die 100 – 120 Fahrstunden hinter sich hatten, mehrere Fahrlehrer verschlissen und dann trotzdem durch die Prüfung rasselten. Aber ein Jeder bekam dann noch eine zweite Chance ... manchmal sogar eine dritte. Nur einmal ging alles schief ...

Sie war Erzieherin, bevor sie zur Polizei wechselte. Und schon mehr als 10 Jahre im Besitz des privaten Führerscheins. Sie wurde von einem Kollegen ausgebildet und vermasselte ihre erste Fahrprüfung.

Der Kollege meinte, dass sie gut fahren könne, aber bei der Prüfung so aufgeregt war, dass ihr ein paar kleine Fehler unterliefen. Und da der Fahrprüfer der Meinung war, dass Fahrschüler bei der Polizei mehr können müssten als andere, kannte er keine Gnade.

Nun musste sie eine 14-tägige Frist bis zur nächsten Prüfung einhalten und noch zahlreiche Übungsfahrten absolvieren, um ihre Fahrfähigkeiten zu verbessern. Nach einer erfolglosen Prüfung war es in der Regel so, dass auch ein anderer Fahrlehrer sich um den »Durchfall« kümmerte, um sich eine zweite Meinung einzuholen. Manchmal lag es auch daran, dass die Chemie zwischen Fahrlehrer und Fahrschüler nicht stimmte und aufgrund dessen ein schlechtes Ergebnis erzielt wurde.

So erhielt ich den Auftrag, ein paar Übungsfahrten mit der ehemaligen Erzieherin durchzuführen.

Im Großen und Ganzen hatte ich wenig zu bemängeln, nur ein paar Automatismen mussten ihr ab-/bzw. wieder angewöhnt werden. Nach wenigen Fahrten war ich davon überzeugt, dass sie prüfungsreif wäre.

Dann kam der Tag der zweiten praktischen Prüfung.

Die Erzieherin war wie umgewandelt. Offensichtlich hatte sie panische Angst davor, ein zweites Mal durchzufallen. Ihr linker Fuß, mit dem sie die Kupplung bedienen musste, zitterte wie Espenlaub.

Ihr Selbstwertgefühl war am Boden, die Hände feucht und die Stimme versagte. Meine Versuche, sie zu beruhigen und zu motivieren, scheiterten kläglich, als auch noch derselbe Prüfer wie beim ersten Mal hinten ins Auto einstieg. Alles keine guten Voraussetzungen für eine Prüfungsfahrt. Und es kam, wie es kommen musste ... Der erste gravierende Fehler war das zweimalige Abwürgen des Motors beim Anfahren. Der zweite gravierende Fehler war der fehlende Spiegel-/und Schulterblick, bevor sich das Fahrzeug in Bewegung setzte. Von hinten hörte ich ein lautes Räuspern des Prüfers, für mich ein Zeichen, dass die Prüfung eigentlich schon gelaufen war. Ich versuchte noch ihn zu beeinflussen, indem ich das gezeigte Fehlverhalten auf ihre Nervosität schob, und erreichte zumindest eine Fortführung der Fahrprüfung.

Ich wusste genau, dass es ab jetzt nur noch einer Kleinigkeit bedurfte, um auch die zweite Prüfung als »nicht bestanden« zu bewerten. Und diese Kleinigkeit ließ nicht lange auf sich warten ...

Der Prüfer gab während der Fahrt die Anweisung, die nächste mögliche Straße nach rechts abzubiegen, was sie dann auch spontan tat. Leider handelte es sich hierbei um eine für den öffentlichen Verkehr gesperrte Anliegerstraße und schon war die Prüfung gelaufen.

Ich muss zugeben, dass auch ich ein sehr mulmiges Gefühl bei dieser Fahrt hatte und mich äußerst unwohl dabei fühlte. Vom Prüfer unbemerkt hatten sich nämlich noch deutlich mehr Fehler eingeschlichen und irgendwie war ich froh, dass er die Prüfung abgebrochen hatte. Sie tat mir trotzdem leid.

Es gab noch nie jemanden mit privatem Führerschein, der eine Fahrprüfung zweimal hintereinander nicht bestanden hatte. Wochen später erhielt sie dann ihre dritte Chance.

Nach unzähligen Übungsfahrten, auch unter Prüfungsbedingungen, hatte sie mit sämtlichen verfügbaren Fahrlehrern eine von allen bestätigte Prüfungsreife erreicht. Wir gaben uns wirklich die größte Mühe und veranstalteten sogar Rollenspiele, indem ein Fahrlehrer den Fahrprüfer spielte und eine Scheinprüfung absolvierte. Alles schien perfekt ...

Die dritte Prüfung stand an.

Nach Rücksprache mit der Dienststellenleitung wurde ein Fahrprüfer von der BePo Biberach angefordert, da die traumatischen Erlebnisse aus den zwei vorangegangenen Prüfungen auch mit der Person des Fahrprüfers einhergingen.

Ich kannte den Prüfer schon von meinen drei eigenen Fahrprüfungen während der Ausbildung in Biberach und hatte ihn in keiner guten Erinnerung. Keine gute Wahl, er war ein ziemlich »scharfer Hund«.

Sie konnte einfach ihre Prüfungsangst nicht ablegen und machte eine Vielzahl von Leichtsinnsfehlern.

Unterm Strich lautete das Ergebnis: »Nicht bestanden«.

Nun lag es nicht mehr in unserer Hand. Vom Fahrerlaubnisprüfer musste eine Meldung an die Führerscheinstelle des für sie zuständigen Landratsamt gefertigt werden. Von dort wurde sodann eine MPU (medizinisch-psychologische Untersuchung) angeordnet, da man Bedenken bezüglich ihrer Fahreignung hatte. Die Kosten hierfür musste sie selbst übernehmen.

Wochen später lag dann das Ergebnis vor, welches sie freudestrahlend präsentierte. Leider interpretierte sie den Inhalt des Schreibens fälschlicherweise anders. Beim Studieren desselben konnte man nämlich zwischen den Zeilen lesen, dass sie in Stresssituationen nicht mehr rational denken und handeln konnte und aufgrund dessen zum Führen von Kraftfahrzeugen im öffentlichen Straßenverkehr nicht geeignet war. Dieses Ergebnis war niederschmetternd und wenig später erfolgte sogar die Kündigung des Ausbildungsverhältnisses bei der Polizei.

»Nicht geeignet für den Polizeiberuf« war die Begründung für die Kündigung. Überdies wurde ihr auch noch von der zuständigen Führerscheinstelle die Fahrerlaubnis entzogen, woraufhin sie ihren privaten Führerschein abgeben musste.

Sie tat uns wirklich allen leid – mehr hätte nicht schief gehen können. Von ehemaligen Klassenkameraden erfuhren wir später, dass sie in ihren alten Job als Erzieherin zurückgegangen war. Ob sie noch einmal einen Anlauf genommen hatte, um ihren privaten Führerschein zurückzuerlangen, kann ich nicht angeben. Ich wünsche ihr, dass sie trotzdem im Leben sehr glücklich geworden ist ...

Zwischenzeitlich musste auch ich mal wieder die (Fahr-)Schulbank drücken und einen 6-wöchigen Lehrgang absolvieren. Dieser bescherte mir dann den lang ersehnten Bus-Führerschein und vervollständigte meine Sammlung aller verfügbaren Führerscheine. Um als Fahrlehrer für alle Klassen tätig werden zu können, war das Vorhandensein der jeweiligen Führerscheinklasse obligatorisch.

5.1 Rita

Hääähh?? ... Hahaha ... .hahahahahahaha ... hahahaha ... hääähh?? ... hahahahahahahahaha ... .

Kennen Sie auch so Leute die meist grundlos, und für andere nicht nachvollziehbar, aus Verlegenheit oder anderen banalen Gründen plötzlich laut loslachen und hierbei nicht einmal das Gesicht verziehen?

Oft liegt es auch daran, dass sie irgendetwas nicht, oder falsch verstanden haben, oder einfach intellektuell nicht in der Lage sind einem Gespräch zu folgen und, anstatt nachzufragen, einfach laut loslachen, meist einhergehend mit irgendwelchen Berührungen des anderen Gesprächspartners.

Rita war so. Sie kam von der Einsatzabteilung. Ich persönlich würde sie in die »intellektuelle Rubrik« einordnen, aber es gab durchaus Kollegen die das anders sahen.

Sie hatte ihre Ausbildung abgeschlossen, war Polizeimeisterin und Angehörige eines technischen Einsatzzuges. Wie sich später herausstellen sollte, hatte sie so viel Ahnung von Technik wie eine Kuh vom Jodeln.

Und sie war ein Vollweib mit einer blonden Löwenmähne und aufgeklebten, orangefarbenen Fingernägeln. Sie legte sehr großen Wert auf ihr Äußeres, war durchgestylt bis unter die Haarwurzeln und von einem Duft umgeben, der den einen betört und den anderen zum Erbrechen bringt.

Ich zählte mich zu den Letzteren.

Auf jeden Fall verstand sie es mit ihrer Art und ihrem Auftreten eine bestimmte Sorte Männer um den Finger zu wickeln ... darin war sie sehr begabt.

Hahahahaha ... hahahaha ... haha.
Ich blieb standhaft ... wie ein sittlich moralisches Bollwerk. Sie wurde mir zugeteilt und sollte den Lkw Führerschein machen. Nicht, dass sie das wollte – nein – in dieser technischen Einsatzeinheit musste ein jeder die Fahrerlaubnis der Klasse 2 (jetzt Klasse C) vorweisen. Und dass sie nicht wollte ließ sie mich während der Ausbildung häufig spüren.

Mehrere Wochen mussten wir auf engstem Raum (Führerhaus des Lkw) miteinander verbringen. Und ich habe eine sehr empfindliche Nase welche im Stande ist, auch minimale Spuren von Gerüchen aller Art aufzunehmen. Vermutlich bin ich in einem früheren Leben mal als Schnüffler (Hund) geboren worden.

Wenn aber jemand in sehr schweren Parfüm (Chanel Nr. 5 oder Opium oder ähnlich) badet und dann stundenlang im überhitzten Führerhaus sitzt ohne Luftzufuhr von außen, dann verätzt es mir die Nasenschleimhaut und meine Geruchsrezeptoren signalisieren »erbrechen«.

Während unserer 4-wöchigen »Zwangsehe« gab es für mich einige lustige, skurrile, unglaubliche und fragwürdige Episoden und Ereignisse, über die ich gerne berichten möchte.

Da war zum Beispiel die Sache mit den Schaltern und Knöpfen im Führerhaus des Lkws oder mit dem Tankdeckel oder mit dem Unterlegkeil oder ...

Im Regelfall ist es ja so, dass man einen Kippschalter zwischen Daumen und Zeigefinger nimmt oder einen Druckschalter mit der Fingerkuppe des Zeigefingers betätigt. Dumm nur, wenn an jedem Finger ein ca. 5 cm langer, grellorange lackierter, aufgeklebter Nagel sitzt, der unter keinen Umständen ruiniert oder beschädigt werden darf. Dann drückt man nicht mit der Fingerkuppe, sondern winkelt den Finger an und drückt dann mit dem Gelenk auf den Druckschalter, vorausgesetzt man hat genügend Power und kann auch tief genug eindrücken. Sollte dies nicht der Fall sein (...und so war es auch) lenkt das Ganze sehr vom Verkehrsgeschehen ab und man muss lange den Blick von der Fahrbahn nehmen.

Und wenn dann auch noch der Fahrlehrer einen Schrei loslässt, weil der 12-Tonnen Lkw gerade in den Gegenverkehr fährt, ist die Stimmung mal wieder auf dem Höhepunkt.

Die Sache mit dem Tankdeckel war dagegen eher lustig. Irgendwann musste der Lkw ja auch mal zur Tankstelle. Lkws tanken in der Regel Diesel ... nicht Super ... Rita!!! Der Tank befand sich auf der rechten Seite vom Fahrzeug. Wenn man das nicht weiß, macht man sich beim Fahrlehrer kundig bzw. schaut sich die Sache vorher mal an. Und jetzt war mal wieder ich daran schuld, dass der Lkw mit der linken Seite vor der Zapfsäule stand. Ihr Vorschlag, den Schlauch mit der Zapfpistole unter dem Fahrzeug hindurch zu führen, fand nicht meine Zustimmung.

Das Rangieren dauerte eine gefühlte Ewigkeit und brachte mich an den Rand eines Nervenzusammenbruchs, da ich beim rückwärts fahren aus Sicherheitsgründen immer draußen stehen musste und in die mitleidsvollen Gesichter der anderen Kunden und des Tankwarts blickte.

Als es dann endlich so weit war »fiel ich vom Glauben ab«.

Rita blieb im warmen Führerhaus sitzen und gab mir durch Gesten zu verstehen, dass ich den Tank auffüllen sollte, währenddessen sie mit einer kleinen Nagelfeile ihre Krallen schärfte. An meinem versteinerten Gesicht und der Wutader an meinem Hals konnte sie aber unschwer erkennen, dass ich kurz davor war zu explodieren.

Da sie nicht gerade die Sportlichste war, schälte sie sich langsam und rückwärts aus dem Führerhaus, was den männlichen Kunden ein Grinsen ins Gesicht zauberte. Dies musste sie gleich darauf noch einmal tun, da der Tankdeckel verschlossen und der Schlüssel dazu noch im Zündschloss steckte.

Was dann kam hätte auch gut in die Fernsehsendung »Verstehen Sie Spaß« gepasst.

Dieser runde Tankdeckel war natürlich deutlich größer als wie bei einem Pkw und hatte in der Mitte ein kleines Schloss. Nun musste man nur den richtigen Schlüssel einstecken, nach links drehen (...linksrum geht alles auf) und schon konnte man den Deckel ebenfalls mit einer Linksdrehung öffnen. Eigentlich gar nicht so schwer, es sein denn ...

Rita wollte sich die Finger nicht schmutzig machen und fragte nach Handschuhen. In jedem Fahrschul-Lkw lagen davon mindestens zwei Paar. Dumm nur, wenn man durch aufgeklebte Fingernägel deutlich längere Finger hat ... dann passen die Dinger einfach nicht und sehen auch noch »zum Schießen« aus.

Dann eben ohne Handschuhe ... ein Papiertuch tut es ja auch. Erst also das Tuch über den Tankdeckel legen und dann drehen ... aber in welche Richtung? Sie mühte sich redlich aber ohne Erfolg.

Mein kleiner Hinweis, dass man zuerst mit dem Schlüssel das Schloss öffnen und dann erst drehen kann, kam nicht so gut an und dafür erntete ich bitterböse Blicke.

»Weiß ich selber«...giftete sie und unternahm einen weiteren Versuch. Aber es wollte einfach nicht klappen.

»Du musst zuerst den Schlüssel nach links drehen und dann den Tankdeckel nach links abschrauben«.

So weit meine kleine Hilfestellung.

Es gibt Menschen, die haben eine angeborene Rechts-Links-Schwäche. Und dann gibt es auch Menschen, die sich darüber Gedanken machen, dass wenn man einen Gegenstand (z. B. eine Schraube oder auch einen Tankdeckel) lösen bzw. öffnen möchte, dieser sich doch in beide Richtungen dreht. Der obere Teil des Tankdeckels dreht dann nach links, während der untere Teil desselben nach rechts dreht ... .häähh?? ... alles klar?

Rita gehörte offensichtlich zu beiden Gruppen. Ich wollte sie nicht bloßstellen, und zeigte ihr die richtige Vorgehensweise, indem ich den richtigen Schlüssel ins Schloss steckte, nach links drehte und anschließend den Tankdeckel nach links abschrauben konnte. Für mich die einfachste Sache der Welt.

Anschließend drehte ich den Deckel wieder drauf und verschloss ihn. Ich händigte ihr den Schlüsselbund aus und sagte: »Jetzt bist Du dran«.

Auch beim zweiten Versuch scheiterte sie kläglich und bekam dieses blöde Ding einfach nicht abgeschraubt.

Zwischenzeitlich blockierten wir seit ca. 10–15 Minuten die Zapfsäule. Aber ich wollte, dass sie es alleine hinbekäme. Also gingen wir in Etappen vor. Ich bediente das Schloss und sie sollte den Deckel abschrauben. Ich hatte natürlich nicht damit gerechnet, dass sie so saft-/und kraftlos war.

Wie gesagt – es handelte sich hier um einen handelsüblichen Tankdeckel.

Es fehlte ihr einfach an der nötigen Power und selbst mit 2 Händen gelang es ihr nicht auf Anhieb, da sie wiederum versuchte nach rechts zu drehen.

Dann war es endlich so weit und sie sollte volltanken. Da ich meinen Job sehr ernst nahm, beobachtete ich jeden Handgriff von ihr. Im letzten Moment konnte ich noch erkennen, wie sie die Zapfpistole mit der Aufschrift »SUPER« entnahm und zum Tank führte.

Glücklicherweise konnte die Fehlbetankung von mir noch verhindert werden.

Auch die Sache mit dem Unterlegkeil ist auf Kraftlosigkeit zurückzuführen. An jedem Lkw und auch Anhänger sind ein oder mehrere Unterlegkeile vorgeschrieben. Diese sind, meist von außen, am Fahrzeug untergebracht und müssen das Wegrollen eines im Gefälle abgestellten Fahrzeugs sicher verhindern. Damit diese während der Fahrt nicht verloren gehen, müssen sie doppelt gesichert sein. Hierfür ist eine Einsteckhalterung sowie ein Metallbügel vorgesehen. Um einen Keil zu entnehmen, muss zunächst der Metallbügel beiseitegezogen und anschließend der Keil nach oben aus seiner Halterung gezogen werden. Eigentlich nicht sonderlich schwer – es sei denn man hat überhaupt keine Kraft dafür. Sämtliche Versuche scheiterten.

Aufgrund der getroffenen Feststellungen setzte ich mich mit dem Leiter der Fahrschule sowie dem verantwortlichen Zugführer der technischen Einsatzeinheit in Verbindung. Ich teilte meine Bedenken bezüglich der körperlichen Eignung von Rita mit und wollte einen Abbruch der Ausbildung erwirken.

Hiermit hätte ich auch der Betroffenen einen großen Gefallen getan. Doch leider wurde meinem Wunsch nicht entsprochen und die Ausbildung ging in die »heiße Phase« über.

Einmal bat sie mich um einen Tag Sonderurlaub.

Da ich das nicht genehmigen konnte, verwies ich sie an ihren Zugführer.

»Der hat gesagt ich soll das mit Dir ausmachen« schwindelte sie.

»Warum brauchst Du während der Ausbildung einen Tag Urlaub?« wollte ich wissen.

»Ich muss zum Fotograf, Passbilder machen« antwortete sie.

»Aber dafür braucht man doch keinen ganzen Tag dazu.«

»Doch ... das dauert so lange. Der macht 200 Stück und wenn ich nicht zufrieden bin muss er wieder von vorne anfangen.«

200 Passbilder ... dachte ich noch ... und keines dabei das ihr gefällt. Der arme Fotograf ...

Sie hat dann ihren Willen durchgesetzt und nach Rücksprache mit meinem Vorgesetzten (auch einer, den sie um den Finger gewickelt hatte) bekam sie ihren Tag Urlaub.

Zwei Episoden aus der stressigen Zeit mit Rita möchte ich noch kundtun.

Der erste Vorfall ereignete sich bei einer 90-minütigen Autobahnfahrt mit dem Lkw. Hier ging es in erster Linie um die korrekte Spurhaltung, ausreichende Sicherheitsabstände zum Vordermann, einzuhaltende Geschwindigkeiten und Verkehrsbeobachtung.

Während der Fahrt befanden sich immer beide Hände am Lenkrad, es sei denn man hatte einen triftigen Grund oder musste schalten oder irgendwelche Schalter und Knöpfe bedienen. Rita hatte keinen triftigen Grund ...

Auf einem viel befahrenen Autobahnabschnitt ließ sie plötzlich eine Hand los, welche daraufhin in ihrer Jackentasche verschwand.

»Bitte beide Hände ans Lenkrad« ermahnte ich sie.

»Ja gleich ... ich suche gerade etwas.«

Ich dachte an ein Bonbon oder Kaugummi und ließ sie zunächst gewähren. Als sie dann aber einen Handwechsel machte und in der anderen Jackentasche kramte, wiederholte ich meine Aufforderung in einem etwas schärferen Ton. Offensichtlich war sie in dieser Jackentasche fündig geworden. Was es genau war konnte ich zunächst nicht erkennen. Sie führte ihre beiden Hände zusammen und nur die Daumen hatten jetzt noch Kontakt zum Lenkrad. Mit den anderen Fingern versuchte sie krampfhaft etwas auseinanderzuziehen. Es machte »plopp« und nun wusste ich Bescheid.

»Meine Lippen sind total trocken« gab sie als Begründung an und schon machte sie kreisende Bewegungen mit einem Labello Fettstift an ihrem Mund.

»Gibt es hier einen Spiegel« wollte sie noch wissen, bevor sie das Entsetzen in meinem Gesicht erblickte.

Daraufhin führten wir ein sehr ernstes Gespräch miteinander.

Ein weiterer, unangenehmer Vorfall, welcher zum Abbruch der Ausbildung mit mir führte, ereignete sich nach einer Übungsstunde auf der Rückfahrt in die Kaserne. Rita hatte einen sehr schlechten Tag erwischt, war leicht reizbar, uneinsichtig und streitsüchtig. Vieles deutete darauf hin, dass es sich hierbei um etwas »hormonelles, monatlich Wiederkehrendes« handeln musste.

Wir standen kurz vor Beendigung der Ausbildung und bereiteten uns auf die Fahrprüfung vor.

Ich musste sie mehrmals korrigieren und ermahnen, was sie als »herumnörgeln« bezeichnete und auch bestimmte Fahrübungen hatten heute einfach nicht geklappt. So fuhren wir mit mäßiger Geschwindigkeit durch die Unterkunft in Richtung Parkplatz. Dummerweise hatte ich schon den Sicherheitsgurt abgelegt, um den erforderlichen Schreibkram zu erledigen. Wie jedes Mal gaben wir uns gegenseitig ein Feedback, aber ihre Kritik an meinem Ausbildungsstil war dieses Mal schärfer als sonst – irgendwie destruktiv.

Sie gab mit unmissverständlich zu verstehen, dass ich zu blöd (… dieses Wort hat sie tatsächlich verwendet) wäre ihr das Lkw fahren beizubringen.

Das konnte ich so nicht auf mir sitzen lassen.

Ich war in meiner Ehre gekränkt und entgegnetet, dass wenn hier jemand blöd sei, sie das wäre. Man merke deutlich, dass sie »null Bock« habe, alles widerwillig mache und keinerlei Interesse zeige. Der letzte Satz von mir, dass sie die schlechteste Fahrschülerin wäre die ich je gehabt hätte, war dann offensichtlich etwas zu viel Kritik. Denn sie tat dann etwas mit dem ich niemals gerechnet hätte.

Sie trat absichtlich voll auf die Bremse und die Druckluftbremse des Lkws »biss richtig kräftig zu«.

Ich wurde nach vorne aus dem Sitz geschleudert und landete unsanft mit dem Kopf und der Schulter an der Frontscheibe. Nun war das Fass übergelaufen …

Ich brüllte vor Schmerz wie ein angeschossener Löwe und schrie meinen ganzen Zorn und meine Wut heraus. Ich weiß heute nicht mehr so ganz genau, als was ich sie bezeichnete, aber es waren auch Begriffe aus »der untersten Schublade« mit dabei. Auf jeden Fall stand ich nahe davor ihr eine »reinzuhauen«, so geärgert habe ich mich über dieses Miststück.

Gott sei Dank hatte ich mich so weit im Griff und wurde nicht handgreiflich.

Es kam kein Wort der Entschuldigung von ihr. Ganz im Gegenteil. Sie fühlte sich auch noch im Recht und wurde sehr laut und persönlich. Nachdem ich mich einigermaßen gefasst hatte veranlasste ich sie zum Aussteigen. Mit den Worten: »Das hat noch ein Nachspiel« beendete ich das Ausbildungsverhältnis und fuhr selbstständig zum Parkplatz zurück.

Anschließend verständigte ich den Leiter der Fahrschule sowie den Zugführer der technischen Einsatzeinheit und teilte ihnen den Vorfall mit. Eigentlich war es noch nie meine Art gewesen Kollegen/Kolleginnen »anzuschwärzen«, aber dieses eine Mal war es die richtige Entscheidung, da auch Rita ihrerseits an höchster Stelle »petzte«.

Tags darauf hatte ich einen Termin beim Leiter der Bereitschaftspolizeiabteilung, einem Mann, der ebenfalls schon »an Ritas Finger zappelte«.

Man einigte sich darauf, die Ausbildung mit einem anderen Fahrlehrer fortzuführen und Rita zur Prüfung vorzustellen.

Wenige Tage später vernahm ich wieder dieses verhasste, typische Verlegenheitslachen.

Hahahaha … hahahhaha … haha … hahahahaha.

Ich blickte aus dem Fenster meines Büros und sah unten auf dem Parkplatz den Fahrschul-Lkw stehen. Drei Personen standen daneben … ein Fahrlehrer-Kollege, Rita und der Fahrprüfer.

»Heute ist schon Prüfung« … dachte ich mir … »bitte lass sie jetzt den Tankdeckel öffnen oder einen Unterlegkeil entnehmen«. Aber nichts davon geschah …

Der Prüfer, sonst ein sehr strenger, unnachgiebiger, überkorrekter Hauptkommissar war plötzlich sanftmütig und zu Späßen aufgelegt. In meiner Vorstellung zappelte er gerade als Marionette in Ritas Händen ...
Es kam wie es kommen musste und Rita hatte die Fahrprüfung bestanden. Vermutlich war ich der Einzige, der ihr das nicht gegönnt hatte. Hier hatte man wirklich den »Bock zum Gärtner« gemacht.

Ob sie jemals als Lkw-Führerin eingesetzt wurde, entzog sich meiner Kenntnis.

5.2 Bleienten können tauchen – nicht schwimmen

Neben meiner Tätigkeit als Fahrlehrer in der Polizeischule wurde ich auch noch in anderen Bereichen eingesetzt.

Da ich im Besitz einer Fahrerlaubnis zur Personenbeförderung (Bus-Führerschein) war und überdies Teilnehmer bei baden-württembergischen Polizeimeisterschaften im Schwimmen, war ich prädestiniert für das Unterrichtsfach »Schwimmen und Retten«. Hierbei kam mir auch meine private Ausbildung zum »Übungsleiter Tauchsport« zu Gute.

Polizisten müssen schwimmen können. Er kann nicht sein, dass ein »Freund und Helfer« nicht in der Lage ist, eine Person aus einer bedrohlichen Lage im Wasser zu retten. Aufgrund dessen ist auch die »Schwimmfähigkeit« eines Bewerbers bei der Polizei Ausbildungsvoraussetzung.

Hierzu musste der/die Bewerber/in einen Nachweis in Form des deutschen Sportabzeichens vorlegen. Dort musste die Abnahme über 200 m Zeitschwimmen von einem zur Abnahme Berechtigten bestätigt worden sein.

Im ersten Ausbildungsjahr stand demnach wöchentlich »Schwimmen und Retten« auf dem Stundenplan der Azubis. Mit der mir zugeteilten Schulklasse fuhr ich dann mit dem Bus zu einem nahe gelegenen öffentlichen Hallenbad, welches eine Stunde für uns reserviert war. Mir als Ausbilder machte dieses Fach besonders viel Freude, da ich meine Fähigkeiten als »Fisch« unter Beweis stellen konnte.

Da das Unterrichtsfach benotet und auch mit einem »ausreichend« bestanden werden musste, waren mehrere Abnahmen im Bereich Zeitschwimmen, Streckenschwimmen und Tauchen vorgeschrieben.

Beim ersten Besuch war die Abnahme über 200 m Zeitschwimmen vorgesehen. Jeder aus der Klasse musste einen Sprung vom Startblock machen und dann so schnell wie möglich acht Bahnen zu je 25 m zurücklegen, wobei der Schwimmstil keine Rolle spielte. In alphabetischer Reihenfolge absolvierten die Teilnehmer die gestellte Aufgabe, wobei gravierende Unterschiede in der Leistungsfähigkeit festgestellt wurden. Es gab jede Menge »Barracudas«, aber auch einige »Bleienten«.

Nur einer tanzte aus der Reihe und glänzte bei der Abnahme durch Abwesenheit.

»Mehmet ist grad auf dem Klo ... der muss kacken« erhielt ich als Antwort auf die Frage nach seinem Verbleib. Da er aber längere Zeit nicht mehr auftauchte, machte ich mir Sorgen und veranlasste einen Klassenkameraden nach ihm zu schauen. Kreidebleich und zitternd erschien er dann auf der Bildfläche und sagte »Mir ist schlecht«.

»Ist okay«, sagte ich, »dann machen wir die Abnahme eben nächste Woche«.

Mehmet war ein Deutscher mit türkischen Wurzeln. Eigentlich ein sehr sympathischer junger Mann mit Anstand und guten Manieren. Und natürlich mit einer »weißen Weste«, d. h., dass er noch nie mit dem Gesetz in Konflikt geraten war, da dies auch eine Einstellungsvoraussetzung war.

Nur einmal hatte er so »richtig Mist gebaut«.

In der Folgewoche stand wieder Schwimmen und Retten auf dem Stundenplan. Bevor wir zum Hallenbad aufbrachen, teilte ich ihm mit, dass ich heute die 200 m Abnahme mit ihm machen würde. Seine Hautfarbe wechselte von »zartrosa« nach »aschfahl«. Es war, als ob ihm der Leibhaftige begegnet wäre.

»Alles okay mit Ihnen« fragte ich ihn.

»Ja ja« entgegnete er, »nur ...«
»Was nur?« wollte ich wissen.
»Ich habe keine Badehose dabei ... hab ich zu Hause vergessen,« stammelte er.
»Lüge«, dachte ich mir ... »da stimmt doch was nicht. Der will sich drücken.«
»Dann machen Sie heute Schwimmaufsicht und wir machen die Abnahme nächste Woche – aber mit Badehose.« Freudestrahlend zog er von dannen.
Dann kam der Tag.
Während die anderen aus der Klasse mit meinem Kollegen im Wasser verschiedene Schwimmstile trainierten, nahm ich meine Notenliste und eine Stoppuhr in die Hand und zitierte Mehmet herbei. Wie ein geprügelter Hund schlich er heran.
»Muss ich jetzt auch vom Startblock springen?« wollte er wissen.
»Aber klar doch« entgegnete ich, »das gehört zur Abnahme dazu«.
Es sah nicht besonders sportlich aus wie er da nass und frierend auf dem Startblock kauerte. Seine Gesichtszüge waren entgleist und die Augäpfel quollen hervor. Mit angewinkelten Knien und Händen, die wie zum Gebet gefaltet waren, plumpste er wie ein nasser Sack ins Wasser und war sodann in der Tiefe verschwunden. Die Wassertiefe betrug an dieser Stelle 3,50 m und es machte auf mich den Eindruck, als ob Mehmet ein Unterwasserballett aufführte.
»Alles nur Show« dachte ich noch, »gleich taucht er wieder auf und dann legt er wie ein Delfin eine super Zeit hin.« Dem war leider nicht so ...
Ich schaltete schnell als ich bemerkte, dass da irgendetwas nicht stimmen konnte. Mit einem Aufschrei machte ich mich bei meinem Kollegen bemerkbar und sprang im Trainingsanzug ins Wasser. Nach zwei Zügen unter Wasser hatte ich ihn erreicht, ergriff

ihn und zog ihn an die Wasseroberfläche. Wie ein Fisch auf dem Trockenen rang er nach Luft und in seinen Augen stand Todesangst. Er klammerte sich total verkrampft an mich, sodass ich große Mühe hatte ihn an den Beckenrand zu ziehen.

Mein Kollege kam hinzu und zog Mehmet aus dem Wasser.

»Was war das denn?« wollte ich wissen, »können Sie nicht schwimmen?«

Wortlos und schluchzend schlich er in Richtung Umkleide davon.

»Sie kommen nachher in mein Büro« rief ich ihm noch hinterher.

Dann beratschlagte ich mich mit meinem Kollegen, bezüglich der weiteren Vorgehensweise. Offensichtlich lag hier ein Täuschungsversuch vor, da eine Einstellungsvoraussetzung (Schwimmnachweis) nicht erfüllt war, obwohl diesbezüglich eine Bescheinigung vorgelegt wurde.

Wir einigten uns darauf zunächst einmal die Füße still zu halten und die Erklärung Mehmets abzuwarten. Von den anderen Klassenkameraden hatte offensichtlich niemand etwas von der Aktion mitbekommen.

Wenig später klopfte es zaghaft an meiner Bürotüre und Mehmet trat ein. Auf Tatvorhalt räumte er reumütig ein, dass er nicht schwimmen könne. In den Besitz eines Schwimmnachweises wäre er über einen Kumpel von der DLRG gekommen, welcher ihm eine gefälschte Bescheinigung ausgestellt habe. Es täte ihm alles furchtbar leid und er bedankte sich überschwänglich, dass ich ihn aus dem Wasser gezogen hätte.

Als ich ihm darauf mitteilte, dass sein Täuschungsversuch ein Entlassungsgrund wäre, flehte er mich weinerlich an, den Vorfall nicht weiterzuleiten. Er gab an, dass er sich bereits zu einem Schwimmkurs angemeldet hätte und versicherte mir, dass er innerhalb kürzester Zeit schwimmen lernen würde.

Von seiner Ehrlichkeit und seinem Zugeständnis ließ ich mich erweichen und gab ihm eine zweite Chance. Der Vorfall blieb unter uns und innerhalb einer 4-wöchigen Frist sollte er in der Lage sein, die 200 m Abnahme in der vorgegebenen Zeit zu absolvieren. Im Gegenzug forderte ich den Namen desjenigen, welcher ihm die gefälschte Bescheinigung ausgestellt hatte.

Ich habe selten in ein so überglückliches Gesicht eines Menschen geblickt und hatte hierbei ein gutes Gefühl.

Nach 4 Wochen war aus dem tauchenden Mehmet ein schwimmender Mehmet geworden, der keine Probleme mehr hatte acht Bahnen am Stück zu schwimmen und hierbei innerhalb der vorgegebenen Zeit blieb. Mit dem »Kumpel« vom DLRG setzte ich mich tags darauf telefonisch in Verbindung und schilderte ihm die möglichen strafrechtlichen Konsequenzen seines Handels. Er zeigte Reue und sicherte mir glaubhaft zu, dies nie mehr wieder zu tun.

Aus Mehmet ist bestimmt ein guter Polizist geworden.
Mein letzter Kenntnisstand war, dass er es mit Ehrgeiz und Fleiß sogar in den gehobenen Dienst geschafft hatte.

5.3 Elefantenmann

Dies ist die Geschichte von Anke, Torsten und dem Elefantenmann. Anke und Torsten waren zwei Auszubildende in der Polizeischule und mussten ihren Dienstführerschein machen. Hierzu wurde die ganze Schulklasse für fünf Wochen zur Fahrschule abgeordnet um dort die Fahrerlaubnisklasse 3 (jetzt Klasse B) zu erwerben. Hierbei war es unerheblich, ob Einzelne schon im Besitz einer privaten Fahrerlaubnis waren. Jeder Polizeianwärter-/in musste dieses Prozedere in Theorie und Praxis, einschließlich zweier Prüfungen über sich ergehen lassen. Man wollte einfach sicher gehen, dass alle Polizeibeamte auf dem gleichen Stand waren und professionell mit den Dienstfahrzeugen umgehen konnten.

Für die praktische Ausbildung wurde jedem Fahrlehrer zwei Auszubildende zugeteilt, in der Regel ein Mann und eine Frau. Ich hatte mit Anke und Torsten großes Glück, da wir uns auf Anhieb verstanden, einen ähnlichen Humor hatten und gut miteinander harmonierten.

Anke war Anfang zwanzig, hatte kurze, strohblonde Haare und eine auffällig helle Hautfarbe. Sie war eher der schüchterne Typ aber ihr trockener Humor ließ darauf deuten, dass sie es faustdick hinter den Ohren hatte. Torsten war im selben Alter, sportlich durchtrainiert und konnte sich durchsetzen – verbal wie auch körperlich. Auch er hatte einen erfrischenden Humor und so gab es während der Ausbildung immer viel zu lachen. Nach Abschluss der Theorie stand dann die letzten beiden Wochen nur noch »Fahren« auf dem Programm. Dann wurde jeder Quadratmeter des Prüfungsgebietes erkundet und Grundfahraufgaben wie einparken, wenden in drei Zügen oder anfahren am Berg bis zum Exzess geübt. Da ich wusste, dass der Fahrerlaubnisprüfer ein scharfer Hund war und nur minimale Fehler durchgehen ließ, bereitete ich meine Fahrschüler akribisch auf die Prüfungsfahrt vor. Auch wollte ich die Durchfallquote so gering wie möglich halten, da diese ein Parameter über die Qualität der Ausbildung war.

So ziemlich am Schluss wurden dann die Sonderfahrten durchgeführt. Hierbei handelte es sich um Überland-/Autobahn-/und Nachtfahrten, insgesamt 12 Fahrstunden zu je 45 Minuten. Sofern die Fahrschüler damit einverstanden waren, wurden die letzten Sonderfahrten zu einem besonderen Event, da sie sich ein Ausflugsziel in Baden-Württemberg aussuchen durften. Anke und Torsten wollten unbedingt zum Baden an den Bodensee, zumal es Hochsommer war mit Temperaturen um die 30 Grad. Dies ging natürlich erst, wenn die offizielle Dienstzeit (Dienstende 16.00 Uhr) erbracht worden war.

Diesen Wunsch wollte ich ihnen gerne erfüllen. Mit dem dienstlichen Fahrschulauto, zivilen Klamotten und Badesachen starteten wir nach der Mittagspause in Richtung Konstanz am Bodensee. Auf der Fahrt dorthin wurde die eine oder andere Sonderfahrt (Autobahn/Überland) erbracht und damit den Verpflichtungen genüge getan.

Gegen 15.30 Uhr erreichten wir unseren Zielort Konstanz. Anschließend steuerten wir umgehend das dortige Polizeipräsidium an, da wir dort die Möglichkeit hatten unser Dienstfahrzeug abzustellen, unsere Pistolen sicher zu verwahren und uns umkleiden konnten. Dies war vorab so mit den Kollegen aus Konstanz abgesprochen worden. Da um 16.00 Uhr offizielles Dienstende war und wir für die anstehende Nachtfahrt auf den Einbruch der Dunkelheit warten mussten, hatten wir nun ca. fünf Stunden Zeit zur freien Verfügung.

Die wollten wir mit einem Besuch des Strandbades, einem Stadtbummel und einem abschließenden fürstlichen Mahl in einem griechischen Restaurant am See sinnvoll nutzen. Also begaben wir uns zu Fuß zu unserer ersten Anlaufstelle, dem Strandbad Horn, auch »Hörnle« genannt. Der Weg dorthin, ein schmaler, lehmbrauner Trampelpfad, führte leicht abschüssig über eine Wiese direkt zum See. Torsten ging voraus, dann folgte Anke und anschließend ich. Die Vorfreude war groß, da wir bei Kaiserwetter unterwegs und nur wenige Badegäste anwesend waren.

Doch dann hatte Anke ein Erlebnis das ihr Leben prägte und es sie vermutlich nie mehr vergessen ließ.

Auf unserem Weg passierten wir eine längere, blickdichte Hainbuchenhecke. Diese hatte eine Höhe von ca. 2,50 m und umgab ein vollständig eingefriedetes, rechteckiges Grundstück. Als wir an der vorderen Ecke angekommen waren, blickte Anke längere Zeit nach rechts. Offensichtlich hatte irgendetwas ihr Interesse geweckt, da sie ihren Blick nicht mehr lösen konnte und nun, nicht mehr dem Weg folgend, stolpernd in die Wiese mit dem hüfthohen Gras lief. Dies blieb mir nicht verborgen und mit einem lauten Aufschrei »Anke« holte ich sie aus ihren Träumen in die Realität zurück.

Natürlich wanderte nun auch mein Blick in dieselbe Richtung und was ich dort wahr nahm, ließ mich zur Salzsäule erstarren. Die Hecke, welche den Blick auf das dahinter liegende Grundstück durch Überlappung perfekt verhinderte, hatte einen schmalen Durchlass. Dort stand ein älterer Mann, geschätzte 70 Jahre alt, brutzelbraun mit weiß behaarter Brust. Er hatte die Hände in der Hüfte abgestützt, die Beine leicht gespreizt und er war nackt – splitterfasernackt. Eigentlich ja nichts Außergewöhnliches zumal ich den Hinweis »FKK-Bereich« vor wenigen Metern wahr genommen hatte. Doch seine anatomischen Merkmale waren höchst beeindruckend und außergewöhnlich. Dort, wo normale Männern einen Zipfel oder auch einen Pipimann haben, befand sich eine armdicke Keule ... wie die Keule eines Neandertalers. Dieses monströse Ding, welches wie ein drittes Standbein aussah, baumelte wie das Seil einer Kirchenglocke und hing doch tatsächlich bis zur Kniescheibe herunter. So manch ein ausgewachsener Hengst wäre wohl vor Neid erblasst.

Nun war mir klar, warum Anke vom Weg abgekommen war. Ich blickte sie fragend an und nannte sie nochmals laut bei ihrem Namen. Daraufhin reagierte auch Torsten und realisierte blitzschnell die Zusammenhänge.

Was nun geschah hatte auch ich so noch nie erlebt. Anke war es megapeinlich, dass ich sie ertappt hatte und sie errötete vor Scham wie ein Feuermelder. Durch ihre helle Hautfarbe war der Kontrast extrem und erinnerte mich unwillkürlich an das Bild des Künstlers Andy Warhol, als er das Portrait von Marilyn Monroe in verschiedenen Farben (u.a. mit feuerrotem Gesicht) anfertigte.

Wäre sie in diesem Zustand an einer Straße gestanden, so hätten die Autos bestimmt auf ihrer Höhe angehalten im Glauben, dass eine Ampel rot geworden wäre.

Torsten und ich schauten uns an und lachten laut auf. Unwillkürlich drängte sich mir die passende Bezeichnung für diese Abnormität auf und so war der »Elefantenmann« geboren.

Der Rest des Tages und auch die nächtliche Rückfahrt zur Dienststelle nach Böblingen verlief ohne besondere Vorkommnisse. Doch immer wenn im Gespräch das Stichwort »Elefantenmann« fiel ertönte schallendes Gelächter. Nur Anke konnte nicht darüber lachen. Insgeheim hoffte sie auf Diskretion und Verschwiegenheit von uns.

Doch da hatte sie die Rechnung ohne den Wirt gemacht.

5.4 Everybody was Kung-Fu fighting ...

Ich war schon immer ein Fan von Kampfsportarten. Schon als Jugendlicher sah ich mir gerne Filme mit Bruce Lee an und versuchte ihm nachzueifern. Dessen Schlagwaffe, ein Nunchaku, (verlängerter Arm) hatte es mir angetan. Es handelte sich um ein sogenanntes Würgeholz, welches aus zwei stabilen Rundhölzern bestand die mit einer Kette verbunden waren. So eines wollte ich auch mein eigen nennen, doch leider war der Besitz desselben in Deutschland verboten was mich jedoch nicht daran hinderte, mir ein eigenes herzustellen. Schnell musste ich erkennen, dass das Training sehr schmerzhaft war und unzählige Blessuren und Blutergüsse am eigenen Körper verursachte.

An diese Erlebnisse aus meiner Jugend fühlte ich mich erinnert, als in der Polizeischule ein Fachlehrer für Abwehr-/und Zugriffstraining (AZT) gesucht wurde.

Ich zögerte keine Sekunde und signalisierte meine Bereitschaft an einer Ausbildung zum AZT-Trainer. Diese fand wenig später bei der Bereitschaftspolizei Göppingen statt und dauerte zwei Wochen.

Das Training fand in einer Art »Dojo« statt, einem Trainingsraum für verschiedene Kampfkünste und war stark an Wing Tsun (WT) angelehnt, einem chinesischen Kung-Fu-Stil aus dem frühen 19. Jahrhundert.

Dieser wurde jedoch modifiziert und auf die Bedürfnisse der Polizei angepasst, da man ja keine Schlägertruppe ausbilden wollte sondern Einsatzkräfte, welche sich effektiv verteidigen und auch Festnahmen von Straftätern durchführen sollten.

Der Ausbildungsleiter war ein harter Knochen und hatte echt was auf dem Kasten. Ich erinnere mich noch genau an eine kräftezehrende, schmerzhafte Übung, in welcher Kettenfauststöße gegen eine Wand einstudiert wurden.

Hierzu wurde ein runder Aufkleber an der Wand fixiert und dieser musste nun abwechselnd mit der linken sowie mit der rechten Faust getroffen werden, wobei der Bewegungsablauf der vor-/ und zurückschnellenden Hände dem Bewegungsablauf einer Kettensäge entsprechen sollte.

Eigentlich kein großes Problem und von jedermann durchzuführen. Wenn aber von Mal zu Mal die Schlagfrequenz und die Zeitdauer erhöht wurde, stieß man schnell an seine Grenzen.

Anfänglich war es nur eine Minute, aber dies steigerte sich über drei, fünf bis auf acht Minuten.

Und der Trainer war nie zufrieden. Mal stand man zu dicht vor der Wand mal zu weit weg. Dann schlug man nicht heftig genug oder die Bewegung glich mehr einem Oval als dem einer Kettensäge.

Und dann trat er an die Wand heran und führte die Übung einmal richtig vor. Und was sich dann dort abspielte, ließ mich an meinem Verstand zweifeln. Seine Hände klatschten so heftig und in einer affenartigen Geschwindigkeit gegen die markierte Stelle, dass das Auge kaum folgen konnte und ich um die Standfestigkeit der Mauer fürchtete. Nun wurde mir bewusst, wie der Begriff »Kettenfauststöße« zustande gekommen war.

Meine Schläge gegen die Wand wären wohl eher unter der Rubrik »Laubsägearbeiten« zu verzeichnen gewesen – zumindest am Anfang.

Aber dieser Mann war ein Tier und man wollte ihn nicht zum Feind haben. Später erfuhr ich dann, dass er privat eine eigene WT Schule betrieb und überdies als Co-Trainer der jordanischen Nationalmannschaft tätig war.

Nach der zweiwöchigen Ausbildung tat mir jeder Knochen weh, aber ich hatte es durchgestanden.

Nun hielt ich eine Teilnahmebescheinigung in Händen und durfte mich fortan »Trainer für Abwehr und Zugriff« der Polizei des Landes Baden-Württemberg nennen.

Bereitschaftspolizeipräsidium Baden-Württemberg

Teilnahmebescheinigung

PHM Andreas Beck

geboren am ███████

hat vom 23.11. bis 04.12.1998

am

Lehrgang zum Trainer/Fachlehrer für den Teilbereich
Abwehr- und Zugriffstraining

teilgenommen

und damit die Befähigung zum Trainer/Fachlehrer
für den Teilbereich Abwehr- und Zugriffstraining
in der Polizei des Landes Baden-Württemberg erworben.

Göppingen, den 04. Dezember 1998

Leiter der Fortbildungsstelle   Lehrgangsleiter

Polizeioberrat

Mit stolz geschwellter Brust trat ich den Heimweg zu meiner Stammdienststelle nach Böblingen an.

Nun hatte ich mir ein zweites Standbein geschaffen und brachte dadurch mehr Abwechselung in meinen dienstlichen Alltag. Ab sofort tauchte in meinem Stundenplan immer wieder das Unterrichtsfach AZT auf und ich konnte die erlernten Techniken und fiesen Tricks an die Auszubildenden weitergeben.

Was ich natürlich nicht auf dem Schirm hatte, war die Tatsache, dass mein Stundenplan immer voller wurde und mir immer weniger Zeit für Vorbereitungen aller Art ließ.

Insgeheim erhoffte ich mir auch eine Würdigung meiner Vorgesetzten und einer daraus resultierenden schnelleren Beförderung. Dies entpuppte sich jedoch als Wunschdenken.

Der Aufstieg in den gehobenen Polizeidienst gelang mir erst einige Jahre später.

5.5 Alles klar ... Herr Kommissar?

Dann endlich war es so weit. Mein Engagement hatte Wirkung gezeigt und ließ mich als Kandidat für einen Aufstiegslehrgang in den gehobenen Dienst katapultieren.

Dieser Ehre wurde nur wenigen aus der Gruppe der Fahrlehrer zuteil. Da die Fahrschule im Organigramm der Bereitschaftspolizei ganz unten links stand, war deren Wichtigkeit dementsprechend eingestuft und auch die Angehörigen wurden klein gehalten.

Ich war stolz wie Bolle und der Hit »Der Kommissar« des österreichischen Sängers Falco schwirrte mir im Kopf herum.

Kommissar Beck hörte sich irgendwie gut für mich an und irgendwann würden dann ganz automatisch auch der Ober-/und Hauptkommissar folgen. Aber davor stand noch eine stressige, achtwöchige Ausbildung, intern Aufstiegslehrgang W8 genannt. Dieser fand in der Akademie der Polizei in der Stadt Wertheim (nördliches Baden-Württemberg) statt. Die ca. 30 Teilnehmer kamen alle aus Baden-Württemberg und waren so zwischen 42 und 55 Jahre alt. Dies hing damit zusammen, dass man nur auf diesen W8 geschickt werden konnte, wenn man dafür geeignet erschien und mindestens vierzig war. Und genau das war das Problem, das viele verzweifeln ließ. Man stelle sich vor, dass ein älterer Polizeibeamter, dessen Pensionierung nur noch wenige Jahre entfernt war, in einen Lernprozess eingebunden wurde, den er so seit Jahrzehnten nicht mehr erlebt hatte. Nun musste er über Wochen neun Stunden täglich die Schulbank drücken und danach das Gelernte noch vertiefen, da am Ende der Ausbildung eine dreiteilige Prüfung anstand.

Und dieser Umstand versetzte den einen oder anderen in Panik. Es wurde uns ein Vorfall geschildert, bei welchem sich ein Kollege suizidierte, indem er sich aus dem Fenster stürzte.

Aber in unserem Klassenverband gab es eher Alkoholexzesse, da einige Kollegen den Lehrgang nicht sonderlich ernst nahmen, da sie der Meinung waren, dass ihn sowieso jeder bestehen würde. Dem war leider nicht so.

Auch ich hatte ein mulmiges Gefühl bei diesem sogenannten Kurzstudium und am Ende gab es einen prall gefüllten DIN-A4-Ordner voll mit unzähligen Rubriken, Gesetzen und Vorschriften, dessen Inhalt für die Prüfung von Wichtigkeit war. Fairerweise gab es eine kleine Eingrenzung für die schriftliche und mündliche Prüfung.

Ich wollte mich nicht verrückt machen lassen und handelte bei meiner Prüfungsvorbereitung getreu dem Motto: »Mut zur Lücke«. Und damit lag ich goldrichtig. Das, was ich gelernt hatte, wurde abgefragt und das, was ich nicht wusste, konnte ich geschickt mit Redegewandtheit und meiner Diensterfahrung kaschieren.

Am Ende stand in meiner Teilnahmebescheinigung: »übertrifft die Anforderungen«. Somit stand einer Laufbahn als Kommissar im gehobenen Dienst nichts mehr im Wege und ich freute mich auf die Fortführung meiner Tätigkeiten bei der Polizeischule in Böblingen.

Doch der damalige Abteilungsleiter hatte ganz andere Pläne mit mir vor.

Bei einem persönlichen Gespräch mit ihm wollte er scheinheilig von mir wissen, was ich mir denn für meine zukünftige Verwendung vorstellen könnte. Dabei hatte er seine Pläne längst geschmiedet und hoffte nun insgeheim, dass ich in dieselbe Richtung tendieren würde. Aber da hatte er sich in mir getäuscht, als ich ihm offenbarte, dass ich mich in meiner alten Tätigkeit sehr wohl gefühlt habe und diese fortführen wolle.

Nun ließ er die Katze aus dem Sack und teilte mir seine Personalentscheidung mit. Er meinte, dass er dringend einen Fachlehrer im gehobenen Dienst für den Bereich Verkehrsrecht brauchen würde und ich genau der richtige Mann dazu wäre.

Überdies wolle er die Anzahl der vorhandenen Fahrlehrer um einen Beamten reduzieren und diesen habe er soeben gefunden.

Als Krönung setzte er noch einen oben drauf. Die Fahrschule, welche bis dahin für das Unterrichtsfach Fahr-/und Sicherheitstraining (FST) zuständig war, wäre ab sofort nicht mehr Bestandteil der Polizeischule und somit nicht mehr dafür zuständig. Dies wäre ab sofort meine Aufgabe.

Diese Kröte musste ich erst einmal schlucken. Er saß am längeren Hebel und konnte willkürliche Personalentscheidungen treffen. Es gab zwar einen Personalrat, aber der wäre mir hierbei keine große Hilfe gewesen. Ich wusste, dass wenn ich nicht auf seinen Vorschlag eingehen würde, könnte er mich auch als Einsatzbeamten in der Einsatzabteilung einsetzen. Und das wollte ich auf keinen Fall.

Ich wollte als Fachlehrer an der Polizeischule bleiben und darum ging ich zähneknirschend darauf ein. Mein Einwand, dass das FST für die am Standort befindlichen 14 Schulklassen in der Vergangenheit von sechs dafür ausgebildeten Trainern durchgeführt wurde, ließ ihn kalt. Er meinte, dass neue FST-Trainer ausgebildet würden und bis dahin müsse ich es eben alleine durchführen.

Auf meinen Schultern ruhte eine riesige Last, als ich total gefrustet von dannen schlich.

Hatte ich gerade richtig gehört? Mein Job als Fahrlehrer war futsch. Ich hatte mir innerhalb eines Jahres mühsam alle Fahrlehrerlaubnisklassen erarbeitet, eine 13-teilige Prüfung erfolgreich abgelegt und jetzt sollte alles umsonst gewesen sein?

Und dann sollte ich noch ein Rechtsfach unterrichten, das sich nur mit Paragrafenreiterei beschäftigte? Ich war zu 99 % ein Praktiker und bei der Vorstellung sträubten sich meine Nackenhaare.

Was mir aber wirklich Kopfschmerzen bereitete, war die Durchführung des FST für alle Schulklassen.

Wenn man Trainer für etwas ausbilden wollte, brauchte man zunächst einmal Freiwillige dafür. Und das war schon die erste große Hürde, da man deren fünf benötigte. Und dann musste natürlich ein Lehrgang vorbereitet und ausgeschrieben werden. Ich rechnete mit einer Zeitdauer von mindestens einem halben Jahr, bis ich auf Hilfe hoffen konnte. Bis dahin musste ich die Sache ganz alleine bewerkstelligen.

Und das blieb nicht ohne Folgen für mich.

Der Tinnitus ließ nicht lange auf sich warten. Ich war mit meinen vielen Aufgaben total überfordert und musste von einem Termin zum anderen hetzen. Besonders das FST nahm mich völlig in Beschlag. Die Anzahl der Unterrichtsstunden war vorgegeben und gliederte sich in Theorieunterricht, Sicherheitstraining, Geschicklichkeitsfahrtraining und Fahrten im Realverkehr. Letzteres war mit Fahrstunden für Fahrschüler gleichzusetzen, wobei alle Teilnehmer im Besitz einer gültigen Fahrerlaubnis sein mussten.

Als dann nach fast einem Jahr endlich die ausgebildete Truppe einsatzbereit war, musste diese ja noch in die Materie eingearbeitet werden. Schnell musste ich feststellen, dass besonders im Bereich »Fahrten im Realverkehr« die Ausbildung zum Fahrlehrer große Vorteile hatte. Diese Defizite konnten von den neuen FST-Trainern nicht ausgeglichen werden und blieben weiterhin an mir hängen.

Unterm Strich kann ich sagen, dass ich in der Polizeischule durch den Wechsel in die Laufbahn des gehobenen Dienstes mehr Nachteile als Vorteile hatte. Davor war ich in der Endstufe des mittleren Polizeivollzugsdienstes im Rang eines Hauptmeisters mit Amtszulage. Meine Aufgaben waren klar definiert, ich war nicht überfordert und der Job machte mir großen Spaß. Als frisch gebackener Kommissar erschrak ich zunächst, als ich meinen Gehaltszettel in Händen hielt. Das Nettogehalt war deutlich niedriger als zuvor und wurde mit einer Ausgleichszahlung an das alte Gehalt angepasst. Also keinen Cent mehr als vorher, aber die doppelte Arbeitsmenge und Verantwortung.

Erst Jahre später, als ich zum Polizeioberkommissar gefördert wurde, änderte sich auch das Gehalt zu meinen Gunsten. Rekordverdächtige 30 Euro (in Worten: dreißig) mehr stand da auf dem Gehaltszettel vom Landesamt für Besoldung und Versorgung Baden-Württemberg.

Und dann hatte ich noch ziemliches Glück, als ich im Jahr 2015 zum Hauptkommissar befördert wurde. Nun stimmte auch die Bezahlung und ich war froh, dass ich die ganzen Strapazen auf mich genommen hatte.

Leider gab und gibt es auch noch ältere Kollegen, die so wie ich den W8 Aufstiegslehrgang besuchten, das Endamt aber nicht erreichten und nun als Oberkommissar in den Ruhestand gehen mussten.

5.6 Messiesyndrom

Menschen, die unter einem Messiesyndrom leiden, haben einen krankhaften Sammelzwang. Oft leben sie völlig isoliert und horten Unmengen von Gegenständen in ihrer Wohnung. Im Extremfall droht dann die totale Vermüllung der Wohnung. Ihr Alltag wird von Chaos und Desorganisation beherrscht. Das äußere Chaos ist meist Ausdruck einer psychischen Erkrankung. Laut Schätzungen der Selbsthilfegruppe »Anonyme Messies« gibt es in Deutschland mehr als 1,8 Millionen Menschen, die mit solchen chaotischen Zuständen leben.

Während meiner 16-jährigen Dienstzeit bei der Polizeischule Böblingen wurde ich zweimal für je ein halbes Jahr zu einer anderen Dienststelle abgeordnet. Dies hing damit zusammen, dass in den Jahren von 2005 bis 2008 die Einstellungszahlen bei der Polizei in Baden-Württemberg deutlich zurückgefahren wurden und nun nicht mehr bis zu 14 Schulklassen sondern nur noch 6–8 Klassen am Standort ausgebildet wurden.

Da ich mir eine Dienststelle aussuchen konnte, wählte ich ein ländliches Polizeirevier in Filderstadt. Dessen Einzugsbereich war ziemlich groß und umfasste ca. 20 verschiedene Ortschaften, unter anderem auch alle Stadtteile der Stadt Ostfildern. Im Stadtteil Ostfildern-Parksiedlung kann ich mich noch gut an einen außergewöhnlichen, sehr ekligen Einsatz erinnern.

Wir waren auf Streife und erhielten von der Dienststelle den Auftrag, einen Sachverhalt abzuklären. Ein besorgter Bewohner eines Mehrfamilienhauses hatte bei der Wache angerufen und mitgeteilt, dass eine Anwohnerin seit mehreren Tagen kein Lebenszeichen von sich gegeben habe und auch auf klopfen und klingeln nicht reagieren würde. Überdies würde ein ekelerregender Geruch aus der Wohnung strömen, der Briefkasten überquellen und dauerhaft Licht in der Wohnung brennen.

Wir fuhren beschleunigt dort an und aufgrund der genannten Umstände stellten wir uns auf das Schlimmste ein.

Der Gebäudekomplex war ein Siedlungswohnungsbau aus den Fünfzigerjahren. Die besagte Wohnung lag im 2. Obergeschoss und dort wurden wir im Treppenhaus vom Anrufer sowie dem Hausverwalter erwartet. Beim Betreten des Objektes fiel meiner empfindlichen Nase sofort dieser unangenehme Geruch auf. Es handelte sich aber nicht um diesen typischen, süßlichen Verwesungsgeruch, sondern erinnerte mich eher an eine Mülldeponie.

Wir ließen uns die Feststellungen noch einmal erläutern und überzeugten uns davon. Alles war so wie geschildert und deutete auf einen Leichenfund in der Wohnung hin. Doch wie sollten wir in die Wohnung gelangen? Einen Ersatzschlüssel gab es nicht und auch kein gekipptes Fenster über das man hätte einsteigen können. Doch ein Betreten der Wohnung war unabdingbar, da man ja auch davon ausgehen musste, dass sich eventuell eine hilflose Person in der Wohnung befinden würde. Also schlug ich den Anwesenden die übliche Vorgehensweise vor. Feuerwehr und Rettungsdienst verständigen und deren Eintreffen abwarten. Es gab jedoch noch eine andere Möglichkeit auf die ich insgeheim spekulierte – Türe eintreten um das Ganze deutlich zu beschleunigen. Und tatsächlich erhielt ich vom Hausverwalter »grünes Licht« und er versicherte uns, dass er die dabei entstehenden Schäden übernehmen würde.

Ich hatte ja im Streifendienst schon einige Türen mittels Gewalt öffnen müssen, um hilflosen Personen zu helfen oder Straftäter festzunehmen. Dies gelang in allen Fällen recht einfach, da das Material der Türe oder des Türrahmens (Zarge) oft minderwertig waren. Ein kurzer, heftiger Tritt mit dem Fuß auf Höhe des Türgriffs reichte meistens aus, um den Widerstand zu brechen. Dann wurden die drei mickrigen Schrauben, mit welchen das Schließblech im hölzernen Rahmen verschraubt war herausgerissen oder eine genagelte Leiste verabschiedete sich komplett in ihrer gesamten Länge. Doch diese Türe war irgendwie ganz anders.

Es handelte sich um eine Vollholztüre mit einer Stärke von 5–6 cm. Diese steckte in einer Zarge aus Metall und sah verdammt stabil aus. Nichtsdestotrotz versuchte ich mein Glück.

Der wuchtige Tritt saß exakt und es hörte sich so an, als ob man einen Böller im Treppenhaus gezündet hätte. Doch nichts geschah, außer dass sich nun mein dienstlicher Schuhabdruck der Größe 46 auf dem Holz befand. Der zweite Tritt zeigte ebenfalls keine Wirkung und führte dazu, dass andere Mitbewohner ins Treppenhaus stürmten und sich über die Lautstärke beklagten. Ein letzter Versuch würde bestimmt zum Erfolg führen, da ich mir etwas vermeintlich Schlaues einfallen ließ. Ich fragte den Mieter der gegenüberliegenden Wohnung, ob ich diese kurz betreten dürfe um Anlauf zu nehmen. Er gab mir sein Einverständnis und nun hatte ich eine Anlaufstrecke von ca. 6–7 Metern. Mit dem Aufschrei »Aus der Bahn« beschleunigte ich und rannte durch den Flur ins Treppenhaus. Mit gestreckten Fuß voraus wuchtete ich meine Masse, mehr fliegend als stehend, gegen das Portal. Es tat einen Höllenlärm als ich, wie eine Fliege gegen die Frontscheibe eines Autos, dagegen klatschte und zu Boden fiel.

Dann spürte ich den Schmerz. Ich biss die Zähne zusammen und wollte mir nichts anmerken lassen. Mein Knöchel war heftig verstaucht und ich fühle, wie er anschwoll. Offensichtlich hatte ich nicht das Türblatt, sondern diesen verf ... Türgriff getroffen. Doch das Ergebnis war dasselbe – die Türe war und blieb zu. Jetzt erst fiel mir auf, dass im oberen Drittel ein zusätzliches Schloss verbaut war. Wie sich später herausstellte, handelte es sich um ein massives Blockschloss und einem Schließriegel mit der gefühlten Stärke der Ankerkette eines Ozeanriesen.

Also doch die Feuerwehr verständigen.

Diese kamen zeitgleich mit dem Rettungsdienst eine gefühlte Ewigkeit später. Aber sie hatten jede Menge Taschen und Werkzeuge dabei. Nun war es nur noch eine Frage von wenigen Minuten und die Türe wäre geknackt. Doch auch hier irrten wir uns. Ein Feuerwehrmann kramte in seiner Werkzeugkiste und zauberte einen sehr leistungsstarken Akkuschrauber hervor. Mittels eines speziellen Metallbohrers rückte er dem Schließzylinder zu Leibe und malträtierte diesen minutenlang. Nachdem er ihn zerstört hatte nahm er einen Sperrhaken und wollte mit diesem aufschließen. Das eigentliche Türschloss ließ sich aufsperren und jetzt hätte die Türe normalerweise aufgehen sollen. Aber da war ja noch das Blockschloss und dieses war zweimal verschlossen. Und wieder musste der Akkuschrauber ran. Zuerst verglühte der Bohrer und dann machte auch noch der Akku schlapp. Aber die Feuerwehr war ja immer für den Notfall gerüstet und hatte mittels doppelter Ausrüstung vorgesorgt. Nachdem auch der zweite Bohrer seinen Geist aufgegeben hatte und der Feuerwehrmann resignierte und etwas von »Blockschloss mit Aufbohrschutz« murmelte war mir klar, dass jetzt schweres Gerät ran musste. Zwischenzeitlich waren ca. 45 Minuten vergangen und vor der Türe standen immer noch 6 Hilfskräfte mit dummen Gesichtern.

Also begab ich mich zum Streifenwagen und holte aus dem Kofferraum die stabile Brechstange. Es handelte sich um einen sogenannten »Geißfuß« oder auch Nageleisen genannt, mit einer Länge von ca. 60 cm. Dieses war dazu bestimmt, im Notfall Türen aufzubrechen. Und da die Feuerwehr ein ähnliches Werkzeug hatte konnten wir an zwei Stellen gleichzeitig ansetzen und hebeln. Doch selbst hiermit gelang es uns nicht den Widerstand zu brechen. Erst nachdem alle mithalfen (insgesamt 6 kräftige Männer) und mit körperlicher Gewalt dagegen drückten und gleichzeitig hebelten, hatte die Türe verspielt. Mit einem lauten Krachen zersplitterte das Holz und die Türe ging ein Stück weit nach innen auf.

Das Erste was wir wahrnahmen war dieser widerwärtige Geruch, welcher beim Einatmen unwillkürlich zum Brechreiz führte. Es roch wie in einer Kläranlage welche sich neben einer Mülldeponie befand. Ein erster Blick ins Innere der Wohnung brachte sofort Klarheit. Kein Zweifel – wir befanden uns in einer total zugemüllten Messie-Wohnung.

Weder die Feuerwehr noch der Rettungsdienst wollten zuerst rein. Sie meinten, dass dies die primäre Aufgabe der Polizei wäre – diese Drückeberger.

Nun denn, mit Mut voran. Ich holte tief Luft, hielt mir Mund und Nase zu und versetzte der Türe einen Stoß. Doch sie wurde von irgendetwas abgebremst und schwang nicht auf. Mit einfacher körperlicher Gewalt gelang es mir sie einen Spalt aufzudrücken um einzutreten. Was mich da in der Wohnung erwartete, ließ mich erschaudern. Bis zu einer Höhe von ca. 1 Meter war jeder Quadratmeter Wohnfläche mit Bergen von Müll bedeckt – Hunderte offene Mülltüten, Speisereste mit Madenbefall, Papier, Glasflaschen, Kartonagen, Decken, Handtücher, Einwegverpackungen, alte Möbel und das Ganze vermischt mit Fäkalien, Fäkalien, Fäkalien.

Ich versuchte lautstark auf mich aufmerksam zu machen, doch es kam keine Reaktion darauf.

Mein erster Gang führte mich zu einem Fenster, wobei ich es nicht vermeiden konnte mehrmals in menschlichen Kot zu treten. Der Weg durch die Müllberge ähnelte einem Trampelpfad und ich versuchte nichts mit den Händen zu berühren. Überall schwirrten Insekten herum und die Fensterbretter erschienen einem schwarz von den vielen verendeten Kadavern.

Die Wohnung war ca. 60 qm groß, hatte 2 Zimmer, Küche, Bad und separate Toilette. Wir betraten jeden Raum und hielten nach einer menschlichen Leiche Ausschau. Besonders schlimm waren die Zustände in der Toilette und im Bad. Die Toilettenschüssel war bis zur Oberkante mit eingetrocknetem Kot befüllt und in der Badewanne schwamm die menschliche Notdurft knietief.

Aber wir wurden nicht fündig. Ein(e) Wohnungsinhaber-/in konnte weder lebend noch tot aufgefunden werden. Da die Wohnungstüre jedoch von innen verschlossen und alle Fenster geschlossen waren, musste jemand in der Wohnung sein. Dies bedeutete, dass wir uns durch die Müllberge wühlen mussten und selbst die Badewanne könnte ein Versteck sein. Ich stellte mich schon innerlich darauf ein, mit einem länglichen Gegenstand in dieser Jauchegrube auf Spurensuche zu gehen.

Da ertönte ein lauter, schriller Schrei aus Richtung Wohnzimmer. Mein Kollege hatte inmitten der Müllberge eine Schlafstätte aufgefunden. Beim Entfernen der völlig verunreinigten Bettdecken stieß er auf eine weibliche Person, welche mit einem Nachthemd bekleidet war und unter den Decken gekauert hatte. Beim Freilegen schrie sie wie am Spieß und warf mit Gegenständen um sich. Erst dem Rettungsdienst gelang es sie zu beruhigen. Die Person war völlig verwahrlost, bis auf das Skelett abgemagert und von kleinwüchsiger Gestalt. Ich schätzte ihr Alter auf etwa Mitte siebzig, war dann aber sehr überrascht, dass sie erst Anfang fünfzig war. Anschließend wurde sie zum Rettungswagen verbracht und in eine Klinik eingewiesen.

Zwischenzeitlich hatte die Feuerwehr ganze Arbeit geleistet und sowohl die Türe notdürftig repariert als auch den Schließzylinder ausgetauscht. Der Wohnungsschlüssel wurde an den Hausverwalter übergeben.

Von den Nachbarn konnte in Erfahrung gebracht werden, dass es einen Angehörigen (Bruder) geben würde. Dessen Aufenthaltsort im Ausland konnte jedoch nicht ermittelt werden. Somit war das Tätigwerden der Polizei zunächst erledigt. Schlussendlich wurde noch eine Mitteilung an das zuständige Landratsamt gefertigt, welches die erforderlichen Maßnahmen ergreifen sollte. Übrigens habe ich meine dienstlichen Schuhe noch vor Ort entsorgt und bin barfuß zurück zur Dienststelle gefahren.

Ich kann mich noch gut an einen ähnlichen Vorfall in Stuttgart-Untertürkheim erinnern, als die betroffene Messie-Person nach 8-wöchiger Abwesenheit wieder in ihre total zugemüllte Wohnung zurückkehrte, obwohl das zuständige Amt für öffentliche Ordnung über den Vorfall Kenntnis erlangt hatte. Offensichtlich wurde es von Amtswegen versäumt sich darum zu kümmern. Nur einem aufmerksamen Nachbarn und einem von mir verständigten Sachbearbeiter vom Amt war es zu verdanken, dass dieser Teufelskreis unterbrochen wurde.

5.7 Wo gehobelt wird da fallen Späne ...

Dass bei Rettungseinsätzen oder Verfolgungsfahrten durch die Polizei Schäden oder Unfälle entstehen können, ist nicht unüblich. Und nicht immer bleibt es nur bei Sachschäden. Als häufigste Ursache wird »menschliches Versagen« aufgeführt, gepaart mit unglücklichen Umständen. Aber manchmal passieren schlimme Unfälle einfach auch durch Dummheit, Selbstüberschätzung und Imponiergehabe. Besonders junge Männer sind davon betroffen.

An drei Erlebnisse aus meiner Zeit als Fahrlehrer/Sicherheitstrainer bei der Polizeischule Böblingen, als hohe Sachschäden entstanden, kann ich mich noch gut erinnern.

Erinnern Sie sich noch an die Geschichte während der Fahrlehrervorausbildung bei der BePo Göppingen? An den Vollpfosten vom SEK, der mit dem 7er BMW ein paar kleine Turns gemacht hat?

Vermutlich hatte er einen Bruder, der ebenso bescheuert war wie er, und genau von diesem handelt die nächste Geschichte.

Wir, zwei Fahrlehrerkollegen und ich fuhren mit einer Gruppe Einsatzbeamter(12 Führerscheininhaber mit 6 Fahrzeugen) von der Einsatzabteilung zum Sicherheitstraining auf ein Übungsgelände nach Nagold/Nordschwarzwald. Es handelte sich hierbei um eine ausgediente Bundeswehrkaserne, in welcher die BePo Böblingen einen Großparkplatz (120 m x 70 m) angemietet hatte. Dieser Platz eignete sich hervorragend für unsere Zwecke, vorausgesetzt man hielt sich an die Vorgaben der Moderatoren.

Dort befand sich auch eine spezielle Gleitfläche, auf welcher Fahrmanöver bei extrem rutschiger Fahrbahnoberfläche simuliert werden konnten.

Doch zunächst stand Slalom fahren auf dem Programm. Mit Pylonen wurde eine Fahrtstrecke markiert und die Teilnehmer erhielten über Funk ihre Anweisungen bezüglich Lenk-/und Bremsverhalten sowie die zu fahrende Geschwindigkeit. Die Obergrenze der Geschwindigkeit betrug 40–50 km/h und durfte nicht überschritten werden, da sonst die Gefahr bestand zu verunglücken. Fast alle hielten sich daran – bis auf diesen einen Chaoten. Nachdem sich die Gruppe auf dem Parcours eingefahren hatte, wurde die Geschwindigkeit langsam erhöht. Die Teilnehmer starteten auf einem Zufahrtsweg zum Parkplatz und absolvierten mit mehr oder weniger Erfolg die gestellten Aufgaben.

Doch dann kam er ...

Schon beim Losfahren hörte ich das Quietschen der Reifen und das Ausdrehen der ersten beiden Gänge. Er kam wie ein Stuka (Sturzkampfflugzeug) auf den Platz geschossen und mein entsetzter Schrei ins Funkgerät zeigte keinerlei Wirkung. Bei der ersten Lenkbewegung mit einer geschätzten Geschwindigkeit von ca. 70–80 km/h brach das Fahrzeug aus und driftete in unsere Richtung, sodass wir um unser Leben fürchteten und auseinander stoben. Mehrere Pylonen wurden abrasiert und spritzten durch die Luft. Als sich das Ende des Platzes näherte, versuchte er noch mit einer Vollbremsung und einer hektischen Lenkbewegung nach rechts das Schlimmste zu vermeiden.

Aber die Geschwindigkeit war immer noch viel zu hoch und so kam es, wie es kommen musste.

Das Fahrzeug verließ den asphaltierten Bereich, pflügte durch eine Grünfläche und verschwand mit einem ohrenbetäubenden Krachen im dahinter liegenden, mannshohen Gebüsch mit Baumbestand.

Alles hatte sich so angefühlt wie in einem Actionfilm und den krönenden Abschluss »Busch auf – Auto rein – Busch zu« hätten die Stuntmen von »Alarm für Cobra 11« nicht besser hinbekommen.

Aber leider lautete die Aufgabe »Slalom fahren« und nicht »Materialverschleiß«.

Entsetzt rannten alle Anwesenden zur Unfallstelle. Als wir dort ankamen, hatten sich beide Fahrzeuginsassen schon selber befreit.

»Sind Sie verletzt!« ... wollte ich wissen.

Beide winkten ab und der Fahrer setzte ein fettes Grinsen auf und rief seinen Kameraden zu: »Das war geil!«

Meine Faust ballte sich in der Hosentasche und ich hätte dieser Dumpfbacke am liebsten eine nonverbale Belehrung in Form einer schallenden Ohrfeige gegeben.

»Das wird noch ein Nachspiel haben« ... sagte ich, ...»und jetzt kümmern Sie sich um das Fahrzeugwrack.«

Das »Fahrzeugwrack« war ein Mittelklasse-Pkw der Marke Ford, Typ Scorpio, mit weniger als 50.000 km auf der Uhr.

Er musste geborgen werden und hatte nur noch Schrottwert. Der Sachschaden betrug ca. 20. 000.- DM.

Was mich auch noch maßlos geärgert hatte war der Umstand, dass ich, als verantwortlicher Leiter des Fahr-/und Sicherheitstrainings, den fälligen Unfallbericht schreiben musste. Aber dabei nahm ich kein Blatt vor den Mund und schilderte sehr ausführlich den Unfallhergang, sodass jeder der ihn las ein bedingt vorsätzliches Verhalten beim Fahrzeugführer erkennen konnte.

Aufgrund dessen wurde von der Dienststelle auch die Möglichkeit geprüft, ob der Fahrzeugführer in Regress genommen werden könnte. Leider wurde dem nicht entsprochen ...

Ein weiteres, schädigendes Ereignis trug sich Monate später auf besagter Gleitfläche zu. Dies war jedoch nicht dem draufgängerischen Verhalten eines Kamikaze-Fahrers geschuldet, sondern der Verkettung unglücklicher Umstände. Die Gleitfläche hatte es nämlich in sich.

Ein spezieller Fahrbahnbelag führte in Verbindung mit Wasser zu einer Schmierseife ähnlichen Oberfläche, was mit winterlichen Verhältnissen gleichzusetzen war. Dort wurden dann verschiedene Fahrmanöver durchgeführt, um den Teilnehmern physikalische Zusammenhänge beim Lenken und Bremsen auf glatter Fahrbahn zu vermitteln. Schlitternde und sich drehende Fahrzeuge waren hierbei an der Tagesordnung. Die Kunst war es, ein ausbrechendes Fahrzeug durch das richtige Lenk-/und Bremsverhalten abzufangen und zu stabilisieren. Eigentlich ganz harmlos, es sei denn ...

Mein Lieblingskollege Edi R. hatte die Moderation an der Gleitfläche übernommen, währenddessen ich mit der Befeuchtung derselben beschäftigt war. Um den Teilnehmern die Aufgabe zu demonstrieren, setzte er sich als Beifahrer in einen VW-Bus (Übungsfahrzeug) und veranlasste die Gruppe einzusteigen. Mit voller Besetzung (8 Personen) und einer angemessenen Geschwindigkeit von ca. 30–40 km/h fuhr das Fahrzeug auf die Gleitfläche. Dort sollte der Fahrer vor einem Hindernis (Pylone) nach links ausweichen und anschließend wieder nach rechts zur ursprünglichen Fahrlinie zurückkehren.

Während der Ausweichbewegung zog mein Kollege zum richtigen Zeitpunkt die Handbremse kurzfristig an, um einen gezielten Schleudervorgang einzuleiten. Doch leider verhielt sich weder der Fahrer noch das Fahrzeug wie erwartet.

Von außen konnte ich erkennen, wie der Fahrzeugführer wie wild am Lenkrad hantierte, sich der VW-Bus um die Hochachse drehte und ohne an Geschwindigkeit zu verlieren über die ca. 45 m lange Gleitfläche schlitterte.

Und dann geschah das Unglaubliche.

In meiner Ausbildung zum Fahrlehrer aller Klassen hatte ich gelernt, dass Fahrzeuge, bedingt durch einen tiefen Schwerpunkt und eine dementsprechende Spurbreite, in der Regel kippsicher sind. Das bedeutet, dass ein schleuderndes oder sich drehendes Fahrzeug nicht umkippt oder sich überschlägt, es sei denn, die Reifen können während des Schleuderns irgendwo einhaken (sog. Kippkante).

Besonders erschwerend kam in diesem Fall hinzu, dass der VW-Bus exakt im rechten Winkel von der Gleitfläche schlitterte und seitlich mit Vorder-/und Hinterachse gleichzeitig auf dem griffigen Belag hinter der Gleitfläche ankam. Dort gab es aber keine Kippkante, sondern nur den Übergang vom rutschigen auf griffigen Belag.

Das Fahrzeug wurde abrupt abgebremst und die rechtsseitigen Räder der Vorder-/und Hinterachse hoben gleichzeitig ab. Anschließend kippte das Fahrzeug wie in Zeitlupe um und fiel krachend auf die Seite. Die Schreie der Fahrzeuginsassen klingen mir heute noch in den Ohren.

Gott sei Dank waren alle angegurtet und niemand wurde schwer verletzt. Da jedoch zwei Seitenscheiben zu Bruch gingen, verletzten sich zwei Kollegen leicht durch Glassplitter.

Und wieder musste der Abschleppdienst von der Dienststelle anrücken. Der Sachschaden hielt sich in Grenzen, da es sich um ein älteres Fahrzeug handelte.

Seit diesem Vorfall wurden beim Fahr-/und Sicherheitstraining keine VW-Busse oder sonstige Transporter auf der Gleitfläche mehr eingesetzt.

Und noch ein schädigendes Ereignis ist erwähnenswert.

Doch dieses Mal war es weder Fahrlässigkeit, noch bedingter Vorsatz, noch menschliches Versagen.

Es war wie eine Naturkatastrophe ... ein von Menschen herbeigeführter Hurrikan in Form eines riesigen Helikopters.

Dieser Helikopter war im Besitz der Bundespolizei, welche ihren Standort ebenfalls in derselben Kaserne wie die Bereitschaftspolizei hatte. Es kam öfters mal vor, dass Hubschrauber der Bundespolizei auf einer Wiese im Areal landeten oder starteten. Meist mit kleineren Fluggeräten, unspektakulär und mit dem nötigen Abstand zu Gebäuden und Personen.

Nur einmal landete dieses Monster in der Kaserne und es erinnerte mich an das Raumschiff der Außerirdischen im amerikanischen Spielfilm »Independence Day« mit Will Smith.

Ich machte gerade mit drei Motorradfahrschülern Theorieunterricht im Lehrsaal, als wir dieses bedrohliche Geräusch wahrnahmen.

Zunächst war es nur ein dumpfes Grollen wie von einem nahenden Gewitter, aber kurz darauf bebte die Erde und das Gebäude erzitterte.

Beim Blick aus dem Fenster konnten wir erkennen, dass es draußen furchtbar stürmte. Die Sicht war von einem Moment auf den anderen eingetrübt und alles erinnerte an eine Art Sandsturm. Es dauerte nur gefühlte 2 Sekunden und wir verließen fluchtartig das Gebäude.

Draußen staunten wir nicht schlecht. Über unseren Köpfen, in einer Höhe von ca. 30 – 40 m, schwebte ein lärmender und dröhnender Helikopter-Gigant im Landeanflug auf die kleine Wiese. Leider befand er sich auf einer ungünstigen Anflugroute, sodass er eine Fahrstraße sowie einen Parkplatz kreuzen musste. Auf der Fahrstraße vor dem Lehrsaalgebäude waren gerade zwei Unterkunftsarbeiter damit beschäftigt, einen mittelgroßen Pkw-Anhänger mit ausrangierten Schultischen zu beladen. Der durch die Rotoren des Helikopters verursachte Winddruck glich einem Orkan und beförderte die Tische unsanft vom Anhänger auf die Fahrbahn, während die Arbeiter panisch ins Gebäude flüchteten.

Der Anhänger machte sich wie von Geisterhand selbstständig, steuerte auf das Lehrsaalgebäude zu und durchschlug mit der Deichsel die Verglasung der Eingangstüre.

Noch schlimmer erwischte es die drei abgestellten Polizei-Motorräder auf dem Parkplatz. Es handelte sich um BMW R 850 RT Motorräder, welche auf ihrem sehr stabilen Mittelständer abgestellt waren. Jedes dieser Kräder hatte ein Leergewicht von 270 kg. Wie ein Kartenhaus stürzten sie übereinander als der Heli sie überflog.

Ich möchte mir gar nicht vorstellen was passiert wäre, wenn in diesem Moment eine 50–60 kg schwere weibliche Auszubildende den Parkplatz gequert hätte. Vermutlich wäre sie wie Mary Poppins durch die Lüfte gewirbelt worden und irgendwo zerschellt ...

Warum die Luft so sandig und eingetrübt war, konnte sich zunächst niemand erklären. Am aufgewirbelten Staub allein konnte es ja nicht gelegen haben. Erst am nächsten Tag fand man die Ursache. Die große Sandgrube, welche zum Weitsprung und Kugelstoßen genutzt wurde, hatte mehr als die Hälfte ihres ursprünglichen Inhalts verloren.

Gott sei Dank gab es nur Sachschäden und keine Verletzten. Die Schäden wurden dokumentiert und von der Bundespolizei anstandslos beglichen.

Nach diesem Vorfall wurde der riesige Helikopter nie mehr im Areal gesichtet.

Die Jahre zogen dahin und mein Tätigkeitsgebiet als Polizeifachlehrer hatte sich immens ausgeweitet.

Aus dem ursprünglichen Fahrlehrer aller Klassen wurde zusätzlich ein Fahr-/und Sicherheitstrainer, ein Trainer für Abwehr und Zugriffstechniken, ein Schwimmtrainer, ein Verkehrsrechtslehrer und ein Busfahrer. Somit war ich über lange Zeit gut ausgelastet und in meinem wöchentlichen Stundenplan fand sich keine freie Stelle mehr.

Doch ich war in der glücklichen Lage und hatte ein Deputat. Mein Freund Günter hatte immer einen witzigen Spruch auf Lager. Er sagte: »Andy, Du hast es gut. Andere Leute haben Hämorrhoiden oder Achselschweiß und Du hast ein Deputat.« Ein Deputat war eine sogenannte Regellehrverpflichtung und betraf Lehrkräfte im Schuldienst. Hier wurde je nach Tätigkeitsgebiet geregelt, wie viele Unterrichtsstunden pro Woche erteilt werden mussten um auf die wöchentliche Arbeitszeit zu kommen. Man unterschied zwischen reinem Theorieunterricht, praktischem Unterricht und einem sogenannten Mischdeputat, bestehend aus praktischem und theoretischem Unterricht.

Die Spanne betrug hierbei zwischen 22 und 30 Unterrichtsstunden zu je 45 Minuten, sogenannten Deputatsstunden, die eine Lehrkraft pro Woche erbringen musste. Was natürlich nicht im Deputat enthalten war, waren die Vor-/und Nachbereitungen, das korrigieren von Leistungsnachweisen, vorgeschriebener Dienstsport und Schießtermine.

Dann kam irgendwann die Polizeireform.

Dies hatte zur Auswirkung, dass die Einstellungszahlen neuer Polizeianwärter kurzfristig deutlich
zurückgingen. Aufgrund dessen halbierte sich die Anzahl der Schulklassen am Ausbildungsstandort Böblingen, was sich auch auf die Anzahl der benötigten Lehrkräfte auswirkte. Ungefähr jeder Zweite (von insgesamt ca. 50 Lehrkräften) wurde aufgefordert, sich um ein halbjähriges Praktikum bei einer anderen Polizeidienststelle zu bemühen.

Ich entschied mich für die Verkehrserziehung bei der Landespolizeidirektion Stuttgart II, dem heutigen Polizeipräsidium Stuttgart. Dort absolvierte ich ein halbjähriges Praktikum, welches ich um ein halbes Jahr verlängern durfte, da es mir richtig gut gefiel.

Zu dieser Zeit schwebte auch schon ein Gerücht wie ein Damoklesschwert über der Polizeischule Böblingen. Der Standort, der erst im Jahr 1993 ins Leben gerufen wurde, sollte in absehbarer Zeit aufgegeben werden. Aufgrund dessen zog ich einen Wechsel zur Verkehrserziehung der Stuttgarter Polizei in Erwägung. Unterstützung hierbei erfuhr ich durch den damaligen Leiter, welcher sich für mich einsetzte.

Meinem Versetzungswunsch wurde im Jahr 2010 stattgegeben.

Kapitel 6
Wechsel nach Stuttgart zur Verkehrserziehung

Was haben wir doch für Späße über diese Dienststelle gemacht ... damals im Streifendienst.

Wir bezeichneten uns als die »richtige Polizei« und hatten für Kollegen der Verkehrserziehung nur Hohn und Spott übrig. Abseiler und Drückeberger nannten wir sie, und wenn man das Handschuhfach ihres Autos öffnet dann ... tri-tra-trallala ... tri-tra-trallala ... springt ein kleiner Verkehrskasper (Handpuppe) heraus ... witzelten wir über die Kollegen.

Ich habe meine Meinung komplett geändert.

Die Dienststelle befand sich im 6. OG des Gebäudes der Verkehrspolizei Stuttgart und hatte insgesamt 17 Kollegen und Kolleginnen, deren primäre Aufgaben die Verkehrsprävention war.

Interessanterweise waren das Klientel nicht nur die »Windelscheißer«, sondern zog sich durch sämtliche Bevölkerungsschichten, von der Kindertagesstätte bis zum Seniorenheim.

In erster Linie war es eine Lehrtätigkeit und bestand aus unzähligen Vorträgen in unterschiedlichen Bildungseinrichtungen bei fast allen Altersgruppen.

Parallel dazu gab es im Stadtgebiet drei Jugendverkehrsschulen (JVS). Inhaber war die Stadt Stuttgart und das Personal kam von der Verkehrserziehung. Je zwei Kollegen/Kolleginnen waren dorthin abgeordnet und unterrichteten die Viertklässler aller staatlichen Schulen in Stuttgart über die Regeln im Straßenverkehr und deren praktische Anwendung mit dem Fahrrad. Ca. 5.000 Schüler/Schülerinnen wurden so in einem Jahr geschult.

Und dann war da noch die mobile Jugendverkehrsschule. Es handelte sich um einen 7,5 t Lkw, geschlossener Kasten. Dieser transportierte bis zu 16 Kinder-/und Jugendfahrräder sowie jede Menge Verkehrszeichen und Materialien für einen Übungsparcours. Die mobile JVS wurde an Schulen eingesetzt, welche über einen geeigneten Schulhof verfügten und überdies in einem ruhigen, gefahrlosen Wohngebiet lagen. Die Ausbildung betrug vier Unterrichtseinheiten (UE) zu je 90 Minuten, wobei die ersten zwei im Schulhof stattfanden.

Meist handelte es sich um vorbereitete Plätze, auf welchen mittels weißer Farbe Straßenzüge mit Kreuzungen und Einmündungen eingezeichnet waren. Wenn man jetzt noch verschiedene Verkehrszeichen aufstellte, konnte man dort im Schonraum richtig Straßenverkehr mit Rad fahrenden Kindern einüben.

Übungseinheit drei und vier fand dann im Realverkehr auf der echten Straße statt. Um die Kinder gut sichtbar zu machen und um sie unterscheiden zu können, wurden sie mit neongelbfarbenen Nummernwesten ausgestattet.

Im Realverkehr bedurfte es der Hilfe von vier bis sechs Eltern, welche auf einem vorher bestimmten Rundparcours an allen Kreuzungen und Einmündungen herumlungerten und darauf achteten, dass ihre Kids alles richtig machten und vor allem, dass ihnen nichts zustieß.

Dass hierbei natürlich nicht immer alles glatt lief kann man niemanden verübeln.

Nun stellen Sie sich mal vor Sie wären ein(e) Autofahrer(in), welcher ahnungslos in den Parcours einfährt und plötzlich von einer Horde wild gewordener, aus allen Richtungen kommenden, Rad fahrenden Kindern umzingelt würden. Gleichzeitig stellen Sie fest, dass manche Kinder beim Abbiegen die Kurve schneiden, andere die Vorfahrt nicht beachten und wieder andere viel zu dicht an parkenden Autos vorbeifahren. Wenn es dann auch noch laut hinter Ihnen hupt, weil Sie plötzlich angehalten haben und vom Gehweg her ein uniformierter Polizist mit einem Fahrradhelm, der einer Eierschale gleicht, auf Sie zukommt und Sie anschnauzt, da Sie irgendein Fehlverhalten gezeigt haben, dann ist die Verwirrung groß und die »Burg beleuchtet«.

Aber meistens lief alles glatt und es gab nur wenige Kollateralschäden (… bis auf einige Seitenspiegel, die aufgrund zu geringem Sicherheitsabstand einfach im Weg waren).

Am Tag der praktischen Prüfung (5. Übungseinheit) waren die Kids (und auch die Polizisten) immer besonders aufgeregt. Sie durften maximal 10 Fehlerpunkte machen um die Prüfung noch zu bestehen.

Hierbei gab es Fehler, die mit 1–3 Fehlerpunkten bewertet wurden.

Anfänglich war es so, dass die beiden eingesetzten Polizisten mit einer Nummernliste an den gefährlichsten Stellen standen und die Kinder ca. 10–15 Minuten beim Fahren beobachteten.

Auch die eingesetzten Eltern erhielten so eine Nummernliste und sollten die begangenen Fehler vermerken. Dies führte natürlich nicht zu einer objektiven Bewertung, da die Fehler der eigenen Kinder nicht, und Fehler unbeliebter Kinder doppelt und dreifach aufgeschrieben wurden. Aufgrund dessen wurde diese Vorgehensweise alsbald wieder eingestellt.

Am Schluss wurden alle Listen ausgewertet und das Ergebnis noch vor Ort präsentiert. Wenn mal ein Kind nicht bestanden hatte, gab es bittere Krokodilstränen. Manchmal auch kontrovers geführte Diskussionen vor allem mit anwesenden Eltern, wenn deren Kind betroffen war. Aber jedes Kind bekam ja seine zweite Chance in Form eines Gutscheins. Dieser berechtigte zu einer Teilnahme an einem Kinder-Ferien-Kurs in einer stationären Jugendverkehrsschule. Dort wurde dann noch einmal trainiert und die Prüfung nachgeholt.

In der Regel (99 %) wurde die praktische Prüfung beim zweiten Anlauf auch bestanden.

6.1 Anekdoten aus der Jugendverkehrsschule

Ich kann mich noch gut an meinem ersten Einsatz in der Jugendverkehrsschule (JVS) Stuttgart-West erinnern. Ich sollte dort als »Springer« den Leiter der JVS einen Umlauf (5 Wochen) lang unterstützen. Manche Kinder hatten gehörigen Respekt vor diesem raubauzigen Mann, einem gestandenen Hauptkommissar, dessen Bauchumfang rekordverdächtige Abmessungen vorwies. Wenn man direkt vor ihm stand und das über dem Bauch bis zum Bersten gespannte Dienstthemd sah, hatte man große Bedenken, dass die Knöpfe abgesprengt und zu gefährlichen Geschossen würden.

Aber im Großen und Ganzen war er ein sympathischer, gemütlicher und humorvoller Mensch.

Nur bei seinem morgendlichen Ritual, welches aus etwa einem halben Dutzend immer wiederkehrender Handlungsabläufe bestand, durfte man ihn auf keinen Fall stören. Damit konnte man ihn total verwirren.

Alle Menschen haben Gewohnheiten. Zum Beispiel der Arbeiter am Fließband einer Firma, welcher jahraus jahrein immer dieselbe Handbewegung macht oder der Sportler, welcher immer wieder denselben Bewegungsablauf trainiert. Wenn man es aber übertreibt, dann wird es zum Ritual. Dann läuft eine Handlung nach vorgegebenen Regeln mit hoher Symbolkraft ab und wird häufig von bestimmten Wortformeln und festgelegten Gesten begleitet.

Manchmal machten wir uns einen Spaß daraus und veränderten nur eine winzige Kleinigkeit in seinem Ritus. Dann geriet er mächtig ins Grübeln, wenn z. B. der Radiosender verstellt oder ein abgerissenes Blatt am Wandkalender den falschen Wochentag anzeigte (…was waren wir doch für böse Buben …).

Die parkähnliche Übungsanlage der JVS (ca. 60 x 60m) lag mitten im Wohngebiet und war von einem hohen Zaun umgeben. Im Innern befand sich ein gemauertes Gebäude mit Lehrsaal, kleiner Werkstatt und Büro. Überdies gab es noch zwei große Garagen, in welchen u. a. ca. 35 Kinder-/und Jugendfahrräder untergebracht waren. Für die Wartung der Räder und die Instandhaltung der Anlage war ein Angestellter der Stadt zuständig. Das Gelände selbst war durchzogen von vielen schmalen, asphaltierten Fahrstraßen, von denen die meisten in einen Kreisverkehr mündeten. Und dann gab es auch noch eine ampelgeregelte Kreuzung. Alles ähnelte sehr dem richtigen Straßenverkehr, nur deutlich kleiner und auf Fahrradfahrer zugeschnitten.

Die Übungsanlage war das ganze Jahr über in Betrieb, selbst an sehr kalten Wintertagen mit Schnee und Eis. Wenn dies der Fall war, sah man morgens um 06.00 Uhr zwei uniformierte Polizisten mit Schneeschippe und Streusalz bewaffnet über den Platz flitzen. Es war eine Mammutaufgabe, da die Fahrbahnen (Gesamtlänge ca. 500 - 600m) rückstandslos von Schnee und Eis befreit werden mussten, um Unfallgefahren und Stürze der Kinder zu vermeiden. Dass hierbei Unmengen an Streusalz verbraucht wurden, kann man sich gut vorstellen. Es gab Jahre, da musste der Platz im Winter mehrmals abgestreut werden.

Jede Woche wurden wir von bis zu 14 Schulklassen aufgesucht. Vormittags zwei und nachmittags eine Klasse – alles Viertklässler, 9 – 10 Jahre alt. Diese kamen in Begleitung einer Lehrerin mit dem Schulbus oder auch zu Fuß, wenn die Schule in der Nähe lag.

Die Ausbildung begann mit einem ca. halbstündigen Theorieunterricht im Lehrsaal. Dort wurden die »Spielregeln« und der Ablauf bekannt gegeben. Die Kids waren immer ganz enttäuscht wenn man sie ermahnte und ihnen eröffnete, dass es sich bei der Anlage um eine Schule und nicht um einen Spielplatz handle. Doch manch einer wollte den Unterschied einfach nicht kapieren. Kaum waren sie einmal unbeobachtet wurde der Übungsplatz zur Rennstrecke umfunktioniert. Wilde Verfolgungsfahrten unter Missachtung sämtlicher Regeln, verstecken spielen oder Kunststückchen auf dem Fahrrad waren dann an der Tagesordnung.

Doch zunächst mussten die Fahrfähigkeiten abgecheckt werden. Da die Frage, ob denn auch wirklich alle Rad fahren können, immer mit »Ja« beantwortet wurde, handelten wir nach dem Grundsatz: »Vertrauen ist gut – Kontrolle ist besser«.

Und wir taten gut daran, da es doch fast in jeder Klasse zwei bis drei Kandidaten gab die noch nie auf einem Fahrrad gesessen hatten. Ob ein Kind mit dem Fahrrad umgehen konnte, erkannten wir auf den ersten Blick. Schon das Rausschieben aus der Garage und das anschließende Abstellen auf dem Fahrradständer war ein Indiz dafür und entlarvte den Schwindler. Wer sein Rad links von sich schob hatte nämlich große Probleme den Seitenständer zu betätigen und musste umständlich um das Rad herum gehen.

Besonders auffällig waren aber diejenigen, welche beim Aufsitzen beide Füße gleichzeitig auf die Pedale nahmen und dann in Zeitlupe mit dem Rad umstürzten. Hierbei stellten wir immer wieder fest, dass Kinder selten in der Lage waren einen Sturz zu vermeiden und wie ein gefällter Baum auf der Fahrbahn aufschlugen. Erwachsene würden in so einer Situation ganz anders reagieren und mittels eines »Sidesteps« die Gefahr des Umfallens verhindern. Vermutlich lag es am noch nicht ausgeprägten Gefahrensinn bei Kindern und den daraus resultierenden Vermeidungsstrategien.

Für nicht fahrfähige Kinder gab es die interne Bezeichnung »KR« (kein Radfahrer). Diese wurden dann separiert, mit Laufrädern ohne Pedale ausgestattet und unter die Obhut der Lehrerin gestellt. Auf einer langen Geraden mit anschließendem Wendeplatz wurden, mehr schlecht als recht, erste Fahrversuche unternommen.

Manche Lehrkräfte der Schulen waren darüber nicht sehr erfreut, da die Voraussetzungen zur Teilnahme an der Fahrradausbildung (Kinder müssen Rad fahren können) von einigen Eltern einfach nicht erbracht wurden und dies nun auf ihren Schultern abgeladen wurde.

Dementsprechend wurde auch manchmal die Aufsicht dieser »KR« etwas vernachlässigt, was unangenehme Folgen nach sich ziehen konnte.

Bei dem Wendeplatz handelte es sich um den Eingangsbereich zum Gelände, welcher großzügig bemessen (ca. 10 x 8 m) und eigentlich mehr als ausreichend für einen Wendevorgang mit einem Fahrrad ausgelegt war. Selbst schwierige Fahraufgaben für einen Fahranfänger (z. B. Achter fahren) konnten dort problemlos durchgeführt werden.

Dumm nur, wenn am Rande dieses Wendeplatzes ein sündhaft teures, blau-/silberfarbenes, neuwertiges Polizeiauto, oder das eigene Auto stand, welche eine magische Anziehungskraft auf Fahranfänger ausübten.

Kennen Sie das Phänomen, wenn ein Autofahrer mit zu hoher Geschwindigkeit aus einer Kurve geschleudert wird und dann genau den Baum trifft, der weit und breit als einziger auf der Wiese steht?

Dann lag es bestimmt an der falschen Blickführung – in der Fahrschule lernt man schon, dass man immer dorthin fährt wohin man schaut.

Vermutlich lag es auch an diesem Umstand, dass dieser kleine Bub beim Wenden mit dem Fahrrad die ursprüngliche Kurvenlinie verließ und plötzlich geradeaus fuhr und erst in der Fahrertüre meines Autos zum Stillstand kam – Delle und Kratzer inclusive.

Die Lehrerin bekam von dem Vorfall überhaupt nichts mit, da sie gerade außerhalb des Geländes beim Rauchen und Kaffee trinken war.

Seit diesem Vorfall achtete ich immer peinlich genau darauf, dass im Eingangsbereich der JVS kein Fahrzeug abgestellt war, wenn neue Schulklassen eintrafen.

Die Kinder hatten großen Spaß bei uns und lernten viel über den Straßenverkehr. Beim ersten Besuch in der JVS wurden Fahrfähigkeiten/Fahrfertigkeiten überprüft, und die ersten wichtigen Verkehrsregeln wie Rechtsfahrgebot, Abstand, Geschwindigkeit oder bedeutsame Verkehrszeichen vermittelt.

Bei der zweiten Übungseinheit waren dann die Vorfahrtsregeln dran, mit Rechts vor Links, Schildern oder Ampelregelung.

Die dritte ÜE war am schwierigsten – das Linksabbiegen. Wenn man Sie als Autofahrer über das Linksabbiegen befragen würde und Sie müssten spontan antworten, was würde Ihnen dazu einfallen? Vielleicht dass man sich einzuordnen hat, den Blinker setzen muss und …

Eigentlich wissen wir nicht mehr so viel darüber und sämtliche Abläufe haben sich automatisiert.

Aber wussten Sie, dass das Linksabbiegen insgesamt acht einzelne Vorgänge sind, welche man in wenigen Sekunden fehlerfrei und in der richtigen Reihenfolge vornehmen muss?

Dieser Vorgang erforderte höchste Konzentration und war für Kinder unwahrscheinlich schwer umzusetzen. Zunächst mussten diese acht Schritte auswendig gelernt werden:

1. Umschauen
2. Handzeichen geben
3. Einordnen
4. Vorfahrtsregeln beachten
5. Gegenverkehr durchfahren lassen

6. Noch einmal umschauen
7. Im weiten Bogen abbiegen
8. Auf Fußgänger achten

Versuchen Sie es doch auch einmal – wenn Sie es in 10 Sekunden schaffen sind Sie so schnell wie die besten Kinder.
Aber das war ja erst der Anfang.
Dann kam mein künstlerisches Tafelbild. Zunächst war da nur eine aufgemalte Kreuzung mit einer kleinen Radfahrerfigur mit Magnetfuß. Am Ende wurde daraus ein total verwirrendes Kunstwerk mit unzähligen Pfeilen, Zahlen, Linien und kleinen Modellautos, welches in seiner Komplexität von einem Laien gar nicht, und von einem Fachmann nur sehr schwer zu verstehen war. Ich kann mich noch gut an das dumme Gesicht meines Kollegen erinnern, welcher mit Fragezeichen in den Augen vor meinem Werk stand, sein Handy zückte und anschließend wortlos und kopfschüttelnd den Raum verließ.

Aber die Kinder haben es gecheckt, da es ja nur die grafische Darstellung aller acht Schritte hintereinander beim Linksabbiegen war.

Bis dahin war es ja noch ziemlich einfach und verständlich. Doch draußen auf dem Übungsplatz trennte sich dann die Spreu vom Weizen. Dort wurde zunächst zu Fuß an einer Kreuzung geübt. Das Ergebnis war ernüchternd. Was in der Theorie gelernt wurde, sollte jetzt in der Praxis umgesetzt werden. Und es bewahrheitete sich auch hier, dass Theorie und Praxis zwei völlig unterschiedliche Dinge waren.

Plötzlich war alles Erlernte wie weggeblasen. Ich ging voraus, machte alles vor, sprach dazu und hatte als visuelle Hilfestellung die Zahlen von eins bis acht mit Kreide auf der Fahrbahn aufgemalt. Die Aufgabe lautete, bei jeder Zahl die dazugehörende Verhaltensweise zu zeigen. Erschwerend kam hinzu, dass die Übungsstrecke leicht abschüssig war. Was schon beim zu Fuß gehen nur sehr zögerlich funktionierte, war beim anschließenden fahren mit dem Rad ein Ding der Unmöglichkeit. Besonders die Kinder, welche ihr Fahrrad noch nicht sicher beherrschten, hatten enorme Schwierigkeiten in dem abschüssigen Gelände. Zunächst mussten sie sich nach hinten umschauen, dann mit der linken Hand ein Zeichen geben und gleichzeitig bremsen, sich in die Linksabbiegespur einordnen, die Vorfahrtsregeln beachten, den Gegenverkehr durchlassen, sich nochmals umschauen, in einem weiten Bogen abbiegen, auf Fußgänger achten und das Ganze in weniger als 10 Sekunden Fahrzeit.

Hier half nur noch eines: üben, üben, üben und nochmals üben. Und das Ganze unter ständigem Vorsagen der Moderatoren. Und kaum waren die Kinder mal wieder einen Moment unbeobachtet, setzte plötzlich der Spieltrieb wieder ein.

Aber irgendwann hatten es viele einigermaßen drauf und durften an der Prüfung teilnehmen. Diese war zweiteilig und bestand aus einer Einzelprüfungsstrecke und einer zehnminütigen Gruppenprüfung.

Maximal 10 Fehlerpunkte waren zulässig, wobei auch hier einzelne Fehler mit 1–3 Fehlerpunkten bewertet wurden. In jeder Klasse gab es im Schnitt 2–3 Kandidaten die das Prüfungsziel nicht erreichten. Spitzenreiter hatten auch schon mal 40–50 Fehlerpunkte.

Aber jeder erhielt ja seine zweite Chance in Form eines Gutscheins zur Teilnahme an einem Kinderferienkurs.

Ein außergewöhnliches Erlebnis aus der JVS möchte ich abschließend noch kundtun.

Für die Kinder war es das Höchste, sich mit einem echten Polizisten zu messen und diesen auch zu besiegen. Hierzu eignete sich besonders ein Wettrennen gegen die gesamte Klasse, welches ich schon mehrmals durchgeführt hatte. Dies diente in erster Linie auch dazu die Kinder zu motivieren und für mich, um meine Fitness zu testen.

Die Laufstrecke war ca. 60–70 m lang, ging um eine Rechtskurve und war leicht abschüssig. Meistens gab ich Ihnen einen kleinen Vorsprung und holte sie kurz vor dem Ziel wieder ein. Doch in jeder Klasse gab es unter den zehnjährigen Jungs pfeilschnelle Sportskanonen bei denen ich echt Schwierigkeiten hatte sie zu besiegen. Aber nur einmal wurde ich von einem kleinen Mädchen regelrecht abgeledert. Diese kleine zierliche Göre mit Pferdeschwanz und Sommersprossen trat an wie ein Rennpferd. Es dauerte nur einen Wimpernschlag und sie hatte sich einen gehörigen Abstand von der Klasse und mir herausgelaufen.

Wie ein Schweizer Uhrwerk spulte sie Meter um Meter herunter und ihre Beine flogen dabei so schnell, dass das menschliche Auge der Bewegung kaum folgen konnte. Ich fiel vom Glauben ab und gab alles. Ich konnte ziemlich schnell rennen und wenn ich mal in Fahrt war holten meine langen Beine so manchen Vorauslaufenden locker ein – doch es war bei Weitem nicht genug. Der Abstand vergrößerte sich und ich wurde das erste Mal um Längen geschlagen. Hechelnd und nach Luft ringend kam ich als zweiter im Ziel an. Irgendwie fühlte ich mich wie der ehemalige große Sprinterstar Carl Lewis, der gerade vom gedopten Ben Johnson vernichtend geschlagen wurde.

Grinsend stand der kleine Wicht vor mir, als ich meine Bewunderung ausdrückte. Ihre Klassenkameraden und auch ihre Lehrerin trösteten mich und meinten nur, dass ich mich nicht ärgern solle, da ich soeben von einem Hoffnungsträger der Leichtathletik und vermutlich zukünftigen Olympiasiegerin im Sprinten besiegt worden wäre – wie alle anderen, welche es vor mir schon versucht hätten.

Niederlagen im Sport muss man einfach wegstecken – auch wenn es bitter ist gegen ein kleines Mädchen, das nur halb so groß ist wie man selbst, zu verlieren. Aber ich gönnte ihr den Sieg von Herzen. Was wohl ihre Eltern dazu gesagt haben, als sie mit leuchtenden Augen von ihrem größten Triumph erzählte.

Ein Kind glücklich zu sehen erfüllte auch mich mit großer Freude und zauberte mir ein Lächeln ins Gesicht.

Am nächsten Morgen waren die Schmerzen da... Oberschenkel, Waden und Rücken. Wenn man auf die sechzig zugeht und meint, dass man sich sportlich mit Leuten messen muss, die vom Alter her locker als Enkelkinder durchgehen würden, dann muss man sich nicht wundern, dass sich der Körper heftig dagegen wehrt. Besonders dann, wenn vor der sportlichen Herausforderung keinerlei Aufwärmphase stattfindet.

6.2 Kindergarten-Cop

Gerne denke ich an die Zeit zurück, als ich das erste Mal mit einem Kollegen zusammen im Kindergarten eingesetzt war. Dies war unser jüngstes Klientel und unsere Aufgabe bestand darin, die Vorschulkinder (5–6-jährige) auf ihren zukünftigen Schulweg mit einem Schulwegtraining vorzubereiten.

Aber zunächst einmal war da dieser obligatorische Stuhlkreis mit allen Kindern der Einrichtung. Und die Einrichtungen waren zum Teil sehr groß, sodass schnell 50–60 Kinder sowie 10 Erzieherinnen zusammen kamen. Diese hatten zusammen mit den Kids kindgerechten Miniaturstühle im Kreis aufgestellt. Oder es lagen einfach Sitzkissen auf dem Boden, natürlich auch für die zwei Polizisten. Sah echt lustig aus, wenn sich ein fast zwei Meter großer Polizist auf so einem winzigen Stuhl niederließ. War natürlich nicht besonders rückenschonend und auch das Material ächzte und stöhnte unter der Last meiner fast 100 kg Kampfgewicht. Und dabei war ich noch nicht einmal der Schwerste aus der Truppe.

Unter den älteren Kindern gab es sehr viele, die keinerlei Berührungsängste mit uniformierten Polizisten hatten. Aber es gab auch Kinder, die hatten einen gehörigen Respekt vor uns und fingen sogar an zu weinen. Oft waren es Flüchtlingskinder, die traumatische Erlebnisse hatten oder jüngere Kinder, deren Eltern ihnen mit der Polizei Angst machten, indem sie sinngemäß sagten: »Wenn Du das noch einmal machst, dann hole ich die Polizei und die sperrt Dich dann ein!«

Nun galt es das »Eis zu brechen« und darin war ich ziemlich gut. Ich konnte schon immer Quatsch mit Kindern machen und sie zum Lachen bringen. Für mich war es wichtig auf eine lustige Art und Weise unsere Botschaft zu vermitteln die bei kleinen Kindern nicht nur ankam, sondern auch lange hängen blieb. Hierzu eignete sich besonders der Spagat zwischen »Blödsinn machen« und Ernsthaftigkeit. Unser Thema in einem halbstündigen Theorieblock beinhaltete unter anderem, welche Aufgaben ein Polizist hat und an was man einen echten Polizisten erkennen würde. Und da kam dann die Beschreibung der Uniform mit ihren spezifischen Merkmalen ins Spiel. Besonders die Polizeimütze hatte es den Kindern angetan und ein jeder wollte sie einmal anfassen oder aufsetzen. Es war keine gute Idee sie jetzt aus der Hand zu geben, da sie wirklich auf jedem Kinderkopf landete. Spätestens dann erinnerte man sich an den Aushang im Eingangsbereich der Einrichtung mit dem Wortlaut: »Es sind Läuse im Kindergarten aufgetreten!«

Aber die Dienstmütze war ein geeignetes Mittel um Kinder mehrmals zum Lachen zu bringen. Bei der Beschreibung derselben fragte ich, ob ich sie denn einmal aufsetzen solle. Dies wurde immer mit leuchtenden Augen bejaht. Mit dem Hinweis, dass ich sie schon länger nicht mehr aufgesetzt hätte, verfrachtete ich das Ding so auf meinen Kopf, dass sie verkehrt herum und vorne weit in die Stirn hineingezogen saß. Gleichzeitig verdrehte ich die Augen, sodass ich wie ein schielender Matrose aussah. Dies führte zum ersten Lacher und der lautstarken Aufforderung, ich müsse sie »andersrum« aufsetzen. Dies tat ich dann auch unter Protest, aber nicht so wie vorgesehen. Ich nahm sie vom Kopf, drehte sie um die Hochachse und setzte sie wieder verkehrt herum auf, sodass ich sie dieses Mal mit dem Inneren nach oben auf meinen Kopf balancierte. Nun tobte die Halle und die Kinder schrien: »Nicht so ... umdrehen!«

Ich tat wie mir befohlen, drehte aber nicht die Mütze, sondern mich um 180 Grad, sodass ich mit dem Rücken zu den

Kindern stand. Spätestens jetzt hatte ich alle Kinder auf meiner Seite und zum Lachen gebracht. Nun war der richtige Zeitpunkt gekommen einen Cut zu machen und zur Ernsthaftigkeit überzugehen. Mit dem Hinweis, nach dem praktischen Übungsteil noch einmal Quatsch zu machen, hangelten wir uns durch unser Thema, wobei die meisten Kinder jetzt sehr aufmerksam waren und sich aktiv am Unterricht beteiligten. Und dann stritten sie sich auch noch, wer denn im Stuhlkreis neben den Polizisten sitzen durfte.

Und während man da so saß und erzählte kam es immer wieder mal vor, dass plötzlich üble Gerüche aufstiegen. Irgendeiner dieser kleinen Racker hatte unbemerkt eine lautlose Granate gezündet und grinste sich einen ab, da er als Täter nicht ermittelt werden konnte … uuumphh.

Nun kam der zweite Teil unseres Besuchs in der Kita – der Lerngang auf der Straße. Dieser fand nur für die 5–6-jährigen Vorschulkinder statt und hatte das Ziel, den Kindern das richtige und vor allem sichere Überqueren von Straßen zu vermitteln. Die Kids waren enorm aufgeregt, als sie dann zusammen mit zwei Polizisten auf dem Gehweg zu einer geeigneten Straßenstelle liefen. Und immer wieder kam es vor, dass man plötzlich links und rechts ein fremdes Kind mit leuchtenden Augen an der Hand hatte. War echt rührig und zauberte so manch einem Passanten ein Lächeln ins Gesicht.

Leider gab es nicht überall geeignete Straßenstellen zum Üben. Es sollte schon ein Bereich mit wenig Fahrverkehr sein, im Idealfall mit einer Kreuzung, einer Fußgängerampel oder einem Zebrastreifen und so musste öfters ein längerer Fußmarsch in Kauf genommen werden.

Es dauerte nicht lange und dann griff der Spieltrieb um sich und plötzlich war ein Regenwurm, ein Stöckchen oder eine Katze wichtiger als alles andere. Wer Kinder in diesem Alter hat, weiß genau, was ich meine …

Die schwierigste Übung bestand darin, den Kindern das Überqueren zwischen geparkten Fahrzeugen zu vermitteln. Als Erwachsener stellte einen das vor keinerlei Probleme, da man über die Dächer hinwegblicken und die Straße einsehen konnte. Aber aus der Sicht eines kleinen Kindes erschienen die Autos wie riesige Bollwerke und lauerten nur darauf, einen aufzufressen. Leider verleihen viele Fahrzeughersteller ihren Modellen ein aggressives Aussehen, was dazu beitragen kann, dass Kinder sich fürchten. Dann musste man erst mal Ängste abbauen, bevor man mit dem Training anfangen konnte.

Der Blick ins Fahrzeuginnere durfte natürlich nicht fehlen, ob da vielleicht ein Fahrer drin sitzen würde. Anschließend zwischen den Fahrzeugen hindurch gehen bis zu der Stelle, von wo man die Fahrbahn gut einsehen konnte. Hier durfte man dann die Hand an einen Scheinwerfer legen, um zu verhindern, dass man zu weit nach vorne gehen würde. Jetzt noch aufmerksam in alle Richtungen schauen, wo ein Auto herkommen könnte und dann auf geradem Wege, ohne zu rennen, zügig die Fahrbahn überqueren.

Beim Überqueren an Kreuzungen und Einmündungen kam es zunächst darauf an, stehen zu bleiben, um sich einen Überblick zu verschaffen. Hierzu eignete sich besonders der Bordstein, kindgerecht auch Haltestein genannt. Dann kam der Rundumblick in alle Richtungen und derselbe Ablauf wie oben beschrieben. Wir legten besonders Wert darauf, dass die Kinder das verinnerlichte »Links-Rechts-Schauen« ablegten und zu einem »überall hinschauen« übergingen.

Am Zebrastreifen gab es den sogenannten Zebrastreifen-Trick. Nach dem obligatorischen Stopp am Haltestein durften die Kinder eine Hand ausstrecken und mit dem Zeigefinger auf die andere Seite zeigen, um dem Querverkehr ihre Absicht anzukündigen. Aber dann durfte erst beim völligen Stillstand der Fahrzeuge losgegangen werden. Leider kam es hierbei immer wieder zu Missverständnissen mit manchen Autofahrern, da diese das Verhalten der Kinder nicht richtig deuteten und wiederanfuhren.

Dann war plötzlich Hektik bei den Polizisten angesagt und lautstarke Brüller oder schrille Pfiffe hallten durch die Straßenschluchten.

Am einfachsten war die Fußgängerampel und ein jeder wollte auf diesen gelben Anforderungsschalter drücken. Beim Erscheinen des grünen Männchens durfte man aber noch nicht gleich los starten, sondern musste sich noch vergewissern, ob der Querverkehr auch wirklich anhalten würde.

Trotz allem war das Schulwegtraining nicht ganz ungefährlich, da man höllisch aufpassen und manchmal wie ein achtarmiger Krake an mehreren Stellen gleichzeitig eingreifen musste. An manchen Tagen war es einfacher, einen Sack Flöhe zu hüten, als auf ein Dutzend Kinder aufzupassen.

Aber wir hatten zumindest das gute Gefühl, etwas sehr Sinnvolles getan zu haben. Auch gab uns die Statistik recht, da in Stuttgart die Schulwegunfälle mit Kindern deutlich zurückgegangen waren.

Am Ende des Kita-Besuches durch die Polizei stand dann noch ein Abschlussgespräch im Stuhlkreis sowie die Ausgabe von kleineren Geschenken an.

Dann wurde ich von den Kindern energisch an mein Versprechen, noch einmal Quatsch mit ihnen zu machen, erinnert. Und das ging besonders gut mit dem pupsenden und lachenden Luftballon.

Hiervon hatten wir massenweise dabei in allen möglichen Farben und mit dem Logo der Stuttgarter Polizei versehen. Einen davon blies ich prall auf und erzählte den Kindern die Geschichte vom verstoßenen Luftballon, der ständig Kohl aß und davon immer so heftig pupsen musste. Er dürfe erst wieder zurückkehren, wenn er gelernt habe, richtig herzhaft zu lachen. Und dies habe er heute bei ihnen im Kindergarten gelernt.

Natürlich zweifelten einige der Älteren daran und wollten Beweise sehen.

Und wenn man ihn dann plötzlich losließ und er wie wild geworden und laut pupsend durch den Raum flitzte, waren die Kinder total aus dem Häuschen. Sie lachten laut, schrien, kreischten und rannten dem kleinen Flitzding hinterher. Ich hätte nie gedacht, dass man Kindern mit so einfachen Mitteln so eine Riesenfreude bereiten konnte.

Sollten Sie als Eltern einmal schlecht gelaunte, gelangweilte oder traurige Kids zu Hause haben, dann wissen Sie ja jetzt, was zu tun ist. Funktioniert immer – garantiert.

Nun fehlte noch der Beweis, dass der Luftballon auch lachen könne. Hierzu wurde er wieder aufgeblasen und sollte von den Kindern zum Lachen gebracht werden. Ich tat so, als ob ich mit dem Luftballon sprechen würde und fragte ihn, was ihn denn dazu bringen würde. Ein Kind solle ihm einen Witz erzählen und in jeder Gruppe gab es jemand, der das gut konnte. Natürlich hatte er (der Luftballon) dann als Einziger nicht gelacht, da er den Witz nicht verstanden habe. Als nächste Möglichkeit war dann noch Kitzeln angesagt, was jedoch auch nicht funktionierte.

Erst die Aufforderung, dass er lachen würde, wenn die Kinder auch lachen, führte zum erwünschten Erfolg. Durch eine oft geübte Handbewegung, indem man die Öffnung gefühlvoll auseinanderzieht, ergaben sich lustige Quietschgeräusche, welche denen eines Kinderlachens ähnelten. Somit war der Beweis erbracht und die Kleinen waren zufriedengestellt und überglücklich.

Manchmal kam es auch vor, dass sie wie die Kletten an uns hingen und uns nicht gehen lassen wollten.

Ganz zum Schluss durften die Kinder auch noch den Streifenwagen anschauen, Probe sitzen, Blaulicht ohne Martinshorn einschalten und eine Lautsprecherdurchsage machen. Damit konnte man sie so richtig begeistern ... und die Nachbarschaft nerven.

Mit dem Versprechen, dass wir uns spätestens in der ersten Klasse Grundschule wiedersehen würden, zogen wir mit einem guten Gefühl im Bauch von dannen.

Das Versprechen wurde natürlich auch eingelöst, da die Polizei in sämtlichen ersten Klassen der Grundschulen mit einem Präventionsauftrag vertreten war.

Die Tätigkeit als Kindergarten Cop hat mir immer große Freude bereitet. In leuchtende Kinderaugen zu blicken und fröhliche Kinder zu hinterlassen, zauberte mir ein Lächeln ins Gesicht.

Doch einen Nachteil brachte diese Tätigkeit mit sich. Kindergärten und Kitas waren für mich Brutstätten von Viren und Keimen. Offensichtlich wurde mein Immunsystem von bestimmten Erregern überlistet, sodass ich mir jährlich 2–3 Infekte einfing. Ich war Dauerpatient bei meinem Hausarzt und Versuchskaninchen für verschiedene Therapien. Selbst eine aufwendige und umstrittene Eigenbluttherapie mit 15 Sitzungen (30 Einstiche) brachte nicht den gewünschten Erfolg. Außerdem schlug sie mit über 200 Euro zu Buche, da die Kosten nicht von der Krankenkasse übernommen wurden.

6.3 Zebra-Polizist

Ein Polizist, der wie ein Zebra aussieht? Nein, natürlich nicht. Es handelt sich hierbei um einen zum Laien-Schauspieler ausgebildeten, uniformierten Polizeibeamten, welcher bei einem Kindermitmachtheater mit dem Namen »Das kleine Zebra – die etwas andere Verkehrserziehung« mitwirkt. Dieses Theaterstück von der Verkehrssicherheitsaktion »GIB ACHT IM VERKEHR« wurde in Baden Württemberg vor ca. 20 Jahren ins Leben gerufen und befasst sich mit der kindgerechten Vermittlung von gefährlichen Situationen im Straßenverkehr.

Unterstützer dieser Aktion sind u. a. das Ministerium für Inneres, Digitalisierung und Migration, die Polizei Baden-Württemberg sowie die Unfallkasse B-W.

Beim Theaterstück selbst bedarf es zweier Akteure – eine Schauspielerin in einem Zebra-Kostüm und ein(e) uniformierter Polizeibeamter-/beamtin. Die Aufführung dauert zwischen 30 und 45 Minuten und die Zielgruppe sind Kinder im Vorschulalter/Erstklässer(innen), welche auch schon mal im Straßenverkehr alleine unterwegs sind und hierbei Straßen an unterschiedlichen Stellen überqueren müssen.

Laut einer Pressemitteilung des IM B-W vom 18.09.2020 steht die Verkehrssicherheit von Kindern ganz oben auf der Agenda.

Bei ca. 3000 Theateraufführungen vor mehr als 200.000 Kindern wurde diesen mit Spaß und Spiel das richtige Verhalten im Straßenverkehr beigebracht.

Da Kinder noch nicht in der Lage sind den Verkehr richtig einzuschätzen und sich dementsprechend sicher zu verhalten, müssen sie auf die Gefahren und besondere Herausforderungen vorbereitet werden.

Mit den Möglichkeiten der Theaterpädagogik wird den Kindern das richtige Verhalten im Verkehr vermittelt. Sie werden durch Fragen oder bewusst falsche Handlungen im Straßenverkehr durch das Zebra aktiv in das Theaterstück mit eingebunden, um das richtige Verhalten gemeinsam zu erarbeiten.

Der Polizei kommt hierbei eine wesentliche Aufgabe zu, da sie die Zebra-Schauspielerinnen bei ihren Aufführungen unterstützt und den Kindern die richtigen Verhaltensweisen und wichtigsten Vorschriften im Straßenverkehr erklärt.

Ich hatte das große Vergnügen und durfte mich zum ehrenamtlichen Zebra-Polizisten ausbilden lassen.

Bei jedem Polizeipräsidium in Baden-Württemberg gab es 2–3 Freiwillige, welche immer dann zum Zuge kamen, wenn eine Aufführung des Theaterstückes im Präsidialbereich stattfand.

Manchmal kam es auch vor, dass man bei einer anderen Dienststelle im Land aushelfen musste, wenn nicht genügend Kapazitäten zur Verfügung standen.

Auch wurde ich schon von anderen Organisationen (ADAC, Verkehrswacht etc.) am Wochenende angefordert, wenn diese eine Aufführung des kleinen Zebras gebucht hatten. Natürlich wurde so ein Einsatz dann auch vergütet, da er außerhalb der regelmäßigen Dienstzeit stattfand.

Es gab immer viel zu lachen bei den Aufführungen und ich war mit großem Engagement und Hingabe dabei. Außerdem trug diese wichtige Tätigkeit dazu bei, Berührungsängste zwischen Kindern und der Polizei abzubauen.

6.4 Hinter Gittern

Was es alles gibt bei der Polizei ...
Primäre Aufgabe der Polizei ist die Strafverfolgung. Gemäß § 163 StPO hat die Polizei Straftaten zu erforschen und alle keinen Aufschub gestattenden Anordnungen zu treffen, um die Verdunkelung der Sache zu verhüten. Vereinfacht ausgedrückt bedeutet dies, dass die Polizei Straftaten aufklärt und den oder die Täter-/in seiner gerechten Strafe zuführt (Anzeige an die Staatsanwaltschaft, Festnahme etc.). Kommt es dann anschließend zu einer Anklage mit Verurteilung, so kann es zu einer Geldstrafe oder Freiheitsstrafe kommen.

Das heißt im Klartext, dass diejenigen, welche hinter Gittern landen im übertragenen Sinne von der Polizei dorthin verfrachtet wurden. Dementsprechend gespannt und einseitig hasserfüllt ist auch das Verhältnis zwischen Inhaftierten und Polizeibeamten. Darum haben auch viele Insassen einer JVA (Justizvollzugsanstalt) die Polizei als Feindbild und sind nicht immer gut auf sie zu sprechen.

In meiner zwölfjährigen Dienstzeit als Streifenbeamter im Einzeldienst gab es nur wenige Kontakte mit Strafgefangenen.

Ich kann mich noch gut an einen unangenehmen Zwischenfall in der JVA Stuttgart-Stammheim erinnern. Zu dieser Zeit befand ich mich in einer dreimonatigen Abordnung bei der Dienststelle Polizeigewahrsam. Hierbei handelte es sich um den sogenannten »Polizeiknast«, ein umgebautes Mehrzweckgebäude mit Haftzellen. Dieses diente dazu Festgenommene vorübergehend zu inhaftieren, bis von einem Richter ein Haftbefehl verfügt wurde. Anschließend wurden diese mit einem Gefangenentransporter zur Untersuchungshaft in eine bestimmte JVA verbracht. Dort angekommen mussten zunächst einmal die Dienstwaffen abgegeben werden, bevor man über eine Sicherheitsschleuse in den Innenhof einfahren konnte. Hierdurch sollte die Gefahr einer Entwaffnung durch Häftlinge verhindert werden. Anschließend wurden die Festgenommenen an die Justizvollzugsbeamten übergeben.

Dieses Geschehen blieb bei anderen Inhaftierten natürlich nicht unbemerkt, da die vergitterten Fenster der Zellen zum Innenhof zeigten. Was sich dann dort abspielte war echt angsteinflößend. Nachdem irgendeiner der Insassen lautstark »Bullen« gebrüllt hatte, versammelten sich an sämtlichen Fenstern dunkle Gestalten. Mit Sprechchören und sich überschlagenden Stimmen hallten übelste Schimpfkanonaden und Bedrohungen über den Platz und verursachte bei uns Gänsehaut. Manche konnte sogar ihre Hände durch die Gitter strecken und kleinere Gegenstände in unsere Richtung herabwerfen. Ich stellte mir vor, was die wohl jetzt gerne mit uns anstellen würden, wenn es keine Gitterstäbe gäbe.

Ich war heilfroh als die Übergabe beendet war und wir diese bedrohliche Örtlichkeit wieder verlassen konnten. Diese Negativ-Erfahrung prägte mich und ich schwor mir, dorthin nie wieder freiwillig zurückzukehren.

Doch manchmal kommt es im Leben ganz anders als erhofft.

Ein Kollege der Verkehrserziehung spielte in einem Verein Faustball. Dort war auch ein Justizvollzugsbeamter Mitglied und so kam es, dass die beiden einen Deal aushandelten. Demnach sollten zwei männliche Beamte der Verkehrserziehung, 3–4-mal im Jahr in ziviler Kleidung vor Strafgefangenen in der JVA 90-minütige Vorträge über verschiedene Themen abhalten. Hintergrund war nicht der Gedanke der Resozialisierung sondern eher eine Abwechselung vom Gefängnisalltag. Mir drängte sich unwillkürlich der Gedanke auf, hier als »Pausenclown« tätig zu werden um gelangweilte, verurteilte Straftäter zu unterhalten. Im Gegenzug dafür sollten wir an diesem Tag unentgeltlich verköstigt werden.

Als ich davon erfuhr, dass zum Klientel der Verkehrserziehung auch Strafgefangene der JVA Stuttgart-Stammheim zählten, fiel mir sofort mein Negativ-Erlebnis ein. Lange Zeit versuchte ich mich vor der Aufgabe zu drücken, doch der Kelch ging auch an mir nicht vorbei.

Am Tag meines ersten Einsatzes hatte ich ein ungutes Gefühl im Bauch, als wir auf dem Parkplatz der JVA in Stammheim vorfuhren. Beim Abstellen unseres zivilen Pkws mussten wir darauf achten, dass nichts auf ein Polizeifahrzeug hindeutete. Verschiedene Gegenstände wie Anhaltekelle oder Funkgerät mussten abgedeckt oder im Kofferraum verstaut werden. Die Gefahr war nicht unbegründet, dass bestimmte Besucher von Strafgefangenen, welche denselben Parkplatz benutzten, ein Fahrzeug der Polizei ins Visier nehmen könnten.

Mit Laptop, Beamer und Kabeltrommel bewaffnet näherten wir uns dem Gebäudekomplex. Hohe Mauern, Stacheldraht, Panzerglas und eine Vielzahl von Überwachungskameras wirkten nicht gerade einladend. Da wir in ziviler Kleidung waren wurden wir als Polizeibeamte nicht erkannt und mussten unsere Dienstausweise abgeben. Anschließend wurden wir über eine Schleuse eingelassen und zu den Schließfächern geführt. Dort wurden Handys, Wertsachen und andere Gegenstände verwahrt.

Ein Beamter der Justiz nahm uns in Empfang und führte uns durchs mehrere Gebäude. Hierbei passierten wir eine Vielzahl von verschlossenen Stahl-/und Gittertüren. Das laute, metallische Geräusch der ins Schloss fallenden Türen und das ständige auf-/ und abschließen wirkte bedrohlich auf mich. Und dann nahm ich diesen ekligen Geruch wahr, eine Kombination aus Körperschweiß, ungewaschenen Füßen und unbelüfteten Räumen. Als sich dann auch noch das Gefühl von Klaustrophobie bei mir einstellte wusste ich, dass ich hier völlig falsch aufgehoben war.

Doch zunächst stand das Mittagessen in einer Kantine für Bedienstete an. Meine Erwartungen an SchniPoSa (Schnitzel, Pommes und Salat) wurden leider nicht erfüllt. Er gab nur einen Erbseneintopf mit Würstchen. Aber mir war ja sowieso schon der Appetit vergangen.

Anschließend wurden wir in den Zellentrakt geführt und hatten das erste Mal Kontakt zu mehreren Strafgefangenen. Diese hielten sich im Flur vor den Zellen auf und beäugten uns argwöhnisch. Man konnte richtig spüren, dass sie uns als Polizeibeamte erkannten. So ein Event, dass die Polizei für einen Vortrag vorbeikommen würde, sprach sich bestimmt in Windeseile herum. Ich war froh, als uns der Justizbeamte in einen Raum führte, welcher einem Lehrsaal glich. Nur die Fenster waren vergittert und nur ein winziger Teil davon ließ sich öffnen.

Nachdem wir unser Equipment aufgebaut hatten, trafen die Teilnehmer ein. Es handelte sich um insgesamt 12 Männer, welche wegen verschiedener Delikte in der JVA einsaßen. Diese hätten Interesse gezeigt und wären alle freiwillig vor Ort. Es wurde uns zugesichert, dass keiner davon gewalttätig und auch kein Schwerverbrecher darunter wäre.

Anschließend verließ der Justizbeamte den Raum mit dem Hinweis, dass der rote Knopf neben der Türe für den Notfall gedacht wäre. In meiner Fantasie stellte ich mir vor, dass es für uns doch fast unmöglich wäre diesen Alarmknopf zu betätigen, sollten wir angegriffen werden. Dem war aber nicht so und meine Befürchtungen waren unbegründet.

Nachdem wir uns als Polizeibeamte der Verkehrserziehung vorgestellt und die ersten kritischen Fragen über unsere Tätigkeiten beantwortet hatten, war das Eis schnell gebrochen und wir konnten unseren Vortrag wie geplant abhalten. Dessen Inhalt waren Themen aus dem Straßenverkehr, insbesondere Alkohol, Drogen, Verkehrsdelikte und Fahrerlaubnisrecht.

Die Teilnehmer waren größtenteils interessiert und beteiligten sich aktiv am Unterricht. Natürlich kam es immer wieder vor, dass vom Thema abwichen wurde und Einzelne ihre Geschichte erzählten und nun von uns wissen wollten, wie sie am schnellsten wieder in Freiheit kämen. Doch darüber konnten und durften wir keine Auskunft erteilen.

Großes Interesse bestand auch immer darin, wie der oftmals entzogene Führerschein wiedererlangt werden könne. Da viele der Teilnehmer wegen Verkehrs-/und Drogendelikten einsaßen, war ihnen von der Staatsanwaltschaft/Gericht außer der verhängten Freiheitsstrafe auch die Fahrerlaubnis entzogen worden.

Die 90 Minuten vergingen wie im Flug und ich war erleichtert, als der Justizbeamte wieder erschien und die Häftlinge in Empfang nahm. Manche von ihnen bedankten sich sogar per Handschlag bei uns für den interessanten Vortrag.

Zumindest hatte unser Besuch in der JVA dazu beigetragen, das Feindbild Polizei bei einigen Häftlingen wieder abzubauen. So gesehen hatte er auch für alle Beteiligten etwas Positives.

6.5 »Ich schwöre ...«
als Zeuge vor Gericht

In meiner dienstlichen Laufbahn im Streifendienst der Schutzpolizei musste ich ungefähr ein Dutzend Mal als Zeuge vor Gericht aussagen. Vorausgegangen war immer irgendein Vorfall, bei welchem ein Betroffener von der Polizei beanstandet, verwarnt oder angezeigt wurde. In der Regel bekam derjenige/diejenige dann von der Bußgeldstelle einen Bußgeldbescheid oder von der Staatsanwaltschaft einen Strafbefehl. Wenn er/sie jedoch nicht damit einverstanden war, konnte er/sie schriftlich Einspruch einlegen. Dies war sein/ihr gutes Recht und dann wurde der Fall vor Gericht verhandelt.

Es kam jedoch auch schon mal vor, dass Betroffene wegen eines Parkverstoßes, welcher mit einer Zahlkarte und Verwarnungsgeld von 10.- DM beanstandet wurde, vor Gericht zogen. Auch aufgrund der Vielzahl solcher Bagatellfälle waren Gerichte völlig überlastet und Vorsitzende oft genervt.

Wenn man dann als Polizeibeamter vor Gericht aussagen sollte, wurde man schriftlich als Zeuge geladen. In der Ladung war der angesetzte Termin sowie das zuständige Gericht vermerkt. Auch der Name des Betroffenen sowie das Delikt war aufgeführt. Was jedoch fehlte war die Tatzeit sowie die Tatörtlichkeit. Es gab Verhandlungen, wo die Tatzeit schon deutlich über ein Jahr zurücklag und man sich an genaue Details der Anzeige gar nicht mehr erinnern konnte. Da private Aktenhaltung auch damals schon untersagt war, musste man sich über das Tätigkeitsbuch der Dienststelle informieren. Leider war da nur ein Mini-Sachverhalt vermerkt, welcher Erinnerungslücken nicht schließen konnte.

So hatte ich immer ein ungutes Gefühl, wenn ich als Zeuge vor Gericht geladen wurde.

Es begann schon damit, dass man vor dem Verhandlungssaal warten musste, bis man aufgerufen wurde. Je nach Delikt und der Anzahl der geladenen Zeugen konnte das schon mal eine Stunde Wartezeit bedeuten. Über eine Lautsprecherdurchsage wurde man dann hereingebeten und musste an einem mittig aufgestellten Tisch Platz nehmen. Wenn Gerichtsverhandlungen öffentlich waren, saßen immer wieder Zuhörer mit drin. Oftmals war es so, dass Kumpels und Freunde von Angeklagten anwesend waren, welche hinter einem saßen und deren hasserfüllte Blicke man förmlich spüren konnte.

Die Befragung als Zeuge begann anschließend durch den Vorsitzenden/die Vorsitzende und man musste seinen vollständigen Namen, sein Alter, seinen Familienstand, den ausgeübten Beruf und die ladungsfähige Anschrift nennen. Auch die Frage, ob man mit dem Beschuldigten/der Beschuldigten verwandt oder verschwägert wäre, war von Bedeutung.

Polizeibeamte vor Gericht nannten als Anschrift immer die ihrer aktuellen Dienststelle. Nur einmal verlangte ein Vorsitzender von mir, dass ich meine Wohnanschrift preisgeben solle. Dies wurde von mir verweigert mit dem Hinweis, dass die Strafprozessordnung bei Zeugen die ladungsfähige Anschrift verlange und nicht die Wohnanschrift. Und dies war auch gut so, da Polizeibeamte und ihre Familien geschützt werden mussten. Auch die Androhung eines Ordnungsgeldes führte nicht dazu, dass ich meinen Wohnort preisgab. Das Ordnungsgeld wurde jedoch nie verhängt, da ich umgehend meine Dienststelle darüber in Kenntnis setzte und von dort aus dementsprechende Schritte eingeleitet wurden.

Jedoch wurde mir deutlich, dass nicht jeder vorsitzende Richter aufseiten der Polizei stand.

Aber im Großen und Ganzen hatten wir Rückendeckung durch die Justiz.

Nur einmal geriet ich an eine völlig überforderte Vorsitzende, welche ihren angestauten Frust an mir als Zeuge ausließ, was mich zu folgender Dienstaufsichtsbeschwerde veranlasste:

Andreas Beck　　　　　　　　　　　Stuttgart, den 29.12.2011
Polizeioberkommissar
PP Stuttgart, Verkehrserziehung

An das
Amtsgericht
Hauffstraße 5
Stuttgart

Dienstaufsichtsbeschwerde gegen die vorsitzende Richterin beim Amtsgericht Hauffstraße 5, Frau ████, wegen Einschüchterung eines Zeugen durch Anbrüllen.

Sachverhalt:

Am Dienstag, den 20.12.2011, um 10.30 Uhr, war ich als Zeuge (anzeigender Polizeibeamter) beim Amtsgericht Hauffstraße 5 geladen. Die Verhandlung gegen den Betroffenen einer Verkehrsordnungswidrigkeit (überschreiten der zulässigen Höchstgeschwindigkeit), Herrn ████ fand im Sitzungssaal 103 statt.
Vorsitzende Richterin (laut nachträglicher tel. Anfrage beim AG Hauffstraße 5) war Frau ████.
Ebenfalls als Zeuge geladen war mein Kollege, POK ████ PP Stuttgart, Verkehrserziehung.
Gegen 11.10 Uhr wurde ich dann als Zeuge aufgerufen und begab mich in den Sitzungssaal. Dort waren außer der Vorsitzenden, der Betroffene Herr ████ sowie dessen Rechtsanwalt, ein Kfz.-Sachverständiger der DEKRA sowie ein unbeteiligter Zuhörer anwesend.
Die anschließende Sachverhaltsschilderung der Verkehrsordnungswidrigkeit sowie die Befragung durch die Vorsitzende dauerte außergewöhnlich lange an (mehr als 30 Min.) und bezog sich nicht nur auf die Tatbestandsmerkmale sondern auch auf Details während der polizeilichen Verkehrskontrolle (z. B. „war es für Sie eine normale Kontrolle?"...."wo standen Sie, wo stand Ihr Kollege?"...."wissen Sie mit wem der Betroffene während der Kontrolle telefoniert hat?"...usw.).
Ich nahm die Befragung der nun offensichtlich genervten Vorsitzenden geduldig hin und antwortete nach bestem Wissen und Gewissen, obwohl ich zu diesem Zeitpunkt subjektiv den Eindruck hatte, dass dies der Wahrheitsfindung nicht unbedingt dienlich war.
Anschließend übergab sie das Wort an den anwesenden Sachverständigen der DEKRA, welcher mir nur zögerlich auf meine Nachfrage hin vorgestellt wurde.
Dieser Sachverständige (Name nicht mehr bekannt) wollte von mir technische Daten (Motorisierung, Leistung, Automatik oder Schaltgetriebe) vom Verfolgungsfahrzeug der Polizei wissen, welche ich nur unvollständig beantworten konnte.
Auch sollte ich eine Schätzung des Beschleunigungsvermögens unseres Fahrzeugs vornehmen.
Seine diesbezügliche Frage lautete: „Wie würden Sie die Beschleunigung Ihres Fahrzeugs einschätzen: eher mäßig oder eher schnell?"

Da ich mich nicht festlegen konnte, wollte ich meine Antwort etwas umschreiben, um damit zum Ausdruck zu bringen, dass das Beschleunigungsvermögen eines Fremdfahrzeugs ein subjektives Empfinden ist, welches mit dem Beschleunigungsvermögen des privat genutzten Fahrzeugs zusammenhängt d.h. privates Fahrzeug kräftig motorisiert = mäßige Beschleunigung des Fremdfahrzeugs und andersrum.
Also begann ich meine Antwort mit den Worten: „ Es kommt ganz darauf an welches Fahrzeug Sie privat…..
Ich konnte meine Antwort jedoch nicht zu Ende bringen, da mir die Vorsitzende abrupt ins Wort fiel und mich mit hochrotem Kopf anbrüllte: „ Herr Beck, jetzt beantworten Sie gefälligst die Frage."
Die geschah in einer unvorstellbaren Lautstärke, dass ich sehr erschrak und zunächst total perplex und eingeschüchtert war. Kurzfristig zitterte ich am ganzen Leib und spürte meinen deutlich erhöhten Puls an der Halsschlagader. Ich war mir keinerlei Schuld bewusst und konnte diesen Wutausbruch nicht nachvollziehen.
Von meinem Kollegen, POK ▇▇▇ wurde ich kurze Zeit später darauf angesprochen, wer denn da so rumgebrüllt hätte. Er stand währenddessen mehrere Meter vor dem Verhandlungssaal und konnte durch die geschlossene Schallschutztüre den genauen Wortlaut der Vorsitzenden mithören. Auch er zeigte sich durch diesen Vorfall sehr empört.
Wenig später wurde ich dann als Zeuge entlassen und nahm im Verhandlungssaal als Zuhörer Platz.
Nun wurde POK ▇▇▇ als Zeuge aufgerufen und schilderte aus seiner Sicht die Vorfälle. Auch er wurde von der Vorsitzenden außergewöhnlich lange (ca. 30 Min.) auch über Details während der Kontrolle befragt. Außerdem äußerte sie sich ihm gegenüber wie folgt: „Herr ▇▇▇ ich muss Sie jetzt ein bisschen quälen…."
Nachdem auch POK ▇▇▇ als Zeuge entlassen wurde, verfolgten wir die Verhandlung noch als Zuhörer. Das Verfahren gegen den Betroffenen wurde eingestellt.
POK ▇▇▇ und ich verließen den Sitzungssaal um 12.45 Uhr, nach einer Verhandlungsdauer von ca. 135 Min.

Ich bin zutiefst empört und verärgert über die Art und Weise, wie eine Vorsitzende vor Gericht mit Zeugen umgeht. Ich lasse mich nicht als Mensch und als Amtsperson in Uniform von einer sehr gereizten und genervten Vorsitzenden grundlos anbrüllen, welche sich offensichtlich nicht im Griff hat. Das lasse ich mir nicht gefallen.
So ein Verhalten bei einer öffentlichen Verhandlung schadet dem Ansehen des hohen Gerichts und darf nicht ungesühnt bleiben.

Gegen die vorsitzende Richterin, Frau ▇▇▇, lege ich eine Dienstaufsichtsbeschwerde ein.

Mit freundlichen Grüßen

Andreas Beck
Polizeioberkommissar

Wie sich die Sache weiter entwickelt hat und ob die Vorsitzende wegen ihres unwürdigen Verhaltens gerügt wurde, entzieht sich meiner Kenntnis. Ich habe nie wieder davon gehört.

Auch einige Rechtsanwälte machten einem das Auftreten vor Gericht zum Spießrutenlauf. Hier drängte sich einem unwillkürlich das Gefühl auf, dass man vom Zeuge zum Täter gemacht werden sollte. Als ob sie nur darauf lauerten, dass der Zeuge einen kleinen Fehler machen würde, drehten sie einem das Wort im Munde rum und stellten dessen Glaubwürdigkeit infrage.

Ich kann mich noch gut daran erinnern, dass ich mal in einem Fall die Länge des Gerichtssaales schätzen sollte. Doch dies gelang mir recht gut und somit konnte ich meine Glaubwürdigkeit untermauern.

6.6 Verkehrsrowdys – die haben's echt verdient...

»Die Teilnahme am Straßenverkehr erfordert ständige Vorsicht und gegenseitige Rücksicht. Wer am Verkehr teilnimmt, hat sich so zu verhalten, dass kein anderer geschädigt, gefährdet oder mehr als nach den Umständen unvermeidbar, behindert oder belästigt wird.« So der Wortlaut über die Grundregeln im § 1 StVO.

Es gibt sie – überall, auf allen Kontinenten, allen Städten und auch im ländlichen Bereich – Verkehrsrowdys. Sie kommen aus sämtlichen Bevölkerungsschichten, und können einem das Leben als Verkehrsteilnehmer echt schwer machen. Ungefähr 80–90 % davon sind männlich und im Alter von 18 bis ca. 70 Jahren. Sie sind extrem gefährlich, weil sie großen Schaden anrichten und manchmal auch töten können.

Sie missachten Verkehrsregeln, rasen, drängeln, überholen riskant, nötigen durch dichtes Auffahren und bringen sich oder andere dadurch in höchste Gefahr. Ein jeder, der im öffentlichen Straßenverkehr schon einmal ein unangenehmes Erlebnis mit einem Verkehrsrowdy hatte, wünschte sich einen Polizeibeamten vor Ort.

Offensichtlich leiden sie unter Minderwertigkeitskomplexen oder es fehlt ihnen an Selbstbewusstsein.

Sie haben keinen, oder einen stark unterentwickelten Gefahrensinn und schätzen ihr eigenes Verhalten als nicht bedrohlich ein. Aufgrund dessen sind sie eine latente Gefahr für die Allgemeinheit.

Ich habe stets versucht sie zu bekämpfen, nicht nur als Streifenbeamter auf dem Polizeirevier sondern auch als Verkehrserzieher und selbst als Privatperson. Einmal Polizist – immer Polizist.

Einige davon habe ich zur Strecke gebracht und ihrer gerechten Strafe zugeführt. Aber leider fielen die Sanktionen oft viel zu lasch aus und die Täter verließen grinsend den Gerichtssaal, nachdem sie vom Vorsitzenden nur mit dem erhobenen Zeigefinger ermahnt wurden.

Ich hätte mir gerne härtere Strafen gewünscht die der Abschreckung dienen und bei den Betroffenen zur Einsicht führen. Erst durch die Einführung des § 315d StGB (Verbotene Kraftfahrzeugrennen) im Jahre 2017 hat der Gesetzgeber eine Rechtsgrundlage geschaffen, um der Raserei im Straßenverkehr einen Riegel vorzuschieben. Hier werden nicht nur Personen erfasst die sich ein richtiges Kfz. – Rennen liefern sondern auch diejenigen, welche sich mit nicht angepasster Geschwindigkeit und grob verkehrswidrig und rücksichtslos fortbewegen, um eine höchstmögliche Geschwindigkeit zu erreichen. Hierfür kann eine Freiheitsstrafe bis zu 2 Jahren oder Geldstrafe verhängt werden. Wenn dabei andere Menschen oder fremde Sachen von bedeutendem Wert gefährdet werden, beträgt die Freiheitsstrafe bis zu 5 Jahren. Sollte ein Mensch hierbei zu Tode kommen so können bis zu 10 Jahre Freiheitsstrafe verhängt werden.

Nun möchte ich meine original Sachverhaltsschilderungen von drei Vorfällen im Straßenverkehr wiedergeben um einen Eindruck zu vermitteln, was sich Fahrzeuglenker-/innen im Straßenverkehr so alles erlauben und wie sie anschließend reagieren, wenn sie von der Polizei beanstandet werden:

Andreas Beck
Polizeihauptkommissar
Polizeipräsidium Stuttgart
Referat Prävention

Stuttgart, den 25.07.2017

Polizeipräsidium Stuttgart
Polizeirevier 1 Theodor-Heuss-Straße

- **Beleidigung § 185 StGB**
- **Überschreiten der zulässigen Höchstgeschwindigkeit i.g.O. § 3(3), § 49 StVO, i.V.m. §24 StVG**
- **Nichtbefolgen des Haltgebots eines Polizeibeamten anlässlich einer Verkehrskontrolle § 36 Abs. 1, 5, § 49 StVO, § 24 StVG (TBNR 136624)**
- **Verweigerung der Angabe der Personalien § 111 OwiG**

Tatort: 70190 Stuttgart Nord, Heilbronner Straße/Wolframstraße
Tatzeit: Dienstag, den 25.07.2017, gegen 07.35 Uhr

Dienstliche Äußerung:
Am Dienstag, den 25.07.2017, gegen 07.35 Uhr, befuhr ich mit einem zivilen Dienstfahrzeug (MB, C-Klasse, amtl. Kennzeichen ▓▓▓▓▓▓, Farbe Grau) des Polizeipräsidiums Stuttgart, den rechten der beiden Fahrstreifen der Heilbronner Straße, aus Richtung Pragsattel kommend in Richtung Stadtmitte Stuttgart.
Ich befand mich alleine im Fahrzeug und trug Polizei-Uniform. Die gefahrene Geschwindigkeit betrug 53 km/h (über Tempomat eingestellt).

Etwa auf Höhe der Einmündung Friedhofstraße wurde ich auf einen von hinten herannahenden Pkw Mini Cooper, amtl. Kennzeichen ▓▓▓▓▓▓ aufmerksam, welcher ebenfalls den rechten Fahrstreifen befuhr und sehr zügig näher kam. Dieses Fahrzeug, welches mit deutlich überhöhter Geschwindigkeit fuhr, wechselte dann den Fahrstreifen von rechts nach links und überholte mich.
Daraufhin betätigte ich zweimal kurz die Lichthupe um zu erreichen, dass der Überholende seine Geschwindigkeit reduziert, was jedoch nicht zum gewünschten Erfolg führte.

Ca. 200-300m später musste der Mini Cooper bei Rotlicht der Lichtzeichenanlage Heilbronner Straße/Wolframstraße als erstes Fahrzeug auf dem linken Fahrstreifen anhalten. Ich kam rechts neben dem Fahrzeug zum Stillstand und öffnete die Scheibe der Fahrertüre. Im selben Moment wurde die Scheibe der Beifahrertüre des Pkw Mini Cooper geöffnet. Am Steuer saß eine jüngere Frau (ca. 30 Jahre alt) mit brünetten längeren Haaren, welche alleine im Fahrzeug war.

Daraufhin ergab sich ein kurzer Dialog, welcher von mir mit den Worten „Polizei" und dem Vorzeigen meiner weißen Dienstmütze eröffnet wurde.
Ich hatte die Dienstmütze in der rechten Hand, hielt sie auf Kopfhöhe und zeigte sie von vorn, sodass sie von der Frau wahrgenommen wurde.

Die Frau zeigte sich unbeeindruckt, hatte Blickkontakt zu mir und führte mit der rechten Hand eine beleidigende Geste durch, indem sie eine Wischbewegung von links nach rechts vor ihrem Gesicht (sog. Scheibenwischer) durchführte.

Zeitgleich sagte sie sehr gereizt zu mir: „Sie spinnen wohl, warum geben sie mir Lichthupe, das dürfen sie nicht."
Ich entgegnete: „Ich bin von der Polizei, sie fahren viel zu schnell."
Sie antwortete: „Das glaube ich Ihnen nicht, dass Sie von der Polizei sind, weisen Sie sich aus!"

Nachdem ich sie auf das Tragen meiner Polizei-Uniform (dunkelblauer Sommerblouson mit Schulterklappen und Landeswappen linksseitig) aufmerksam machte und sie immer noch Zweifel hatte, entschied ich mich das Gespräch an anderer Stelle im Rahmen einer Verkehrskontrolle fortzusetzen, zumal ich ständig von ihr unterbrochen wurde und sie mich nicht ausreden ließ.

Da die Lichtzeichenanlage zwischenzeitlich auf Grünlicht umgeschaltet hatte, erteilte ich ihr noch im Stillstand folgende Weisung: „ Fahren Sie bitte zur Verkehrskontrolle da vorne rechts ran."
Sie antwortete: „Das mache ich sicher nicht!" und obwohl ich meine Aufforderung wiederholte, gab sie Gas, beschleunigte zügig und fuhr in Richtung Hauptbahnhof davon.
Ich setzte ihr nach, blieb auf dem rechten Fahrstreifen und konnte aufgrund des geringeren Verkehrsaufkommens rechts überholen. Bei der Nachfahrt über eine Strecke von ca. 300m konnte ich keine Geschwindigkeitsüberschreitung feststellen.

Anschließend führte ich einen ordnungsgemäßen Fahrstreifenwechsel von rechts nach links durch und setzte mich vor den Pkw Mini Cooper.
Durch das Einschalten der Warnblinkanlage und behutsames Abbremsen wollte ich die Fahrzeuglenkerin dazu veranlassen anzuhalten.
Dies gelang jedoch nicht, da sie blitzschnell den Fahrstreifen von links nach rechts wechselte und rechts an mir vorbei zog. Beim Vorbeifahren rief ich durch die geöffnete Scheibe der Beifahrertüre: „Polizei, bleiben sie stehen!"

Bei der anschließenden Hinterherfahrt ergab sich erst auf Höhe der Rotlicht zeigenden Lichtzeichenanlage Friedrichstraße/Kronenstraße die Möglichkeit eines zweiten Anhalteversuchs.

Ich stoppte mein Fahrzeug links neben ihr, stieg aus, setzte meine Dienstmütze auf und begab mich zur Fahrzeugfront des Pkw Mini Cooper. Um eine Weiterfahrt zu verhindern, stellte ich mich in einem Abstand von ca.1m mittig vor die Motorhaube, hob den rechten Arm, zeigte auf die Fahrzeuglenkerin und sagte laut: "Polizei, bleiben sie stehen und machen sie den Motor aus!"

Erst nachdem der Motor abgestellt war begab ich mich zur Fahrertüre. Dort wurde ich von der Lenkerin lautstark mit den Worten empfangen: „Sie spinnen wohl, weisen sie sich aus!"

Ich entgegnete, dass ich mich ihr gegenüber nicht ausweisen müsse, da ich zweifelsfrei an meiner korrekten Uniform (dunkelblaue Hose, dunkelblauer Blouson mit Schulterklappen, Landeswappen und Rückenaufschrift „POLIZEI", weiße Dienstmütze, Koppel mit Dienstwaffe)als Polizeibeamter zu erkennen wäre.
Und überdies untersagte ich ihr, mich weiterhin als „Spinner" zu bezeichnen, da dies eine Beleidigung wäre.

Ich forderte sie auf, mir ihren Führerschein, Personalausweis und die Zulassungsbescheinigung auszuhändigen. Sie reagierte auch nicht auf eine zweite Aufforderung, bezeichnete mich als falschen Polizisten und wählte über ihr Handy den Notruf der Polizei.

Zwischenzeitlich hatte ein dunkler Pkw (Mercedes S-Klasse) hinter meinem Fahrzeug angehalten. Ein Mann stieg aus, kam auf mich zu und händigte mir seine Visitenkarte aus. Es handelte sich um Herrn ████. Er sagte: „Wenn Sie einen Zeugen brauchen, ich bin gerade von dieser Frau gefährdet worden, sie hat mich geschnitten!"
Herr ████ gab an, dass er einen dringenden Termin hätte und nicht vor Ort bleiben könne. Daraufhin entfernte er sich.

Anschließend wählte auch ich den Notruf der Polizei, erläuterte den Sachverhalt und gab den Standort durch.
Während der Wartezeit auf meine Kollegen ergab sich noch ein kurzer Dialog zwischen der Fahrzeuglenkerin und mir.

Sie warf mir vor, ich hätte sie auch beleidigt, indem ich ebenfalls gesagt hätte, sie würde spinnen. Ich entgegnete, dass diese Bezeichnung ausschließlich von ihr mehrmals verwendet wurde.
Außerdem gab sie an, dass ich sie bedrohen würde. Nachdem ich nachfragte, mit was ich sie bedrohen würde, hatte sie keine Antwort darauf.

Nur wenig später rief sie einem Passanten auf dem Gehweg zu, ob er gehört habe, dass ich ihr Schläge angedroht hätte. Der Passant verneinte dies und entfernte sich.

Kurze Zeit später kam dann ein Funkstreifenwagen vom Polizeirevier 1 Theodor-Heuss-Straße (PM ████/POM ████) und nahm den Sachverhalt auf.
Die Visitenkarte des Mercedesfahrers wurde an PM ████ übergeben.

Gegen die Lenkerin des Pkw Mini Cooper ████ stelle ich Strafantrag wegen Beleidigung.

Andreas Beck
Polizeihauptkommissar

Andreas Beck
Polizeihauptkommissar
Polizeipräsidium Stuttgart
Referat Prävention

Stuttgart, den 04.04.2018

An das
Polizeirevier 3
Gutenbergstraße 109
70197 Stuttgart

Verbotenes Kraftfahrzeugrennen gem. § 315d (1) Nr. 3 StGB

Tatort: 70176 Stuttgart, Silberburgstraße Ecke Forststraße

Tatzeit: Dienstag, 03.04.2018, gegen 11.05 Uhr

T1: ███████, Saim Sinan, geb. ██.██.1996 in Stuttgart, wh. ████████████████
Lenker des Pkw Nissan GT-R, amtl. Kennzeichen ████████

T2: Lenker des Pkw Chevrolet Camaro Cabrio, amtl. Kennzeichen ████████
Personenbeschreibung: männlich, ca. 25 – 30 Jahre alt, südländisches Aussehen, deutschsprachig ohne erkennbaren Akzent, kurze hellbraune Haare, Sonnenbrille

Dienstliche Äußerung zum Sachverhalt:

Am Dienstag, den 03.04.2018, gegen 11.05 Uhr, befand ich mich auf dem Gelände der Jugendverkehrsschule in 70176 Stuttgart, Forststraße 26.
Dort fand zu diesem Zeitpunkt ein Kinderferienkurs für Radfahrer (Viertklässler) statt. Anwesend waren 19 Schulkinder, mein Kollege POK ████████ sowie ca. 10-12 Eltern der Kinder.
Ich stand zum Tatzeitpunkt in Uniform am Zaun ggü. Gebäude Silberburgstraße 80.

Plötzlich nahm ich aus Richtung Schlossstraße ein extrem lautes Motorengeräusch wahr, welches sich offenbar von Seiten der Silberburgstraße näherte und sich mehr und mehr verstärkte. Zunächst dachte ich, dass bei einem fahrenden Kraftfahrzeug der Auspuff abgefallen wäre.

Da zwischen mir und der Straße ein Zaun und einige Sträucher waren, konnte ich zunächst nichts erkennen. Aufgrund dessen stieg ich auf eine Streusalzkiste und konnte hierdurch darüber hinweg blicken. Von dort hatte ich freie Sicht über die Silberburgstraße in Richtung Schlossstraße.

Dann sah ich auf der Silberburgstraße (30er Zone) aus Richtung Schlossstraße zwei dunkle Sportwagen mit ohrenbetäubendem Lärm und deutlich überhöhter Geschwindigkeit in dichtem Abstand hintereinander fahrend auf mich zukommen.
Auf dieser Strecke befindet sich auch ein Fußgängerüberweg, mehrere Schulgebäude sowie eine Engstelle, bedingt durch beidseitige Beparkung sowie der Kreuzungsbereich Silberburgstraße/Forststraße mit Vorfahrtsregelung Rechts vor Links.

Es handelte sich um einen Pkw Nissan GT-R (vorausfahrendes Fahrzeug) mit dem amtlichen Kennzeichen ▓▓▓▓ sowie ein Pkw Chevrolet Camaro Cabriolet (hinterherfahrendes Fahrzeug) mit dem amtl. Kennzeichen ▓▓▓▓▓▓.

Für mich erweckte es im ersten Moment den Eindruck, dass die Lenker der beiden Fahrzeuge gerade ein Beschleunigungsrennen in einer 30er Zone untereinander austrugen.
Beide Fahrzeuge mussten daraufhin an der Lichtzeichenanlage Silberburgstraße/Rosenbergstraße bei Rotlicht anhalten.

Daraufhin begab ich mich innerhalb des Geländes dorthin, um die Fahrzeuglenker auf ihr grob verkehrswidriges und rücksichtsloses Verhalten anzusprechen.
Der Lenker des Pkw Nissan hatte das Fenster der Beifahrertüre geöffnet und konnte mich ebenso wie der Lenker des Pkw Camaro (Cabrio – geöffnetes Dach) hören und als Polizeibeamten in Uniform zweifelsfrei erkennen.

Ich rief ihnen sinngemäß laut zu, dass sie sich in einer 30er Zone befinden und ihre Raserei andere Verkehrsteilnehmer gefährde.
Der Lenker des Nissan zeigte sich einsichtig, hob die rechte Hand und entschuldigte sich.
Der Lenker des Camaro hingegen war völlig uneinsichtig, vorlaut und versuchte zu provozieren indem er alles in Frage stellte und ins Lächerliche zog. Überdies, so der Lenker des Camaro, wäre er nur 35 km/h gefahren und ich könne ihm überhaupt nichts nachweisen.
Als die Ampel wieder Grünlicht zeigte fuhren beide Fahrzeuge los und überquerten die Rosenbergstraße, wobei sich der Lenker des Camaro zurückfallen ließ und anschließend mehrmals Gasstöße gab, wobei er dem Nissan beinahe ins Heck fuhr.
Daraufhin verständigte ich telefonisch die Funkleitzentrale und schilderte meine Feststellungen.

Ca. 10 Minuten nach dem Vorfall kam ein junger Mann ins Gelände der Jugendverkehrsschule und gab sich als Lenker des Pkw Nissan zu erkennen.
Er sagte, dass er sich für sein Verhalten entschuldigen wolle und zeigte offensichtlich Reue. Er handelte sich um Herrn Saim Sinan ▓▓▓▓▓.

Herr ▓▓▓▓▓ händigte mir auf Verlangen seinen Führerschein (FE Kl.B vom ▓▓▓▓▓▓ LRA Esslingen) und die Zulassungsbescheinigung vom Fahrzeug aus. Er sagte, dass das Fahrzeug seinem Vater gehören würde und er mit dessen Einverständnis unterwegs wäre.
Den Lenker des Pkw Camaro würde er nicht kennen und es wäre zufällig zu der Begegnung im Straßenverkehr gekommen.

Auf Nachfrage gab er an, dass er unlängst ein Fahrverbot wegen Überschreitung der zulässigen Höchstgeschwindigkeit erhalten und jetzt Angst um seinen Führerschein habe.

Gegen 12.45 Uhr verständigte ich dann telefonisch das Polizeirevier 3 Gutenbergstraße bezüglich der Anzeigenaufnahme des Vorfalls. Mir wurde mitgeteilt, meine Zeugenaussage dorthin zu übersenden.

Als Zeugen des Vorfalls (Wahrnehmung des ohrenbetäubenden Lärms durch die aufheulenden Motoren) konnten nachfolgende Personen, die auf dem Gelände anwesend waren (Angehörige der Kinder), ermittelt werden:

Stefanie ███, 70567 Stuttgart, ███████, Tel: ████████

Nina ████████, 70569 Stuttgart, ████████, Tel: ████████

Oliver ████, 70569 Stuttgart, ████████, Tel: ████████

Kalliopi ████████, 70619 Stuttgart, ████████, Tel: ████████

Linda ████████, 70469 Stuttgart, ████████, Tel: ████████

Tina ████, 70199 Stuttgart, ████████, Tel: ████████

Andreas Beck
Polizeihauptkommissar

POK Andreas Beck
Pol. Präs. Stuttgart
Ref. Prävention Verkehrserziehung

Stuttgart, den 08.05.2014

Polizeirevier 5 Ostendstraße
z. Hd. POM ███████ / POM'in ███████
Ostendstraße 88
70188 Stuttgart

Nötigung im Straßenverkehr
Gefährdung des Straßenverkehrs
Beleidigung
Führen eines Kfz ohne vorgeschr. Sicherheitsgurt

Sachverhalt:

Am Dienstag, den 06.05.2014, gegen 06.40 Uhr, befuhr ich mit meinem Pkw VW Golf, ███████, die Mittlere Filderstraße aus Richtung Ruhbank kommend stadteinwärts. Da zu diesem Zeitpunkt ein reges Verkehrsaufkommen herrschte, befuhr ich den linken der beiden Fahrstreifen.
Auf Höhe der Einmündung Jahnstraße bemerkte ich einen hinter mir fahrenden Transporter MB Sprinter, Farbe weiß, amtl. Kennzeichen ███████ welcher sich mir mit hoher Geschwindigkeit näherte und bis auf wenige Meter (ca. 1 Fzg.- Länge) zu mir aufschloss.
Zunächst dachte ich mir nichts dabei und setzte meine Fahrt unbeeindruckt mit einer Geschwindigkeit von ca. 60-70 km/h fort, wobei mein Blick häufig den Rückspiegel streifte.
Ich konnte im nachfolgenden Fahrzeug eine männliche Person im hellen T-Shirt erkennen, welche offensichtlich ohne angelegten Sicherheitsgurt fuhr. Der Abstand hatte sich zwischenzeitlich auf ca.
3-4 Fzg.- Längen vergrößert.
Plötzlich beschleunigte der Sprinter deutlich merkbar und schloss bedrohlich dicht zu mir auf. Ich konnte das Kennzeichen nicht mehr im Rückspiegel erkennen und der Sicherheitsabstand betrug nur jetzt noch geschätzte 1-2 Meter. Für mich hatte es den Anschein, dass ich dem Lenker des Sprinters offensichtlich zu langsam fuhr und er durch aggressives, grob verkehrswidriges Verhalten mich dazu nötigen wollte, den linken Fahrstreifen freizugeben, notfalls mit Gewalt.
Diesen Vorgang wiederholte er auf einer Nachfahrstrecke von ca. 2 km mehrmals, wobei er seine Absicht mittels mehrmaligen Betätigen der Lichthupe untermauerte.
Verkehrsbedingt konnte ich den linken Fahrstreifen nicht freigeben, da sich auf dem rechten Fahrstreifen ebenfalls eine Fahrzeugschlange befand. Auch wollte ich nicht

noch schneller fahren, da ich die zulässige Höchstgeschwindigkeit von 60 km/h bereits leicht überschritten hatte.
Der Lenker des Sprinters wechselte nun seinerseits den Fahrstreifen nach rechts, wobei er sich blitzschnell in eine kleine Lücke zwischen zwei Fahrzeugen hineinzwängte. Dieser Vorgang führte offensichtlich zu einer Gefährdung des nachfolgenden Verkehrs, welches ich durch mehrmaliges, lautes Hupen desselben vernehmen konnte.
Jedoch erbrachte der Wechsel nach rechts kein schnelleres Vorwärtskommen, aufgrund dessen der Sprinter wieder nach links wechselte, erneut noch bedrohlicher dicht auffuhr (geschätzt 1 m) und mir wieder mehrmals die Lichthupe gab.
An der Kreuzung Jahnstraße/Waldebene Ost (Geroksruhe) musste ich an der roten Lichtzeichenanlage anhalten. Ich stieg aus und begab mich zu dem Lenker des Sprinters, um ihn zur Rede zu stellen.
Mittels Dienstausweis gab ich mich als Polizeibeamter zu erkennen. Der Lenker reagierte jedoch nicht darauf und versuchte nach rechts wegzufahren, was jedoch nicht gelang. Daraufhin öffnete ich die Fahrertüre und rief: „Halt Polizei, stehen bleiben."
Der Lenker reagierte ausgesprochen aggressiv und schrie mich mehrmals an: „Mach die Türe zu, was willst Du, hau ab." Ich sagte ihm nochmals, dass ich von der Polizei bin und zeigte ihm meinen Dienstausweis. Er ließ sich jedoch nicht beeindrucken und steigerte sich in seinem aggressiven, nicht kooperativen Verhalten. Außerdem duzte er mich ständig, obwohl ich ihm dies mehrmals untersagte.
Auch der Aufforderung nach Aushändigung von Führerschein und Zulassungsbescheinigung kam er nicht nach. Immer wieder versuchte er anzufahren und nach rechts einzufädeln.
Da ich den weiteren Verlauf der Kontrolle nicht einschätzen konnte und die Situation auszuufern drohte, verständigte ich über Notruf die Polizei.
Wenig später trafen POM ▬▬ und POM'in ▬▬ vom Polizeirevier Ostendstraße an der o.a. Örtlichkeit ein und übernahmen die weitere Sachbearbeitung.

Ich stelle Strafantrag wegen Beleidigung.

Andreas Beck
Polizeioberkommissar

6.7 Ich habe fertig...

Die letzten zwei Jahre meiner Dienstzeit vergingen gefühlt rasant schnell. Das Ziel war in greifbare Nähe gerückt und ich freute mich auf meine Pensionierung. Für den Ruhestand hatte ich mir schon ganz konkrete Pläne gemacht, mit was ich mich beschäftigen könnte, damit ich nicht in ein tiefes Loch stürze und depressiv werde.

Die ersten Monate meiner neu gewonnenen Freizeit widmete ich als Autor der Fertigstellung meines Buches und musste hierbei feststellen, dass ich so manche Erlebnisse immer noch nicht vollständig verarbeitet habe.

Sobald ich dieses Projekt beendet habe, werde ich auf meine Qualifikation als Fahrlehrer und Fahrsicherheitstrainer zurückgreifen. Dann melde ich ein Kleingewerbe an, widme mich mobilen Senioren und führe mit diesen einen Fahrfitnesscheck durch, um deren Fahrfähigkeiten zu verbessern bzw. festzustellen. In diesem Bereich wird viel zu wenig getan und vielleicht trägt mein Vorhaben dazu bei, Unfälle mit mobilen Senioren zu reduzieren.

So der Plan – auf jeden Fall möchte ich nicht untätig bleiben. So lange ich selber noch fit und gesund bin, möchte ich meine Fähigkeiten/Kenntnisse an andere weitergeben.

Wenn ich so auf mein Berufsleben zurückblicke, kann ich jedoch sagen, dass ich für mich die richtige Wahl getroffen habe. Reich geworden bin ich dadurch nicht, aber ich hatte ein gutes Auskommen mit meinem Einkommen.

Es gab mehr Höhen als Tiefen und das Gute daran war, dass ich mir meine Tätigkeiten (bedingt) aussuchen konnte. So habe ich die 41 Jahre Arbeitszeit gedrittelt (Streifendienst, Polizeischule, Verkehrserziehung) und musste nicht an einem Arbeitsplatz versauern. Hierdurch gab es immer wieder neue Herausforderungen und Lernprozesse, welche auch dazu beigetragen haben, dass meine Tätigkeit abwechslungsreich und interessant blieb.

Ich hätte auch die Möglichkeit gehabt, meine Dienstzeit um ein paar Jahre zu verlängern, aber das kam für mich nicht infrage. Ich habe Kollegen gekannt, die genau das gemacht haben, kurz darauf schwer erkrankten und verstarben. Hätten diejenigen gewusst, dass ihr Leben bald endet, so hätten sie sich bestimmt nicht darauf eingelassen. Bei solchen Schicksalen wird einem immer wieder bewusst, dass das Leben endlich ist und niemand den Zeitpunkt seines Ablebens vorhersehen kann.

Darum war es für mich wichtig, dass ich meinen Ruhestand fit und gesund antrete und diesen so lange wie möglich genießen kann.

Und am 28.02.2020 war es dann so weit. Mein letzter Arbeitstag beim Polizeipräsidium Stuttgart. Es war schon ein merkwürdiges Gefühl als ich das letzte Mal mein Büro betrat. Dort hatte sich zwischenzeitlich schon ein neuer Kollege breitgemacht und ließ mich indirekt spüren, dass ich nicht mehr dazugehören würde.

Der Abschied von den Kollegen-/innen verlief dann ein wenig emotional, da ich den einen oder anderen schon ins Herz geschlossen hatte. Andererseits war ich froh, dass ich den einen oder anderen nicht mehr sehen musste.

Mit einem lachenden und einem weinenden Auge machte ich mich sodann vom Acker mit dem Versprechen, den Kontakt nicht einschlafen zu lassen. Diesbezüglich ist das Verhalten vom Polizeipräsidium Stuttgart gegenüber seinen Ruhestandsbeamten-/innen vorbildlich, da es dort ein Ruhestandsteam gibt, welches den Kontakt aufrecht hält und auch regelmäßige Treffen organisiert.

Nun beende ich meine Schilderungen und Erzählungen mit einem kernigen Spruch eines mir unbekannten Poeten:

»Wenn Dir das Leben in den Arsch tritt, so nutze den Schwung um vorwärts zu kommen«.

URKUNDE

Herr Polizeihauptkommissar

Andreas Beck

tritt nach Erreichen der Altersgrenze
mit Ablauf des 29. Februar 2020
in den Ruhestand.

Für die dem Land geleisteten treuen Dienste
spreche ich ihm Dank und Anerkennung aus.

Stuttgart, den 2. Februar 2020

Franz Lutz
Polizeipräsident

Baden-Württemberg
POLIZEIPRÄSIDIUM STUTTGART

Über den Autor

Andreas Beck, geb. 1959 in Stuttgart wuchs in einer Zeit auf, als die Polizei noch per Zeitungsinserat um Mitarbeiter warb. Da ihm das »Helferlein-Syndrom« mit in die Wiege gelegt wurde, ließ er sich zu seinem Wunschberuf ködern und musste jedoch schnell erkennen, dass Wunsch und Wirklichkeit weit voneinander entfernt waren.

Getreu dem Motto: »Polizei – der Beruf so interessant wie das Leben« gibt das Buch den Werdegang des Autors als Polizeibeamten wieder von der Einstellung im Jahr 1979 bis zu seiner Pensionierung im Jahr 2020.

In mehreren, in sich abgeschlossenen Kurzgeschichten werden authentische Erlebnisse geschildert, welche den Leser/-in zum Staunen, Schmunzeln, Mitfühlen und Erschaudern bringen.

Aus drei verschiedenen Tätigkeitsgebieten (Streifendienst, Ausbilder, Verkehrserzieher) erzählt der Autor von selbst erlebten, teils unglaublichen Geschehnissen in einem Polizeirevier, einer Polizeischule, einer Jugendverkehrsschule und in Kindertagesstätten.

*Weitere Titel finden Sie auf den
folgenden Seiten und im Internet:*

WWW.GMEINER-VERLAG.DE

TONI FELLER
Im Dienst der
Gerechtigkeit
*Meine spektakulärsten
Kriminalfälle*
978-3-8392-2636-0

Ein Bankräuber versteckt seine Beute an einem delikaten Ort. Ein Kleinkrimineller liegt tot im Garten seiner Eltern. Eine Frau erteilt den Auftrag, ihren Ehemann zu ermorden. – Die spannendsten und tragischsten Fälle schreibt das Leben immer noch selbst. Empathisch und hautnah erzählt der Kriminalbeamte und Mordermittler a.D. Toni Feller von seinen erschütternsten und bewegensten Kriminalfällen und lässt seine Leser tief in die Arbeit von Polizei und Justiz blicken.

MICHAEL KÜHNER
Trümmermorde
*Spektakuläre
Verbrechen im
Stuttgart der
Nachkriegszeit*

978-3-8392-2079-5

Der erfahrene Kriminalist und Leiter der Mordkommission Stuttgart a.D. Michael Kühner gewährt einmalige Einblicke in polizeidienstliche Akten der Stuttgarter Nachkriegszeit 1945–1958. Anhand sieben authentischer Mordfälle skizziert Kühner die Verbrechen und Schicksale von Tätern, Opfern und Angehörigen. Kühner zeichnet ein unverkennbares Bild der Arbeit junger Kriminalbeamter, die sich ohne Fachausbildung und Erfahrung, nicht selten unter Einsatz ihres Lebens der Verbrechensaufklärung verschrieben haben. Ein spannender Teil deutscher Polizeigeschichte.